Barroco e Modernidade

Coleção Estudos
Dirigida por J. Guinsburg

Equipe de realização – Revisão: Irlemar Chiampi; Produção: Ricardo W. Neves e Raquel
Fernandes Abranches.

Irlemar Chiampi

BARROCO E MODERNIDADE
ENSAIOS SOBRE LITERATURA
LATINO-AMERICANA

 PERSPECTIVA

Dados Internacionais de Catalogação na Publicação (CIP)
(Câmara Brasileira do Livro, SP, Brasil)

Chiampi, Irlemar
  Barroco e modernidade: ensaios sobre literatura
latino-americana / Irlemar Chiampi. — São Paulo :
Perspectiva, 2010. — (Estudos ; 158 / dirigida
por J. Guinsburg)

  1. reimpr. da 1. ed. de 1998
  ISBN 978-85-273-0146-6

  1. Literatura barroca - História e crítica 2. Literatura
latino-americana - História e crítica I. Título. II. Série.

98-1162   CDD-H860.9

Índices para catálogo sistemático:
1. Literatura latino-americana : História e crítica
860.9

1ª edição – 1ª reimpressão

Direitos reservados à
EDITORA PERSPECTIVA S.A.

Av. Brigadeiro Luís Antônio, 3025
01401-000 São Paulo SP Brasil
Telefax: (011) 3885-8388
www.editoraperspectiva.com.br

2010

Para a Vera Beatriz,
pelos vinte e dois anos de convivência

*Por primera vez entre nosotros la poesía se ha con-
vertido en los siete idiomas que entonan y proclaman,
constituyéndose en un diferente e reintegrado órgano.
Pero esta robusta entonación dentro de la luz, amasada
de palabras descifradas tanto como incomprendidas, y
que nos impresionam como la simultánea traducción de
varios idiomas desconocidos, producen esa sentenciosa
y solemne risotada que todo lo aclara y circunvala, ya
que amasa una mayor cantidad de aliento, de penetra-
dora corriente en el recién inventado sentido.*

LEZAMA LIMA, "Sierpe de Don Luis de Góngora"
(1951)

Agradecimentos

Em primeiro lugar, aos amigos que foram os primeiros leitores deste ou daquele ensaio deste volume, como Haroldo de Campos, Walter Moser, Horácio Costa, Andrés Sánchez Robayna e Desiderio Navarro. A todos agradeço as críticas e sugestões; à querida amiga Leyla Perrone Moisés, agradeço as inúmeras idéias sobre a literatura moderna que a sua privilegiada inteligência crítica vem me propiciando intra e extra-muros da Universidade de São Paulo; aos (às) colegas que debateram comigo as versões de textos que apresentei em simpósios ou como conferências, como Margarita Zamora, Antonio Gómez Moriana, Daniel Castillo, Brett Levinson, Klaus Müller-Bergh, sou muito grata à escuta paciente e às idéias aportadas. Ao René de Costa, pela oportunidade de ter um trimestre concentrado na Universidade de Chicago para ensinar o tema geral deste livro; ao Enrico Mario Santí, por brindar-me com o seu diálogo atencioso, além de informações preciosas sobre textos cubanos; ao Willi Bolle, por explicar-me o *Trauerspiel* benjaminiano. A todos os participantes do grupo de História Cultural do Instituto de Estudos Avançados da USP, que freqüentei com muito proveito durante 93-94, em especial ao Roberto Ventura e ao Artur Nestrovski, pela camaradagem e o espaço a mim propiciado para o debate sobre a cultura pós-moderna. A Rodolfo Mata Sandoval, bolsista da Universidad Nacional Autónoma de México (UNAM), junto ao Programa de Pós-graduação em Integração da América Latina da USP, pela tradução, ao português, de "Barroquismo y afasia...".

Às minhas filhas queridas, Vera Beatriz e Maria Eugênia, que suportam meu mau humor e (adoram) as minhas ausências, meu obrigada, sempre. Aos outros amigos, ocasionais e cujos nomes não declinarei para evitar omissões involuntárias, sou especialmente grata pela estabilidade emocional provisória e a companhia, sempre indispensável para romper a escritura solitária dessas páginas que registram boa parte de minha carreira na Universidade de São Paulo.

Graças a uma bolsa do Conselho Nacional de Desenvolvimento Científico e Tecnológico, o CNPQ, pude realizar as pesquisas dos ensaios dos anos 90, que completaram o percurso crítico desse volume. A Diretoria Científica da FAPESP, Fundação de Amparo à Pesquisa do Estado de São Paulo, agradeço o apoio financeiro para a publicação deste livro.

Sumário

PREFÁCIO XV

I. BARROCO E PÓS-MODERNIDADE 1
   1. O Barroco no Ocaso da Modernidade 3
   2. A Literatura Neobarroca ante a Crise do Moderno (sobre
      Severo Sarduy) 23
   3. As Metamorfoses de Don Juan (sobre Julián Ríos) 37

II. BARROCO E MODERNIDADE 55
   1. Sarduy, Lautréamont e o Barroco Austral 57
   2. Barroquismo e Afasia em Alejo Carpentier 67
   3. Aspectos do Enunciado Narrativo Neobarroco (sobre
      Guillermo Cabrera Infante e Borges) 81
   4. Narração e Metalinguagem em *Grande Sertão: Veredas* . 93
   5. Lezama Lima: a Imagem Possível 119
   6. A Proliferação Barroca em *Paradiso* 127

III. O BARROCO E AS ORIGENS DA MODERNIDADE ... 135
   1. O Barroco e a Utopia da Evangelização (Vieira e o Sermão
      da Sexagésima) 137
   2. Barroco e Descanonização: as *Soledades* ante o Cânone
      Literário 151

FONTES 159

Prefácio

Todo debate sobre a modernidade na América Latina que não inclua o barroco é parcial e incompleto. Com tal convicção, foram reunidos neste livro uma série de ensaios que procuram articular a noção do barroco como encruzilhada estética e cultural que originou o moderno e o que dali em diante chamamos de "literatura". A nossa América, ela própria uma encruzilhada de culturas, mitos, línguas, tradições e estéticas, foi um espaço privilegiado para a apropriação colonial do barroco, e o continua sendo para as reciclagens modernas e pós-modernas daquela "arte da contraconquista", na qual Lezama Lima tão bem situou a fundação do autêntico devir americano.

Neste volume compendiam-se vinte anos atividade crítica e trabalho docente exercidos na Universidade de São Paulo, tempo que se reflete nas variações metodológicas e nas teorias que fundamentam as análises. O objetivo, porém, é sempre constante: focalizar como alguns escritores latino-americanos (ou afinados com a linhagem da nossa alta modernidade, como o espanhol-galego Julián Ríos) reciclaram intencionalmente, dentro ou mais além da aventura experimental da modernidade estética da narrativa, certos estilemas, traços, temas e procedimentos caracteristicamente barrocos (isto é, que convergiram para o *carrefour* dos seiscentos), para produzir o efeito neobarroco. A proliferação, a amplificação, a *mise-en-abyme*, a metaforização obscura, e até esse paradigma da antropologia cultural do barroco que é o mito de Don Juan, são aqui tomados como tópicos operacionais para detectar a intenção escritural de radicalizar o artifício.

Ser artificial ao ponto de comprometer a verossimilhança, eis aí um traço fundador do devir latino-americano, que os nossos melhores escritores exibem *ad nauseam*, até para representar a natureza (como

XVI BARROCO E MODERNIDADE

procuro mostrar em Carpentier); ou quando sobrecodificam as imagens (como em Lezama) e a enunciação narrativa (como explico em Guimarães Rosa ou Borges); ou ainda na teatralização dos signos e na sedução do texto (como assinalo em Sarduy e Ríos). Como não pretendo contribuir, anacronicamente, para o gênero apologético, esses ensaios descrevem e discutem criticamente a prática escritural do (neo)barroco na América Latina, procurando captar as variantes ideológicas que sancionam essa incessante reciclagem a cada avatar da nossa modernidade.

Nos blocos principais – Modernidade/Pós-modernidade – que congregam os ensaios, procurei diferenciar as propostas dessa reciclagem. Como proposta moderna, entendo a que recicla ideologicamente o barroco como um fator de identidade cultural, dentro da prática da fragmentação, da celebração do novo, do afã de ruptura e da experimentação; em termos especificamente latino-americanos, essa nova razão estética ocorre plenamente com o auge do *boom* dos anos 60, quando o novo romance recupera as origens barrocas em sua linguagem narrativa. Já a proposta pós-moderna de reciclar o barroco é situada no bojo da nova ordem cultural que pôs em descrédito os Grandes Relatos (do Progresso, do Humanismo, da Ciência, da Arte, do Sujeito), tomando o neobarroco como um instrumento privilegiado de crítica (latino-americana) do projeto (eurocêntrico) do iluminismo. Enfatizo o papel crítico do barroco no ocaso da modernidade por ser menos visível que outras tendências da atual literatura latino-americana dos anos 70-90 (a realista, a feminista, a histórica, a testemunhal, a étnica), que desconstroem igualmente as categorias do mundo moderno. O bloco final, dedicado a Vieira e Medrano, é uma *coda* que retrocede às origens das contraditórias relações do barroco com um projeto moderno. No caso de Vieira, trata-se de atacar o barroco para defender o projeto imperial, da colonização do Brasil; no caso de Medrano – o erudito Doutor Lunarejo que falava quechua e latim –, trata-se, ao contrário, de defender o projeto radical da revolução gongorina da linguagem poética. O sermão vieiriano é uma peça chave para especular quando, como e por que arrojou-se sobre a pérola barroca a maldição que a relegaria ao ostracismo por mais de dois séculos. Sermão, cujo magnífico xadrez conceptista daria certamente bons argumentos para o Doutor Lunarejo reforçar o seu apologético em favor do Divino Cordovês.

A relação barroco *x* modernidade em causa aqui quer situar-se, pois, após o debate acadêmico gerado com a oposição entre um conceito do barroco como estrutura histórica (um estilo, uma prática discursiva do século XVII), fortemente ligada à Contra-reforma, às monarquias e à classe aristocrática – logo, reacionário e antimoderno –, e o conceito de barroco eterno, atemporal, uma forma que ressurge, não importa quando nem onde, para negar o espírito clássico. Pensar a

PREFÁCIO

questão do barroco *depois* dessa dicotomia que nutriu tantas cátedras, supõe reconhecer que o imaginário latino-americano sempre lidou com dificuldade com a idéia de história linear, num esquema de progresso como categoria unitária e homogênea, mas que também refuga as idéias substancialistas, as essências que transmigram, as enteléquias que mal se encarnam nas coisas concretas. Nessa posição cultural entende-se porque estamos mais afeitos a reinventar "o barroco" no diálogo com a linguagem contemporânea. Em vez do pretérito perfeito ou da negação da temporalidade, o barroco dinamiza-se para nós na temporalidade paralela da meta-história: é o nosso devir permanente, o morto que continua falando, um passado que dialoga com o presente por seus fragmentos e ruínas, quem sabe para preveni-lo de tornar-se teleológico e conclusivo.

Irlemar Chiampi

Parte I. Barroco e Pós-Modernidade

1. O Barroco no Ocaso da Modernidade

A reapropriação do barroco nos últimos 20 anos deste século, por um setor significativo da literatura latino-americana, tem o valor de uma experiência poética que inscreve o passado na dinâmica do presente para que uma cultura avalie as suas próprias contradições na produção da modernidade. Um passado – mediterrâneo, ibérico, colonial e finalmente assumido como americano – ao ser reapropriado por nossa escritura moderna, salta da esfera do marginal e excluído e, conquistando a sua *legibilidade estética*, alcança a sua *legitimação histórica*. A função do barroco, com a sua excentricidade histórica e geográfica, diante do cânone do historicismo (o novo "classicismo") construído nos centros hegemônicos do mundo ocidental, permite recolocar os termos com que a América Latina se posicionou ante a modernidade euro-norte-americana. O barroco, encruzilhada de signos e temporalidades, funda a sua razão estética na dupla vertente do luto/melancolia[1] e do luxo/prazer, e é com essa mescla de convulsão erótica e patetismo alegórico que hoje revém para atestar a crise/fim da modernidade, ao tempo que desvela a condição de um continente que não pôde incorporar o projeto do Iluminismo.

Essa reapropriação mais recente à que nos referimos é a que expressam as obras de romancistas, poetas e ensaistas como Severo Sarduy, Augusto Roa Bastos, Haroldo de Campos, Luis Rafael Sánchez, Carlos Germán Belli, Octavio Paz ou Edouard Glissant entre

---

1. Sobre o conceito do barroco como estrutura alegórica que encena o luto/melancolia na figura do soberano, ver Walter Benjamin, *A Origem do Drama Barroco Alemão,* trad., apresentação e notas de Sérgio Paulo Rouanet, São Paulo, Brasiliense, 1984. Mais adiante voltaremos à questão do "luto cultural" relativamente à história da América Latina.

4 BARROCO E MODERNIDADE

outros,desde as fecundas lições dos mestres José Lezama Lima e Alejo Carpentier, nos anos 50 e 60. A abrangência desse fenômeno – que vai da prática da "reciclagem" poética do barroco, à reflexão criativa sobre a sua reinserção na modernidade estética – mostra até que ponto o debate intelectual dos anos setenta e oitenta sobre a modernidade/ pósmodernidade requer no momento atual repensar o barroco na perspectiva de uma arqueologia do nosso "moderno": uma origem, um salto para o incompleto e inacabado, que permite reinterpretar a experiência latino-americana como uma modernidade dissonante.

Tendo como horizonte os possíveis significados culturais da reapropriação mais recente do barroco, nos limitaremos aqui a esboçar uma história mínima dos ciclos e reciclagens que inseriram o barroco na modernidade latino-americana e prepararam as suas reciclagens na poesia, na ficção e no ensaio dos anos 70-90.

Duas vertentes podem compendiar esse processo: uma que chamamos de *legibilidade estética*, corresponde aos dois primeiros momentos de inserção do barroco em nossa história literária, o modernismo e a vanguarda; a outra vertente, que chamamos de *legitimação histórica*, inicia-se com o "novo romance" que, gestado nos anos cinqüenta avança para o período do *boom*, nos anos sessenta. Esta vertente completa-se precisamente com o grupo de romancistas, poetas e ensaístas mencionados, já na etapa que hoje se convenciona chamar de "pós-*boom*", ou seja, desde os anos setenta até a atualidade. As inserções do barroco no arco histórico da modernidade literária da América Latina descrevem, portanto, uma longa trajetória de 100 anos e coincidem, *grosso modo*, com os ciclos de ruptura e renovação poética que compendiam o seu processo: 1890, 1920, 1950, 1970[2]. Neles, a continuidade do barroco revela o caráter contraditório dessa experiência moderna, que canibaliza a estética da ruptura produzida nos centros hegemônicos, ao mesmo tempo que restitui o incompleto e inacabado de sua própria tradição. O momento atual da produção literária no continente, especialmente pela emergência do neobarroco, confirma o que Octavio Paz anota como opção à hora do "ocaso da modernidade": uma "resurrección de realidades enterradas, reaparición de lo olvidado y lo reprimido que, como otras veces en la historia, puede desembocar en una regeneración. Las vueltas al origen son casi siempre revueltas: renovaciones, renacimientos"[3].

2. Retomo com as inclusões e alterações pertinentes para o meu argumento, os "três instantes de ruptura" (1920, 1940, 1960), que Emir Rodríguez Monegal detectou nas letras latino-americanas (inclusive as brasileiras, como fazia o crítico uruguaio), para caracterizar a crise de duplo movimento – para o futuro, com as inovações da linguagem e para a (uma) tradição, com o resgate de uma genealogia, para justificar o novo. Cf. César Fernández Moreno (org.), "Tradición y renovación", *América Latina en su literatura*, México, Siglo XXI / UNESCO, 1972, pp. 139-166. Trad. bras., São Paulo, Perspectiva, 1979.

3. Octavio Paz, *La otra voz. Poesía y fin de siglo*, Barcelona, Seix Barral, 1990, p. 126.

O BARROCO NO OCASO DA MODERNIDADE 5

1.1. CICLOS E RECICLAGENS DO BARROCO

"Como la Galatea gongorina / me encantó la marquesa verleniana."
É com esses versos de Rubén Darío que se registra a primeira modalidade da reapropriação, ainda incipiente, do barroco. Certo preciosismo verbal e certa verificação excessiva do mundo externo (ao gongorino modo) poderiam constituir o primeiro avatar da legibilidade estética do barroco. Mas no poeta nicaragüense, a mescla e pugna de americanismo, galofilia e hispanismo resultou em uma versão do barroco coerente com o projeto modernista de alinhar a nossa literatura com o parnasianismo e o simbolismo. O barroco evocado por Darío traduz-se numa recreação temática, que se identifica mais com *lo español*, do que com a prática poética de resgate de uma tradição marginalizada no século XIX. Como ele próprio refere em "Palabras liminares" a *Prosas profanas* (1896), o "abuelo español" figura numa galeria de retratos – como o de Cervantes, Góngora, Quevedo, além de Garcilaso – que encarece respeitosamente, para declarar em seguida que em seu interior quem pulsa é Verlaine.

A segunda inserção do barroco na modernidade literária da América Latina é realizada pelos poetas da Vanguarda, mediante uma apropriação tópica dessa estética "pré-moderna". Jorge Luis Borges, por exemplo, nos manifestos ultraístas de 1921 – escritos depois de seu contato com o expressionismo alemão na Suíça – não somente celebra a tendência "jubilosamente barroca" de um Ramón Gómez de la Serna ou do criacionismo de Vicente Huidobro, como invoca constantemente a Quevedo, Gracián e sobretudo Góngora como precursores do transformismo prismático das percepções na metáfora ultra[4]. Para os praticantes da "estética activa de los prismas", a metáfora barroca é um modelo poético e uma referência crítica em suas buscas de inovação, que se opunham ao simplismo de certa poesia então acomodada na expressão direta e banal ou nos batidos topoi do modernismo.

Na dimensão experimental e técnica em que os vanguardistas latino-americanos inserem o barroco inexiste uma preocupação por uma política cultural mais dilatada que invocasse o barroco para interpretá-lo em seu conteúdo hispânico ou americano. Ao contrário, tratava-se nos idos de 1920 de apreciar o barroco como estética universal, sem particularizações regionais. Há que recordar, por sinal, que o "descobrimento" da metáfora gongorina vincula-se ao contexto crítico europeu pós-simbolista, que se inicia com a recuperação estética de Góngora, mediante o paralelo com Mallarmé, depois do purgatório de três sécu-

---

4. Consultei os manifestos ultraístas no excelente compêndio organizado por Hugo Verani, *Las vanguardias literarias en Hispanoamérica* (manifiestos, proclamas y otros escritos), Roma, Bulzoni, 1986, pp. 269-293.

6 BARROCO E MODERNIDADE

los a que o poeta cordobês fora relegado. Não é senão depois da revolução da linguagem poética finissecular que Góngora se torna legível na modernidade e pode, finalmente, ser resgatado pela geração espanhola de 27, para inseminar a operação criadora da poesia contemporânea, mediante uma leitura sincrônica[5].

José Lezama Lima é, sem dúvida, o poeta que mais se beneficiou com essa leitura, mas é visível também que o seu aproveitamento dos achados vanguardistas superam em muito a retórica da metáfora. Sua poesia, desde *Muerte de Narciso* (1937), seguido de *Enemigo rumor* (1941) e *La fijeza* (1949), ilustra a recuperação da "patente" do barroco poético, isto é a obscuridade, que ele vai inscrever na versão moderna da dificuldade do sentido. Nesta, preside o que Lezama designou como "incondicionado poético" ou descondicionamento dos nexos causais entre o significante e suas referências já culturalizadas. A metáfora barroca na poética lezamiana transmuta-se em uma operação de analogias imprevisíveis que criam uma duração imaginária absoluta na matéria verbal, em busca do rumor misterioso do mundo invisível.

A plena "modernização" do barroco não se cumpre, ao meu modo de ver, senão até o momento em que se realiza a revisão crítica do significado cultural dessa estética. O terceiro ciclo de inserção do barroco na modernidade literária da América Latina só se inaugura quando a experimentação (e recreação) com as formas barrocas se conjuga com a atribuição de um conteúdo americano. Refiro-me, claro está, a uma consciência americanista, reivindicatória da identidade cultural, que explicita ideologicamente o que as formas poéticas só consignam *sub specie metaforica*. A legitimação histórica do barroco é o giro substantivo da reapropriação que requer uma dialética: a de converter o universal em particular e, ao revés, o particular em universal. Estes passos decisivos são tomados pelo próprio Lezama Lima, nos anos 50 e Alejo Carpentier nos 60[6].

1.2. A AMERICANIZAÇÃO DO BARROCO

É Lezama quem dá o tom da especificidade americana do barroco na apresentação de uma exposição do pintor cubano Roberto Diago, em Havana, 1948:

5. Conforme a tese de Andrés Sánchez Robayna, cuja atinada análise das fases e polêmicas na recuperação estética de Góngora me exime de demorar sobre este ponto. Ver "Un debate inconcluso (Notas sobre Góngora y Mallarmé)", *Tres estudios sobre Góngora*, Barcelona, Edicions del Mall, 1983, pp. 61-89.

6. Muito contribuíram para esse giro a revalorização nos anos 40 do passado barroco, em ensaios e estudos eruditos sobre a arte e a literatura da Colônia (Irving Leonard, José Moreno Villa, Alfonso Méndez Plancarte, Pál Kelemen, Mariano Picón Salas etc.). Mas, tanto quanto eu saiba nenhum deles anotou, então, a sua atualidade estética.

O BARROCO NO OCASO DA MODERNIDADE

> Porque cuando decimos barroco español o colonial, caemos en el error de utilizar palabras de la historiografía artística del resto de Europa para valorar esos hechos nuestros, de nuestra cultura, totalmente diversos [...] Porque el barroco de verdad, el valedero y no el escoliasta [*o barroco jesuíta, severo e dogmático*], es el español y el nuestro, el que tiene como padre el gótico flamígero, tardió o cansado, y como hijo al churriguera de proliferación incesante [...] Porque ese barroco que nos seguirá interesando, no el vuestro, el de la cita de Woelflin [*sic*] y Worringer, doctísimas antiparras de Basilea o de Heidelberg, se formó con una materia, plata o sueño que dió América, y con la forma deformada, entraña y forma de las entrañas, y aliento sobre la forma y rotas o diseñadas tripas taurinas, destripaterrones, cejijunteces, sangrientas guardarropías, enanos pornográficos, lagrimones de perlas portuguesas y descarados silogismos[7].

A reivindicação de Lezama me parece clara: o barroco é "coisa nossa", ibérico e americano (e ibérico pelos efeitos do Descobrimento e da Colonização, portuguesa ou espanhola) e não cabe ampliar o seu conceito como "constante artística" ou "vontade de forma", conforme pretenderam Eugenio D'Ors, Wölfflin ou Worringer; não é, portanto, um fenômeno transhistórico ou uma etapa à qual as culturas acedem pela fatalidade histórica ou pelo cansaço do classicismo. O barroco para Lezama é um fato americano que supõe "el humus fecundante que evaporaba cinco civilizaciones", ou seja, o mundo ibérico e mediterrâneo, enquanto espaço de encontro de línguas, culturas, ritos, tradições. Por isso o barroco é "una arribada a una confluencia", entenda-se: a do Descobrimento da América. Em um ensaio anterior, Lezama anotara o sentido das formas distorcidas do barroco nessa confluência, vale dizer, nessa encruzilhada de signos e temporalidades conforme definimos o barroco no começo desta exposição: essas formas são "creación, dolor", posto que "una cultura asimilada o desasimilada por otra no es una comodidad [...] sino un hecho doloroso, igualmente creador, creado"[8]. Com o seu modo peculiar de expressar-se, Lezama parece aludir àquele "luto cultural" de que fala Benjamin sobre o *Trauerspiel* e que é experimentado na colonização pelos índios e negros, com a diferença que esse luto não é uma simulação do Príncipe para manterse no poder, mas a experiência real da tensão histórica que haveria de criar uma nova forma de cultura sobre as ruínas dos mitos e deuses autóctones.

Em *A Expressão Americana*, de 1957, Lezama retoma essa hipótese da "arribação a uma confluência" que teria no barroco a sua forma mais inteligível. Nesse ensaio, Lezama desenvolve o conceito do devir americano como uma era imaginária, na qual o barroco se torna o paradigma modelizador e autêntico começo do fato americano. É a

---

7. José Lezama Lima, "En una exposición de Roberto Diago" (1948), *Tratados en La Habana*, Santiago de Chile, Orbe, 1970, pp. 291-292.

8. Lezama Lima, "Julián del Casal" [1941], *Analecta del reloj*, Havana, Orígenes, 1953, p. 63. A estética da dor tem aqui uma conotação religiosa que Lezama associa à doutrina católica da participação.

BARROCO E MODERNIDADE

estética da "curiosidade", do conhecimento ígneo, luciferino ou fáustico – uma *poiesis* demoníaca, diríamos – que se manifesta tanto entre os literatos da douta elite vice-real, como nos artistas populares, índios e mestiços.

A novidade dessa formulação para o que estamos designando como processo de legitimação histórica do barroco, não radica em identificar essa estética com a "sensibilidad criolla" nascente ou com os processos de transculturação. A estratégia de Lezama consiste em detectar, na encruzilhada da colonização, duas categorias estéticas diferenciais relativamente ao barroco europeu: uma é a "tensão", espécie de marca formal que em vez de acumular, como no barroco europeu, combina os elementos díspares para alcançar a "forma unitiva". Assim, a combinatória tensa dos motivos da teocracia hispana com os emblemas incaicos, não seria simplesmente uma justaposição de elementos religiosos de culturas opostas, mas "o impulso voltado para a forma em busca da finalidade de seu símbolo"[9]. Aqui, a palavra símbolo está tomada em sua acepção etimológica (*sum-ballein* em grego quer dizer pôr junto, reunir, harmonizar). Desse modo, o colonizado expressa o seu luto cultural – que é religioso e político – através do impulso para a unificação do teológico autóctone com o hispano.

A segunda categoria, o "plutonismo", corresponde ao conteúdo crítico do barroco americano, correlato à tensão formal. Se temos em conta que o plutônico é o magma ígneo, formador da crosta terrestre, e que Plutão é o senhor dos infernos, entende-se que o fazer barroco se torna "o fogo originário que rompe os fragmentos e os unifica" (p. 79). Isto é, o barroco promove a ruptura e a unificação dos fragmentos para formar uma nova ordem cultural. É evidente que a metáfora conceitual de Lezama presta-se para sugerir que essa ruptura procede do que chamamos de *poiesis* diabólica, se verificamos que na etimologia de "diabo" está o verbo *dia-ballein* (em grego, significa separar, romper).

A tensão e o plutonismo compenetram-se assim para justificar a definição lezamiana do signo barroco americano como "arte da contraconquista" (p. 80). É clara aqui a intenção de atribuir um sentido político, de rebelião implícita, tanto para as combinatórias tensas de motivos religiosos, dos artistas populares como o índio Kondori ou o mulato Aleijadinho, como para o afã de conhecimento universal de intelectuais como Sor Juana Inés de la Cruz ou Don Carlos de Sigüenza y Góngora.

O que é decisivo nesta "americanização" do barroco é a orientação para modernizá-lo através do conceito de arte revolucionária, em plena pré-modernidade. Ao diferenciar nosso barroco do europeu, in-

---

9. José Lezama Lima, *A Expressão Americana*, trad., introd. e notas de I. Chiampi. São Paulo, Brasiliense, 1988, p. 82.

O BARROCO NO OCASO DA MODERNIDADE

vertendo os termos de Weisbach ("Barroco, Arte da Contra-Reforma"), Lezama quer propor um conteúdo oposto ao barroco escoliasta, instrumentalizado para fins de propaganda e persuasão na dogmática católica, de acordo com o estatuto da *ecclesia militans* dos jesuítas[10]. Visto pelo seu revés, pela sua apetência diabólico-simbólica, o barroco opera uma contra-catequese que perfila a política subterrânea e a experiência conflitiva e dolorosa dos mestiços transculturadores do coloniato. Por outro lado, ao mostrar com o seu desenho do nosso devir a continuidade da *poiesis* demoníaca – desde o século XVII até o XX –, o barroco deixa de ser "histórico", isto é um pretérito perfeito, condenado por reacionário e conservador, para ser a nossa modernidade permanente, uma modernidade "outra", fora dos esquemas progressistas da história linear. O barroco é para Lezama, a nossa meta-história, a que se coloca fora do desenvolvimento do Logos hegeliano[11].

A revisão crítica do barroco, mais influente dentro da América Latina e mais divulgada fora dela (a de Lezama permaneceu confinada em sua ínsula até os anos 70), é a de Alejo Carpentier. Em pleno furor do *boom*, em um ensaio de *Tientos y diferencias* (1964), o romancista cubano reivindica o que ele designa como "estilo" em sua prosa para justificar o barroquismo descritivo de seus romances. A estratégia principal de Carpentier consiste em vincular o seu conceito do "real maravilhoso americano" com uma reflexão lingüística sobre o estilo barroco, de modo a promover uma razão estética dessa opção retórica em sua prosa narrativa. Assim, a proliferação de significantes para nomear um objeto da realidade (natural ou histórica) justifica-se como medida (ou desmedida) para inscrever os "contextos americanos" na cultura universal, ou seja, para que possam ser inteligíveis[12].

10. As reduções do barroco aos processos de autoritarismo, conservadorismo e repressão – tanto os da igreja pós-tridentina, como do estado absolutista e a sociedade monárquico-senhorial – são numerosíssimas. Boa parte delas derivam de uma leitura muito parcial de Weisbach (*Der Barok als Kunst der Gegenreformation*, 1921, traduzido para o espanhol em 1942), como é o caso recente de Antonio Maravall (*La cultura del barroco. Análisis de una estructura histórica*, Barcelona, Ariel, 1975), onde todas e cada uma das manifestações culturais, até a literatura de invenção, artifício e novidade, são tratadas como formas de fortalecimento da ordem autoritária vigente. Weisbach pelo menos admitiu que nem toda a arte barroca tinha função pedagógica, reconhecendo o "impulso estético imanente", ditado pela subjetividade do artista (*El barroco: arte de la contrarreforma*, trad. E. Lafuente Ferrari, Madri, Espasa-Calpe, 1948, 2. ed., pp. 57-59).

11. Sobre a crítica de Lezama a Hegel, como paradigma do pensamento moderno, que esgrime a razão iluminista para arrojar a América (sobretudo a latina) para fora da História Universal, ver o meu estudo "A História Tecida pela Imagem", na Introdução a já citada tradução de *A Expressão Americana*, pp. 17-41. Uma argumentação que guarda afinidades com a de Lezama é a que Oswald de Andrade, pela mesma época, apresentava em *A Marcha das Utopias* (1953), ao afirmar que "o barroco é o estilo utópico" (cf. *Obras Completas*, tomo 6, Rio de Janeiro, Civilização Brasileira, 1970, pp. 147-228).

12. Alejo Carpentier, "Problemática de la actual novela latinoamericana", *Tientos y diferencias*, Montevideo, Arca, 1967, pp. 34-38. A "teoria dos contextos", incluída

BARROCO E MODERNIDADE

Essa proposta, nos anos experimentais do "novo romance" implicava, compreensivelmente, uma negação e uma reformulação da mimese realista, peculiar do romance regionalista precedente: proliferar (nomear, descrever) não é mais dizer a realidade a secas ou documentá-la, mas sim homologar, na forma da expressão (o barroquismo verbal), a forma do conteúdo (o real maravilhoso americano). O barroco em Carpentier passa portanto de uma legibilidade estética para uma legitimação na natureza e na história. É assim que ele sintetiza o seu conceito:

> Nuestro arte siempre fue barroco: desde la espléndida escultura precolombiana y el de monasterios coloniales de nuestro continente. Hasta el amor físico se nace barroco en la encrespada obscenidad del guaco peruano [...] arte nuestro, nacido de árboles, de leños, de retablos y altares, de tallas decadentes y retratos caligráficos y hasta de neoclacisismos tardíos (pp. 37-38).

As simetrias entre Carpentier e Lezama, que tratei de induzir com uma explicação semiológica, são meramente externas. Nem a mimese pós-realista de Carpentier equivale à tensão formal em Lezama e menos ainda se correspondem o plutonismo e o real maravilhoso. A diferença essencial revela-se em suas respectivas práticas discursivas: a retórica da proliferação (o *horror vacui*) preserva em Carpentier um corte racional em sua utopia de transparência; trata-se de comunicar, tornar legível uma imagem (as coisas prodigiosas da América) mediante o barroquismo, mesmo quando em seus relatos certas complicações verbais desemboquem numa irrisão da mimese[13]. Diversamente, a *poiesis* demoníaca em Lezama não comunica um sentido que não esteja cifrado no próprio dispositivo do "incondicionado poético" que já referimos anteriormente. A relativa clareza de um contrasta, pois, com a absoluta dificuldade do outro.

Mas, se é admissível que tanto o devir "plutônico" como o real maravilhoso sejam versões meta-históricas da América, a de Carpentier fundamenta-se em fatos sócio-históricos como a mestiçagem cultural ou a heterogeneidade multitemporal do continente (é o que mostra, afinal, a "teoria dos contextos"); já o devir "plutônico" radica num tipo de imaginação que Lezama entende como especificamente americana, isto é, gerada na colonização pelo "espaço gnóstico" do continente: *locus* de confluência do diverso que abre o diálogo do homem com a

neste ensaio, não é outra coisa senão um desdobramento, de corte sociológico e sartreano, da "teoria do real maravilhoso americano", que Carpentier formulara no "Prólogo" a *El reino de este mundo* (1949), a partir dos postulados surrealistas.

13. Examinei essa questão em "Barroquismo y afasia en Alejo Carpentier" (*Revista de Estudios Hispánicos,* Puerto Rico, año X, 1983, pp. 29-41. No mesmo número, veja-se o estudo de Rubén Ríos onde aborda o tratamento do barroco em ambos autores ("Lezama, Carpentier y el tercer estilo", pp. 43-59).

O BARROCO NO OCASO DA MODERNIDADE

natureza e inaugurado em nossa história pela figura emblemática do Senhor Barroco (cf. *A Expressão Americana*, p. 80 e p. 183). Em síntese, Carpentier eleva o real maravilhoso à categoria do "ser", enquanto Lezama insiste na idéia do americano como um devir (um ser e um não ser), em permamente mutação. Isto ajuda a explicar, talvez, por que Carpentier fala de uma retomada do barroco como estilo pelo escritor latino-americano, como tarefa consciente para representar "nossas essências", enquanto Lezama converte o barroco numa "forma em devir", um paradigma contínuo, desde *los orígenes* no século XVII até a atualidade.

Em uma conferência de 1975, Carpentier anotou enfaticamente que é "erro fundamental" considerar o barroco como "uma criação do século XVII", ou um "estilo histórico"; seu propósito era definir essa estética como "uma constante humana", ou uma espécie de pulsão criadora, que *volta ciclicamente* através de toda a história da humanidade[14]. Com essa noção – que retoma o éon atemporal de Eugênio D'Ors – e que Lezama recusava, como vimos –, Carpentier invoca uma série de momentos de "transformação, mutação, inovação" identificando-os tanto na cultura indostânica, como na arquitetura russa, vienense ou tcheca, na literatura hindu, italiana, inglesa ou francesa etc. A América Latina ingressa nesta série como "tierra de elección del Barroco", porque "toda simbiosis, todo mestizaje engendra un barroquismo" (*idem*, pp. 61 e 64). Mais interessante que discutir a verdade antropológica dessas idéias ou insistir em suas discrepâncias com Lezama, é anotar que Carpentier, ao dissolver a especificidade americana do barroco, usa a estratégia de universalizá-lo, dentro de uma sorte de modernidade trans-histórica e transgeográfica. Há que reconhecer que essa universalização – menos controversial para a comunidade erudita do que qualquer veemência na singularidade solitária do barroco na América Latina – o que pretende é subtrair a negatividade que ainda persistia, nos anos 60 e 70 na avaliação dessa estética. Associando-a aos momentos de inovação literária e de mudanças sociais – que Carpentier aponta principalmente nos mundos periféricos, um dos quais, é ocioso dizê-lo, é a Cuba revolucionária, (cf. 72) – o barroco é dissociado daquelas interpretações negativas que ainda prevaleciam nos circuitos intelectuais contemporâneos e, certamente, nos setores ortodoxos da Cuba socialista: estética do excesso, do mau gosto, do artifício e da complicação verbal inútil; e, no plano ideológico, visto como um legado pré-iluminista e ibero-católico. E até mais: um instrumento da ideologia colonialista[15].

14. Alejo Carpentier, "Lo barroco y lo real maravilloso", *Razón de ser*, Caracas, Universidade Central de Venezuela, 1976, p. 53.

15. Dessa linha de interpretaçao ideológica faz parte o estudo de Leonardo Acosta, "El 'barroco americano' y la ideología colonialista", *Unión*, Havana, ano XI, n. 2 e

1.3. O (NEO)BARROCO E A PÓS-MODERNIDADE

A leitura de boa parte dos textos latino-americanos produzidos nos últimos 20 anos, nos coloca na plenitude de uma festa barroca. Em *Cobra* (1972) de Severo Sarduy, as metamorfoses da palavra e do relato, sustentadas pela sobrecodificação lingüística e pictural, recobram a concepção barroca do texto como cenário de uma desordem composta e artificiosa – uma espécie de arquitextura na qual o ornamento (elíptico) devora o Sentido (como na igreja barroca o ornamento esconde Deus). Já em *Maitreya* (1978), Sarduy exagera de tal modo na proliferação de detalhes e no luxo das figurações para construir uma fábula circular, que a forma termina convertendo-se num vazio, num nirvana textual, mas não sem recuperar, jubilosamente, os esmeros do quiasmo barroco[16]. Em *Colibrí* (1988), a trilogia sarduyana se completa, mediante a percepção superlativa do efeito barroco[17]: o paradigma é submetido à recreação perversamente lúdica, onde o preciosismo e o rebuscamento verbais colocam o barroco e o modernismo-decadentista numa magistral "guerra de escrituras".

Já com Luis Rafael Sánchez, o divertimento barroco se transfere para a prosa dançável, plurivocal e plurilíngüe, que utiliza as estruturas paronomásicas gracianescas para calcar os sons antilhanos, como em *La guaracha del Macho Camacho* (1976); as cadências mais morosas do bolero, com o seu patetismo erótico, movem e comovem em *La importancia de llamarse Daniel Santos* (1989), romance que capta o corte popular e *kitsch* do nosso barroco, liberando-se do intelectualismo das citações eruditas para deleitar-nos com as letras catárticas que sobrevivem na memória de todo latino-americano.

A orgia verbal do barroco é, igualmente, a tentação a que cede Augusto Roa Bastos em *Yo, El Supremo* (1974), romance que arquiva citações de vinte mil resmas de documentos dispostas em múltiplos jogos de palavras que desenham as quimeras da similitude entre as palavras e as coisas.

Na estação imaginativa da poesia, a cornucópia barroca verte seus dons com as *Galáxias* (1964-1976) de Haroldo de Campos. Aqui, o poeta brasileiro estima uma "pulsão escritural em expansão galática"

3, set. 1972, pp. 30-63, compilado no livro do Autor, *El barroco de Indias y otros ensayos*, Havana, Casa de las Américas, 1984, pp. 11-52.

16. Roberto González Echevarría reconstrói o périplo dos personagens de *Maitreya*, para demonstrar a sua forma de quiasmo: simetrias inversas de geografias simbólicas do Oriente e Ocidente (cf. *La ruta de Severo Sarduy*, Hanover, Ed. del Norte, 1987, p. 189).

17. Enrico Mario Santí anotou as disponibilidades retóricas do efeito barroco em "Sobre Severo Sarduy: el efecto barroco", *Escritura y tradición*, Barcelona, Laia, 1987, pp. 153-157.

O BARROCO NO OCASO DA MODERNIDADE

para conceber o livro como viagem (geográfica) num *continuum* narrativo que funde prosa com poesia, ao mesmo tempo que encena, na materialidade fônica e semântica de cada palavra, as múltiplas potencialidades da agudeza gracianesca combinada com a joyceana. O peruano Carlos Germán Belli, por sua vez, festeja a modernização do barroco "clássico" com humor e ironia em seus livros *¡Oh Hada Cibernética!* (1962) e *Canciones y otros poemas·*(1982), resgatando formas poéticas como a silva e a sextina, ou ainda estruturas métricas como o endecassílabo e o verso bimembre, além de um léxico impregnado de enxertos lingüísticos que vão dos cultismos e arcaismos aos coloquialismos, peruanismos e tecnicismos.

Seria incongruente afirmar que essas reciclagens do barroco implicam uma ruptura com a tradição moderna que teve com o *boom* da literatura latino-americana dos anos 60-70 a sua culminação. Essa prática discursiva mais recente é, na verdade, uma reciclagem que intensifica e expande as potencialidades experimentais do barroco, já reciclado por José Lezama Lima e Alejo Carpentier, nos anos 40 e 50. Mais ainda, trata-se agora de recontextualizar a legitimação histórica e a legibilidade estética do barroco que, desde o modernismo finissecular, com a poesia de Rubén Darío, e correntes da Vanguarda como o Ultraísmo, projetavam a continuidade de uma tradição fundadora da literatura latino-americana. A diferença entre as reapropriações anteriores do barroco com as que caracterizam o neobarroco dos anos 70-90 é que nestas é reconhecível uma inflexão fortemente revisionista dos valores ideológicos da modernidade. Moderno e contra-moderno ao mesmo tempo, o neobarroco informa a sua condição pós-moderna, como tratarei de indicar, como um trabalho arqueológico que só inscreve o arcaico do barroco para alegorizar a dissonância estética e cultural da América Latina enquanto periferia do Ocidente.

Há duas categorias fundamentais e interdependentes do texto moderno que aparecem deslocadas ou ameaçadas nos textos neobarrocos: a temporalidade e o sujeito. A temporalidade narrativa é visivelmente malbaratada nos relatos cuja ordenação temporal da história revela a sua crise mediante as agrupações de fragmentos, senão inconexos, fortemente destituídos de desenvolvimento fabular. Em *Cobra* não há cronologia verificável ou sucessão linear de episódios; o relato apresenta-se como uma série de metamorfoses que padece um *travesti* do Teatro Lírico de Bonecas, na Paris dos anos 60. Há uma ilusão de movimento, não uma temporalidade, nessa estrutura circular, em que o protagonista conduz a sua agonia, aparecendo ora como a anã Pup, ora como um *blouson noir* de Saint Germain de Près, ora como membro de um bando de lamas tibetanos, ora como um turista da Índia, ora... Reiterativo, o câmbio é um disfarce e o disfarce um (pseudo)câmbio na ação romanesca. "Arte de descomponer un orden y componer un desorden", con-

forme refere o narrador[18], esse romance destrói a noção de acontecimento fabular e desordena, assim, os dois suportes da temporalidade
narrativa, a consecução (o antes que, o durante, o depois de) e a conseqüência (o causado por)[19]. Em *Maitreya*, a "ação" imprime-se na ronda
peripatética dos personagens, ordenada em reflexos especulares, mediante um hábil jogo de alternâncias espaciais que resultam numa viagem que regressa ao ponto de partida e cria a impressão de imobilida-
de. Em *Colibrí*, o protagonista foge de um bordel na selva para regres-
sar também ao mesmo ponto de partida, mas o seu vôo fugitivo é fixo,
posto que reencontra reiteradamente os mesmos perseguidores envia-
dos pela Regenta.

    O efeito de imobilidade em *La guaracha del Macho Camacho* se
obtém mediante a focalização de quatro personagens, cujas vidas se
entrelaçam num presente eterno (uma quarta-feira, às cinco da tarde,
durante um engarrafamento de trânsito em San Juan de Porto Rico). A
rigor, nada sucede nas 21 seções do relato que, entrecortadas por 19
fragmentos de uma emissão radiofônica, reitera o vaivém não cronoló-
gico com a insistência da própria letra da guaracha, dizendo que "la
vida es una cosa fenomenal / lo mismo pal de alante que pal de atrás"[20].
E o que narra a prosa bolerizada de *La importancia de llamarse Daniel
Santos*, senão os vaivéns da fábula do Don Juan caribenho imobilizada
na memória popular? Não menos extático é o conto circular de *Yo, El
Supremo*, que começa e termina referindo o destino incerto dos restos
do Doutor França, para nos entreter, no meio, não com a epopéia guarani
dos seus 26 anos no poder, mas sim com um *collage* saturado de textos
(outros restos) do mítico Karaí Guasú. O *concerto grosso* inventado
por Carpentier em seu romance *Concierto barroco* (1974) – onde confluem as temporalidades heteróclitas dos clavicórdios, órgãos e violi-
nos (ou de Vivaldi, Haëndel e Scarlatti) com a bateria de caldeirões de
cobre que o escravo Filomeno bate com colheres, espumadeiras e con-
chas – não é uma notável figuração da entropia da História?

    Nesses textos (difíceis de resumir) não se percebem avanços ou
retrocessos. Daí a impressão de confusão, de caos, de desorientação e
até mesmo de indecisão. Correlata a essa quebra do *bom* sentido do
movimento histórico – orientado para diante e cujos retornos são em
princípio anomalias que devem ser reinseridas no curso da história – é
a quebra da categoria do sujeito. O foco produtor de sentido entra igual-

---

18. Severo Sarduy, *Cobra*, Buenos Aires, Sudamericana, 1973, 2. ed., p. 20.

19. Como estudo detalhado da desconstrução da representação realista na escritura sarduyana, ver Adriana Méndez Rodenas, *Severo Sarduy: el neobarroco de la
transgresión*, México, UNAM, 1983.

20. "A vida é uma coisa fenomenal / tanto faz pra frente como pra trás", na excelente tradução brasileira do romance, por Eliane Zagury, *A Guaracha do Macho
Camacho*, Rio de Janeiro, Francisco Alves, 1981.

O BARROCO NO OCASO DA MODERNIDADE

mente em crise nesses textos que se apresentam como compilações (*Yo, El Supremo*), ou reportagens (*La importancia de llamarse Daniel Santos*), ou como superfícies de expansões e transformações carentes de um centro gerador (*Cobra, Maitreya*). Na viagem circular de *Galáxias*, o livro é a própria viagem – sem páginas numeradas, a de abertura reproduz-se invertida semanticamente na última – e o *Deus conditus* da enunciação aparece arruinado em seu desejo de semiurgia[21]. Ao abrir ou fechar o espaço alegórico da página que tematiza a impossibilidade de conduzir a geração e o cumprimento do sentido do ato escritural, o poeta prolifera a viagem que não começa nem termina:

> E começo aqui e meço aqui este começo e recomeço e remeço e arremesso / [...] recomeço por isso arremeço por isso teço escrever sobre escrever é / [...]
> Fecho encerro reverbero aqui me fino aqui me zero não canto não conto / me desaltero me descomeço me encerro no fim do mundo o livro fina o fundo [...][22].

A morte ou "desaparecimento" do sujeito e a crise da historicidade têm sido freqüentemente associados aos textos pós-modernos, assim como os "descentramentos" e a "pós-história" à cultura pós-moderna[23]. A interdependência das categorias do sujeito e da temporalidade são explicadas assim por Jameson:

> If indeed, the subject has lost its capacity actively to extend its pro-tensions and re-tensions across the temporal manifold, and to organize its past and future into coherent experience, it becomes difficult enough to see how the cultural productions of such a subject could result in anything but "heaps of fragments" and in a practice of the randomly heterogeneous and fragmentary and the aleatory[24].

> [Se na verdade o sujeito perdeu a sua capacidade de estender suas pro-tensões nas diversas dimensões temporais, e de organizar seu passado e seu futuro em forma de experiência coerente, torna-se muito difícil pensar que as produções desse sujeito possam ser outra coisa senão "montões de fragmentos" e uma prática do heterogêneo e do fragmentário ao acaso, assim como do aleatório.]

O que me interessa neste argumento não é a nostalgia implícita de uma "genuína historicidade" com que Jameson avalia negativamente (ainda que com certa fascinação) o pós-modernismo, mas a sua vinculação com outro traço peculiar dos textos que debilitam a historicidade (a visão moderna da História) e o centro produtor do

---

21. O termo é de Roland Barthes: "*La maîtrise du sens*, véritable sémiurgie, est un attribut divin, dès lors que ce sens est défini comme écoulement, l'émanation, l'effluve spirituel qui déborde du signifié vers le signifiant: *l'auteur* est un dieu (son lieu d'origine est le signifié)" (*S / Z*, Paris, Seuil, 1976, p. 180).

22. Haroldo de Campos, *Galáxias*, São Paulo, Ex Libris, 1984.

23. Sobre os descentramentos na narrativa atual, ver Linda Hutcheon, *A Poetics of Postmodernism. History, Theory, Fiction,* Londres, Routledge, 1988.

24. Fredric Jameson, "Postmodernism and the Cultural Logic of Late Capitalism", *New Left Review* 146, julho-agosto, 1984, p. 71.

16   BARROCO E MODERNIDADE

sentido (a visão moderna do Sujeito), e que se torna a categoria pós-moderna por excelência: a espacialidade. De fato, Jameson fala de uma "cultura dominada pelo espaço e pela lógica espacial[25], em termos que pretendo associar aqui à linguagem formal detectada por Walter Benjamin no drama barroco, onde "o movimento temporal é captado e analisado em uma imagem espacial"[26].

É pouco provável que os textos neobarrocos latino-americanos componham uma lógica espacial homóloga à dominante cultural da lógica do capitalismo avançado. É certo que são volumes saturados de toda sorte de citações e rememorações; são, sem dúvida, espaços eufóricos de intensidades, são conjunções de heterogeneidades, são superfícies fulgurantes onde os estilemas barrocos resplandecem num emaranhado inflacionário de estratos e camadas, de simultaneidades e sincronias que não alcançam a unificação.

Mas pode-se comprovar que a manipulação lúdica e euforizante de texturas, de *restos e resíduos localizáveis* do barroco histórico não perderam seu potencial de vida e de pathos na escritura latino-americana do pós-boom, e não são convocados como "mercadorias", como vê Jameson nos textos pós-modernos. É certo que dificilmente poderíamos admitir que a exaltação de artifícios e superfícies em Sarduy buscam aquele "apoderamiento del mundo invisible", ou a *Imago* como totalidade ou unidade que a *poiesis* diabólico-simbólica de Lezama Lima perseguia. Mas, as texturas barrocas são convocadas por Sarduy e outros escritores neobarrocos, como veremos, com o estatuto de *figuras* para desencadear uma nova forma de tensão, dentro do mesmo achatamento deshistoricizante e do descentramento do Sujeito.

*

A razão estética do neobarroco se constrói com a exaltação dos espaços, das figuras e dos corpos. O palco barroco do Doutor França é o seu gabinete, locus onde se lavram as simetrias e dissimetrias entre os pronomes Eu e Ele. Na mesma página / palco que visualiza o duplo e o imobiliza fora da História, o "Supremo Pelicano do Paraguai" oferece o seu corpo ascético e reprimido em sacrifício pela causa do povo. Príncipe melancólico[27], enquanto dita as suas circulares perpétuas, sonha com uma linguagem que seja idêntica ao objeto e joga com as possibilidades anagramáticas das palavras. Episteme barroca:

25. Jameson sugere que o pastiche (a "paródia vazia"), a "canibalização de todos os estilos do passado" (os "neo"), a moda da nostalgia e da intertextualidade podem recair nos maneirismos da espacialização estética, posto que são igualmente incompatíveis com uma "genuína historicidade" (*op. cit.*, pp. 64-66).

26. Walter Benjamin, *op. cit.*, p. 115 e também pp. 104, 116-120.

27. Em seu exame da estrutura alegórica do *Trauerspiel* (*Trauer*: luto, melancolia; *Spiel*: espetáculo, jogo), Benjamin interpreta a encenação da melancolia pelo Prín-

O BARROCO NO OCASO DA MODERNIDADE 17

a similitude já não é a forma do saber, mas antes a ocasião do erro [...]; por toda parte se desenham as quimeras da similitude, mas sabe-se que são quimeras; é o tempo privilegiado do *trompe-l'oeil*, da ilusão cômica, do teatro que se desdobra e representa no seu interior outro teatro, do quiproquó, das fantasias e visões; é o tempo dos sentidos enganadores; é o tempo em que as metáforas, as comparações e as alegorias definem o espaço poético da linguagem[28].

O (novo) *homo barocchus* de Sarduy é mais pródigo ainda na visibilidade desse luto cultural, desde o excesso dos cenários (teatro, bordel, manicômio, sala cirúrgica, etc.) até o das sinédoques, disseminadas na infinitude dos ornatos, vestimentas, pormenores e detalhes. Em *Colibrí*, essa "pulsão escópica"[29] minimalista culmina com a pintura de pulgas adestradas. Os personagens sarduyanos encarnam (literalmente: na carne) a dor da criatura sujeita à ordem da natureza e destituída do estado de graça. Este exílio encena-se na visibilidade de seres deformados, anões ou monstros (o Japonesón, em *Colibrí*) e, sobretudo, no *furore* transformista dos rituais de mortificação do corpo do travesti: maquilagem, tatuagem, enxertos e transplantes, castração, prótese de partes do corpo e mutilações diversas. Em *Cobra*, os martírios da carne são as do corpo sacrificial – gozante do *travesti*, que padece não já as tensões entre o mundo e a transcendência como na época barroca, mas entre a cópia e o original. Em sua precariedade como simulacro (cópia de um original – uma mulher – que nunca existiu), o Travesti é um Príncipe melancólico, o mártir (etimologicamente: testemunha) do exílio num corpo simulante que lamenta, no cenário do teatro Lírico de Bonecas, não poder ser "absolutamente divina", como uma Greta Garbo, por ter os pés enormes, submetendo-os a toda sorte de torturas físicas para reduzi-los[30].

Na escritura alegórica do neobarroco acumulam-se incessantemente fragmentos de palavras em explosão como em *Galáxias*, de metros em estado de dispersão como nos poemas de Germán Belli, de ruínas e desperdícios da vida real, como em Luis Rafael Sánchez. No imenso

cipe (tirano e mártir) como visão pessimista da História. Minhas referências a esse complexo tratado filosófico, verdadeira síntese indireta do pensamento benjaminiano sobre a modernidade procedem de uma leitura muito pessoal e uma adaptação tópica do seu conceito de "origem" (cf. *op. cit.*, pp. 67-68).

28. Michel Foucault, *As Palavras e as Coisas. Uma Arqueologia das Ciências Humanas*. trad. A. Ramos Rosa, Lisboa, Portugália, 1967, p. 77. Em *Yo, El Supremo*, 4. ed., México, Siglo XXI, 1976, são numerosas as passagens onde ocorre essa crise e nostalgia da similitude. Indico algumas: p. 9, pp. 15-16, pp. 66-67, pp. 74-75, p. 91, pp. 102-103, p. 122, p. 219, pp. 417-418.

29. Para Lacan, o barroco é "la régulation de l'âme par la scopie corporelle" ("Du baroque", *Encore. Le séminaire*, Livre XX [1972-1973], Paris, Seuil, 1975, p. 105. Sobre a "pulsão escópica" do barroco, ver também Christine Buci-Glucksmann, *La folie du voir. De l'esthétique baroque*, Paris, Galilée, 1986.

30. O calvário de Cobra parece recontar "la petite historiole du Christ", ao sensualizar-se num realismo passional de dor e êxtase. Cf. Lacan, *op. cit.*, pp. 97 e 102.

18 BARROCO E MODERNIDADE

palco barroco de *La importancia de llamarse Daniel Santos* – toda a geografia de "la América amarga, la América descalza, la América en español" fratura-se em múltiplos espaços topológicos – o cabaré, o botequim, o bordel, o cárcere, a taverna – por onde deambula o romancista-*flâneur* para colecionar fiapos da imagem do ídolo popular que unifica o imaginário do continente. Como o Supremo de Roa Bastos ou o Travesti de Sarduy, em L. R. Sánchez o Príncipe melancólico é, mais explicitamente, o próprio escritor, o alegorista que maneja fragmentos (a matéria mais nobre da criação barroca), para dizer o "outro" na ágora do texto. Na visibilidade (da página escrita) e na audibilidade (do som da prosa), o escritor inscreve o bolero como emblema da dor e do luto cultural da América amarga. Cifra do sistema da boemia – dos outros que são os marginalizados sociais e das massas oprimidas –, o bolero codifica-se no ritmo lento e na letra triste que fala das eternas penas de amor. Por isso o alegorista o converte em refúgio contra a fúria destrutora do presente político, social e econômico da América Latina. Em sua visão alegórica, os versos bolerescos se nos oferecem como exposição barroca, mundana, da história, como história do sofrimento. Não se pode deixar de ver a encarnação dessa dor no relato reiterativo dos excessos fálicos de Daniel Santos (o Don Juan, outro resíduo do barroco), sob a forma do corpo viril, exaltado e mortificado em intermináveis "anarquias genitais". No erotismo libertino e na exacerbação da obscenidade, "as paixões se sucedem numa ronda desenfreada" e mostram até que ponto "a representação dos afetos predomina sobre a ação" nesse romance neobarroco[31].

1.4. A VISÃO PESSIMISTA DA HISTÓRIA

A escritura espacial, figural e corporal / passional do neobarroco se oferece como um exercício de máxima estetização para reproduzir os conteúdos da época barroca dentro da época atual. A reciclagem de temas e estilemas barrocos – mediante condensações, deslocamentos e conversões – não é um jogo evasionista, destituído de significado político-cultural. Jogo e reflexão, o neobarroco investe, com a sua prática discursiva da debilitação da historicidade e do descentramento do Sujeito, o paradigma da visão pessimista da história oficial que o barroco teatralizou na tirania e no martírio do soberano. Se o barroco é a estética dos efeitos da Contra-Reforma, o neobarroco o é da contra-modernidade. Naquele, a visão pessimista encarna-se no Príncipe que encena a melancolia para legitimar-se no poder[32], neste desloca-se a en-

31. Cf. Walter Benjamin, *op. cit.*, p. 122.
32. Cf. *idem,* pp. 88-91 e 165.

O BARROCO NO OCASO DA MODERNIDADE 19

cenação para a figura do Autor, em cujo ato de escrever a melancolia adquire valor crítico de sua deslegitimação no poder do texto. A crise da autoridade não é, porém, toda a crise da modernidade que os textos neobarrocos não cessam de representar.

A história oficial que hoje aparece como catástrofe é a que erigiu o Progresso, o Humanismo, a Técnica, a Cultura como categorias transcendentes para interpretar e normativizar a realidade. Estas categorias – que Lyotard denomina "metarelatos"[33] – obedecem ao projeto iluminista que tem por função integrar, sob *uma* direção articulada, os processos sociais, políticos, econômicos e culturais dos diferentes povos e nações. Os metarelatos – que são hoje objeto de crítica e revisão nos círculos pós-modernos da intelectualidade euro-norte-americana – foram produzidos ali mesmo, nos centros hegemônicos, mediante a reforma religiosa, a revolução industrial, a revolução democrático-burguesa e a difusão da ética individualista do trabalho. Os desastres e a incompletude desse modelo modernizador, imposto pela razão instrumental na América Latina, têm sido já objeto de análises demoradas[34] e basta ressaltar que esse modelo tem se revelado desastroso sobretudo por sua incapacidade para integrar o "não ocidental" (índios, mestiços, negros, proletariado urbano, imigrantes rurais etc.) a um projeto de democracia consensual.

Não é casual, portanto, que seja justamente o barroco – pré-iluminista, pré-moderno, pré-burguês, pré-hegeliano – a estética reapropriada nesta periferia, que só recolheu as sobras da modernização, para reverter o cânone historicista do moderno. O resgate do barroco envolve uma estética e uma política literária que, mostrando-se como uma autêntica mutação das formas poéticas, supõe, entre outras conseqüências o abandono da presença surda do século XVIII em nossa mentalidade.

Esse conteúdo ideológico, que provém de uma motivação cultural específica para a América Latina, torna precária toda tentativa de reduzir o neobarroco a um maneirismo "retrô" e reacionário que reflete a lógica do capitalismo tardio, conforme sugere Jameson ao mencionar o modismo dos "neo" na arte pós-moderna. Tampouco cabe diluí-lo na "atmosfera geral" no "ar do tempo", como "um princípio abstrato dos fenômenos"[35]. E menos ainda cabe tomá-lo como a salvação de uma modernidade crepuscular, depois da "morte das vanguardas", median-

---

33. J. F. Lyotard, *La condition posmoderne*, Paris, Minuit, 1979.

34. Ver o volume coletivo *Imágenes desconocidas. La modernidad en la encrucijada postmoderna,* Buenos Aires, CLACSO, 1988, sobretudo o ensaio de Aníbal Quijano em que discute o abandono do projeto emancipador na Europa do século XIX cujos reflexos na América Latina converteram-na em "vítima da modernização".

35. Conforme insiste Omar Calabrese em *A Idade Neobarroca*, São Paulo, Martins Fontes, 1987, pp. 9-12.

20 BARROCO E MODERNIDADE

te a "impureza generalizada" com que as culturas que relegaram o barroco ao ostracismo com o seu bom gosto classicista, desejam renovar a experimentação e a invenção[36]. O barroco não é uma descoberta recente em nossa literatura moderna, se recordamos que desde pelo menos o modernismo com Rubén Darío, e o ultraismo com Borges já se havia resgatado a sua legibilidade estética; e com a narrativa e a ensaística de Lezama Lima e Alejo Carpentier, já se havia iniciado a recuperação da sua legitimidade histórica. O barroco é, para dizer como Lezama, "uma forma das entranhas" que na América produziu-se desde o fenômeno da "contra-conquista" e da apropriação do Senhor Barroco do seu "espaço gnóstico".

A função crítica do neobarroco não se esgota, porém, na visão pessimista que registra a entropia da modernidade historicista. A reapropriação do barroco tem sido também o suporte para recriar a história à luz dos novos desafios do presente.

No campo epistemológico, Sarduy assume a tarefa de explicar a relação entre a ciência e a arte dos séculos XVII e XX, mediante o conceito da "recaída" (*retombée*), ou seja, "uma causalidade acrônica" ou "isomorfia não contígua". Assim, a oposição do círculo de Galileu à elipse de Kepler – na revolução cosmológica do século XVII – seria isomórfica à oposição das teorias cosmológicas recentes, o *Steady State* (o estado contínuo) e o *Big Bang* (a expansão); isomórficas seriam também as figuras da ciência e da arte, no interior de uma mesma episteme: no século XVII o são a elipse kepleriana e a elipse na retórica barroca; correlativamente, no século XX a expansão galática "recai" em obras não centradas (em expansão significante), assim como o estado contínuo (do hidrogênio) "recai" em textos "com matéria fonética sem sustentação semântica" ("pura entropia acrônica")[37].

O que é interessante nesta teoria, à qual não faz jus o resumo apresentado, é que sugere a causalidade acrônica entre a episteme barroca e a pós-moderna, quando por exemplo, Sarduy alude a certa isomorfia entre a quebra do logocentrismo (o efeito barroco por excelência) e a irrisão do capitalismo (o efeito neobarroco):

Malgastar, dilapidar, derrochar lenguaje unicamente en función de placer [es hoy] un atentado al buen sentido [...] en que se basa toda la ideología del consumo y la acumulación (*idem*, p. 99).

36. O sugestivo livro de Guy Scarpetta, *L'impureté* (Paris, Grasset, 1985) não esconde esse sentimento francês de culpa com o barroco (cf. pp. 13-14 e pp. 382-383), mas reconhece (em Lezama, em Sarduy e no barroco mineiro) o papel da periferia na arte atual.

37. Severo Sarduy, *Barroco*, Buenos Aires, Sudamericana, 1974, sobretudo pp. 14-15 e pp. 91-98. O conceito de *retombée*, que neste livro aparece na epígrafe, é retomado por Sarduy em *Nueva inestabilidad*, México, Vuelta, 1987.

O BARROCO NO OCASO DA MODERNIDADE 21

A "recaída" barroca em Sarduy reveste-se, em suma, de uma visão dupla para reconhecer na episteme do século XVII uma reprodutibilidade na arte e literatura de hoje, que revela o caráter incompleto e inacabado da energia histórica do barroco.

No terreno da historiografia literaria, o desafio do presente consiste em revisar o cânone do moderno e observar, fora dele – nas suas margens e exclusões – as possibilidades de uma leitura outra de nossa literatura. Uma proposta exemplar nesse sentido é a de Haroldo de Campos que, em seu *O Seqüestro do Barroco na Formação da Literatura Brasileira: o Caso Gregório de Mattos* (1989), desconstrói o paradigma metafísico substancialista que ordenava a literatura brasileira como "encarnação do espírito nacional"[38]. O resgate do poeta baiano do século XVII revela como esse cânone historicista do moderno, instaurado desde o romantismo, obscureceu as possibilidades de leitura do barroco como uma "origem" (no sentido benjaminiano, não uma gênese, mas um "salto para o novo") e, conseqüentemente, de reconhecer o experimental e lúdico como selo de nossa *diferença* na produção da modernidade.

Nessas reivindicações do barroco, não se trata simplesmente de comprovar que a nossa literatura nasceu ou se formou no século XVII, o qual é óbvio, mas de fazer a arqueologia do moderno, focalizando na profundidade polirrítmica do século XVII, os aspectos que permitam uma nova escansão da história.

No seu monumental estudo sobre Sor Juana Inés de la Cruz, Octavio Paz não coloca como seu este projeto, mas o resultado de suas análises, especialmente de *Primero sueño*, mostra até que ponto a restituição do barroco permite reinterpretar a literatura latino-americana diante da modernidade produzida nos centros hegemônicos. Paz se propõe diretamente a explicar o enigma de Sor Juana, restituindo-a à Nova Espanha do século XVII – a sociedade saída do regime patrimonialista no plano político, o mercantilismo e o latifundismo no econômico, e modelizada espiritualmente pelos ritos da corte vice-real – em suma, uma sociedade barroca, pré-moderna, ou pelos menos diversa daquela que surgiria na Europa com a Revolução Francesa, ou na Inglaterra e Estados Unidos com o protestantismo. São vários os enigmas que Paz consegue decifrar com a sua inteligência crítica, mas o mais contun-

---

38. O modelo historiográfico desconstruído em *O Seqüestro* é o que desenvolve o livro monumental de Antonio Candido, *A Formação da Literatura Brasileira (Momentos Decisivos)*, 1959. Anteriormente às *Galáxias*, onde assume a prática do barroco mediado pelo rigor construtivista da poesia concreta, Haroldo de Campos utilizou o termo neobarroco para caracterizar "as necessidades culturmorfológicas da expressão artística contemporânea" ("A Obra de Arte Aberta", 1955, *Teoria da Poesia Concreta. Textos Críticos e Manifestos 1950-1960*, 3. ed., São Paulo, Brasiliense, 1987, pp. 36-39.)

22 BARROCO E MODERNIDADE

dente é, sem dúvida, o da estranha modernidade da monja mexicana, uma modernidade *avant la lettre*, exercida vital e espiritualmente através de sua experiência com a estética barroca, e não fora ou contra ela[39]. A Sor Juana restituída por Paz é já uma "filha do barro", que faz a crítica da razão e cifra a sua crise pessoal e histórica na alegoria de *Primero sueño*. Este poema, se culmina com o "reverso de uma revelação", como *Un coup de dés* ou *Altazor*, tece laboriosamente a paixão do conhecimento com o modelo gongorino, transgredido e reinventado no cruzamento vertiginoso de leituras científicas e herméticas que a Autora realiza na periferia americana.

A restituição de Sor Juana ao seu mundo implica também restituir-nos ao barroco. Mas, implicaria isto também uma conversão da pós-história em pré-história e assunção do barroco como um novo cânone? A escritura neobarroca tende mais propriamente a evitar a armadilha de fazer do excêntrico um centro, e o discurso que o reivindica mostra-se mais decidido a propor divergências que a impor regras. O escritor martinicano Edouard Glissant observa que o barroco hoje significa "uma maneira de viver a unidade-diversidade do mundo"[40]. Mas é igualmente um fato ineludível que o neobarroco aponta para uma utopia do estético, na qual seja prestigiada a palavra das culturas forjadas não pela conjunção estreita das normas erigidas nos centros hegemônicos, mas na heterogeneidade multitemporal que as precipitou na história.

---

39. Apesar de que Paz tende mais a negar do que a aceitar a inserção de *Primero sueño* no barroco ("Poema barroco que niega al barroco", cf. *Sor Juana Inés de la Cruz o las trampas de la fe*, Barcelona, Seix Barral, 1982, p. 500), suas análises da obra sorjuanina acabam por reescrever suas teses de *Los hijos del limo* (1972). Neste, a poesia moderna, caracterizada pela "paixão crítica", aparecia nos fins do século XVIII com os românticos alemães e ingleses, para completar a sua trajetória com a Vanguarda.

40. Edouard Glissant, *Poétique de la relation*, Paris, Gallimard, 1990, p. 93.

2. A Literatura Neobarroca ante a Crise do Moderno (sobre Severo Sarduy)

2.1. A SÍNDROME DO BARROCO

As revisões, releituras e, sobretudo, as reivindicações do barroco têm propiciado, nas últimas décadas, vários focos para repensar a crise da modernidade, bem como prover subsídios teóricos ao conhecimento do fenômeno do pós-modernismo. Ensaios recentes como o de Gilles Deleuze (*Le pli*, 1988) ou de Guy Scarpetta (*L'impureté*, 1985); estudos instigantes como os de Christine Buci-Glucksmann (*La raison baroque*, 1984 e *La folie du voir*, 1986) ou o panorama interpretativo de Omar Calabrese (*L'èta neobarocca*, 1987), para só mencionar o *boom* europeu do barroco, confirmam o crescente interesse por reavaliar o potencial produtivo na cultura de hoje de uma estética longamente relegada ao esquecimento.

Mas talvez seja mais correto dizer que em vez de um *boom*, temos mais propriamente uma nova "síndrome" do barroco (no começo do século ocorreu a primeira), muito reveladora do mal-estar e, por que não, das patologias da cultura moderna. Como toda síndrome, é esta também portadora de sinais e sintomas que nos remetem a muitas causas. Desde logo, a intensificação do interesse pelo barroco, desde os anos 70, coincide com o grande debate que envolveu os intelectuais euro-norte-americanos sobre a pós-modernidade e pode, em seu contorno geral, ser explicada como sugere Benito Pelegrín:

Face au rédoutable sens unique idéologique vehiculé par un style qui se prétendait universel [*o moderno*], le baroque est devenu une valeur refuge, plurielle, de la singularité. Bien sûr, en son temps, le baroque était l'émanation des monarchies centralisées et de la Contre-réforme. Il était irrationnel et "reactionnaire" quand la Raison était subversive. Mais la Raison, institutionnalisée et déguisée en Despotisme éclairé, en Positivisme, en

24 BARROCO E MODERNIDADE

technocratie ou Science d'État devient à son tour totalitaire et reactionnaire. Elle appelle alors le renversement de perspective; *baroque* et c'est alors l'irrationnel, l'insensé, la dissidence, qui deviennent subversifs (Pelegrin, 1983: pp. 76-77).

[Diante do temível sentido único ideológico veiculado por um estilo [o moderno], que pretendia ser universal, o barroco tornou-se um valor plural, de refúgio, da singularidade. Sem dúvida, em seu tempo, o barroco era a emanação das monarquias centralizadas e da contra-reforma. Era irracional e "reacionário" quando a Razão era subversiva. Mas a Razão, institucionalizada e disfarçada de Despotismo ilustrado, de Positivismo, de tecnocracia ou Ciência de Estado torna-se por sua vez totalitária e reacionária. Ela pede agora a reversão de perspectiva; *barroco* e é agora o irracional, o sem-sentido, a dissidência que se tornam subversivos.]

Assim, o reconhecimento de que o barroco pode inserir-se na fase terminal ou de crise da modernidade como uma espécie de encruzilhada de novos significados, favorece o pressentimento de uma nova arte no sistema cultural que se instala com a terceira revolução tecnológica e com os efeitos do capitalismo avançado da era pós-industrial. Nele, a "incredulidade em relação aos metarrelatos" (Lyotard, 1979: p. xvi), permite igualmente superar aquela dicotomia na apreciação do barroco que esteve vigente durante os séculos "ilustrados" pela teleologia da História: por um lado, os historiadores que se recusavam a ver o barroco fora do seu tempo, ou melhor, de seu século, para estabelecer as suas vinculações históricas com a monarquia absoluta, a aristocracia e a igreja católica,mais exatamente, a Contra-reforma. Por outro, ficavam os esteticistas / formalistas, que viam o barroco como um *éon* atemporal, uma forma que transmigra, renasce ou ocorre em muitas épocas e latitudes, sem vínculos sociológicos ou ataduras aos fatos históricos. Essas controvérsias de outrora – e que se estendem pelo menos até os anos 50 – parecem estar hoje superadas com a nova sorte que os tempos pós-modernos reservaram ao barroco. Fatigada essa pérola irregular do seu longo ostracismo, mas também do conflito que provocou involuntariamente nos anos 40 e 50 entre formalistas e conteudistas, seu renascimento nos anos 60 foi saudado como uma "miragem", mas também com uma avaliação razoável: a função do barroco era cumprir o papel do anticlassicismo que o romantismo já não era mais de representar em nosso universo cultural (Charpentrat, 1967: p. 123). Visto como uma "fronteira" significativa no período em que a modernidade se desordena e busca uma explicação para si mesma, era, então, equiparado a um "leito de Procusto telescópico", capaz de oferecer uma genealogia para as manifestações da desordem, permitindo classificá-las sem contudo assimilá-las (*idem*: p. 128).

Se Charpentrat acertou ao identificar o papel antagonístico do barroco, sua interpretação naqueles anos críticos – considerados pela posteridade sociológica como os do arranque da mentalidade pós-moderna – não pôde atinar com o sentido de um "novo classicismo" em

A LITERATURA NEOBARROCA ANTE A CRISE DO MODERNO... 25

que tinha se convertido o moderno. Como não se trata agora de comprovar nenhum "triunfo" do barroco depois de sua longa hibernação pela economia funcionalista da arte moderna, as revisões européias nos revelam, muitas vezes, interessantes estratégias para salvar, com o barroco, uma modernidade estética em agonia. Nesta linha pode-se ver a sugestiva proposta de uma "reciclagem" do barroco histórico com perspectiva pós-moderna, para dele extrair as lições da representação paroxística, do artifício, da teatralização e da sobrecodificação, de modo a responder, com um gesto de desafio, à "crise das Grandes Causas" (Scarpetta, 1985: pp. 358-375).

Com outra perspectiva, pode-se revisar a "razão barroca" como uma razão do Outro, que atravessa a modernidade e sobrevive ao seu racionalismo instrumental. A partir das análises de Walter Benjamin sobre o *Trauerspiel* e a alegoria barroca, como a primeira forma da perda da aura, foi possível tomar a alteridade barroca como uma "modernidade radicalmente diferente daquela dos pensamentos do progresso" ou seja, como "aquela que emerge quase sempre do abismo de uma crise" e se situa como foco de uma "historia outra e saturneana" de luto e melancolia (Buci-Glucksmann, 1984: p. 27).

As interpretações que hoje reivindicam o barroco no âmbito europeu podem, sucintamente, remeter-nos a duas posturas ante a modernidade / pós-modernidade. A primeira consiste em reciclar o barroco – vale dizer: certos traços formais – para retomar o potencial de renovação e experimentação com as formas artísticas, uma vez decretado o ocaso das vanguardas. O neobarroco seria, aqui, uma prolongação da arte e da literatura modernas, uma etapa crítica da modernidade estética, é certo, mas talvez um novo avatar na tradição da ruptura. Já para os que vêem o espetáculo lúdico das formas barrocas como signo de uma alteridade (re)emergente ante o colapso dos pensamentos de progresso e dos finalismos da História, essas reciclagens são nada mais, nada menos, que o sintoma de certo pessimismo (um novo "desengaño"?) que caracteriza a era do "fim das utopias" neste fim de século e de milênio.

Os dilemas e as contradições que a introdução do barroco – ou melhor, esse *rétour du réfoulé* – traz ao debate atual sobre as alternativas da cultura ocidental vão muito além da divergência sobre a sua pertença ao moderno ou ao pós-moderno. Quando aludimos à "síndrome", pretendemos que a metáfora se preste para indagar as causas múltiplas que podem explicar a sintomatologia de um mal-estar da cultura moderna com seu desempenho racional, que se manifesta da recusa das totalidades e totalizações, até a obsessão epistemológica pelos fragmentos e fraturas com seu equivalente no terreno político, o compromisso ideológico com as minorias. A problemática que invocamos não se limita à preocupação classificatória, de subsumir o neobarroco

26 BARROCO E MODERNIDADE

nas estruturas de uma estética *in fieri*, a do pós-modernismo, mas sim a de verificar até que ponto seu trabalho de signos converge para o *unmaking* do pós-moderno (Hassan, 1987).

Não se pode esquecer, sobretudo, que o que está em jogo quando invocamos o potencial desconstrutivo do barroco é o papel que toca hoje, numa nova concepção da arte e da cultura nas sociedades hegemônicas do ocidente, aos povos e culturas periféricas, entre estas as daquela geografia onde vicejou profusamente, nos séculos XVII e XVIII, a arte e a literatura barroca: a península ibérica e as suas colônias d'além mar.

2.2. O LIMIAR LATINO-AMERICANO DO NEOBARROCO

O termo "neobarroco" tem sido freqüentemente usado para referir-se aos exercícios verbais de alguns notáveis romancistas latino-americanos como Miguel Angel Asturias, Alejo Carpentier, José Lezama Lima, Guillermo Cabrera Infante, Severo Sarduy, Luis Rafael Sánchez, Carlos Fuentes, Fernando del Paso, além de poetas como Carlos Germán Belli ou Haroldo de Campos, entre outros. A disponibilidade do termo parece ter-se expandido desde que Carpentier, no início dos anos sessenta, associou o barroquismo verbal de seus textos à sua própria interpretação do continente americano como mundo do "real-maravilhoso"; ou que se difundiram os conceitos poéticos de Lezama Lima, radicados na onívora e onipresente "curiosidade barroca", à qual, numa reflexão radical, atribuía a origem do devir mestiço e a razão da continuidade da cultura latino-americana desde o século XVII.

Mas foi Severo Sarduy o escritor latino-americano que recolheu essa tradição reivindicatória dos mestres cubanos e desenvolveu sua própria teorização no quadro das mudanças culturais dos anos 60, isto é, quando a crise do moderno começava a despejar o entulho autoritário produzido pelos pesadelos da Razão.

Nos deteremos aqui em examinar essa teoria sarduyana do neobarroco como revisão do barroco histórico, profundamente motivada pela consciência americana do romancista cubano e projetada para o contexto mais amplo do mal-estar da cultura ocidental que viemos assinalando.

Poderíamos começar pelo fecho de "Barroco y neobarroco", o ensaio mais difundido de Sarduy e o mais influente na recuperação do barroco no continente. Ali pode se resumir todo o interesse que o barroco suscita hoje para o "fim da modernidade":

[...] el barroco actual, el neobarroco, refleja estructuralmente la inarmonía, la ruptura de la homogeneidad, del logos en tanto absoluto, la carencia que constituye nuestro fundamento epistémico. Neobarroco del desequilibrio, reflejo estructural de un deseo

A LITERATURA NEOBARROCA ANTE A CRISE DO MODERNO... 27

que no puede alcanzar su objeto, deseo para el cual el logos no ha organizado más que una pantalla que esconde la carencia. [...] Neobarroco: reflejo necesariamente pulverizado de un saber que sabe ya que no está "apaciblemente" cerrado sobre sí mismo. Arte del destronamiento y la discusión (Sarduy, 1972: p. 183).

Quando escreveu esta celebração do neobarroco no começo dos anos 70 (anterior aos grandes debates sobre o pós-moderno que se desencadeariam na cena intelectual euro-norte-americana), Sarduy podia, com bastante soltura, lançar a reciclagem do barroco como um reflexo da explosão de "um saber", que hoje aprendemos a identificar como a episteme moderna. A audácia quase irreverente de suas primeiras iluminações sobre o tema o leva a franquear o sempiterno debate sobre o caráter reacionário do barroco histórico como arte de propaganda da contra-reforma, da monarquia absoluta ou como expressão do elitismo da aristocracia, para extrair dele o que Affonso Ávila chama de "rebelião pelo jogo". Sem deixar de ser histórico, o barroco lúdico-sério – porém jamais catequético – que Sarduy invoca, provê um paradigma cognitivo reconhecível pelo paradigma estético. Este, que me parece o seu aporte abstrato mais fecundo para a reciclagem do barroco, formula-se, no entanto, a partir de exemplos muito concretos de artistas plásticos e escritores latino-americanos da atualidade.

2.3. EM BUSCA DO PARADIGMA ESTÉTICO DO NEOBARROCO COMO IRRISÃO DO MODERNO

Para evitar o abuso do termo e o "desenfado terminológico", Sarduy enfrenta com o instrumental analítico pós-estruturalista a tarefa, sempre ingrata, de reduzir a "um esquema operatório preciso" (*idem,* p. 168) a noção de barroco. Estabelece, assim, uma semiologia do barroco latino-americano, na qual propõe uma série de processos poéticos que atendem da construção metafórica à organização textual, ou seja, das unidades de superfície verbal às de profundidade ou estruturação do gênero do texto literário / artístico. A "marca de origem" mais primária do barroco seria, seguindo Jean Rousset, a "artificialização", noção que contraria, claro está, todo conceito do barroco como celebração da natureza, a la Eugenio D'Ors. O exercício que provoca a "irrisão da natureza" compreende três mecanismos: a substituição (de um significante por outro totalmente afastado semanticamente); a proliferação (uma cadeia de significantes em progressão metonímica em torno a um significante excluído, ausente, expulso); a condensação (fusão de dois termos de uma cadeia significante para produzir um terceiro que os resume).

Preside aqui o modelo gongorino com suas metáforas de risco (do tipo "raudos torbellinos de Noruega", para aludir aos falcões), que li-

28 BARROCO E MODERNIDADE

mitam com o *kitsch* tal é o grau do artifício produzido pela oclusão do objeto real. A energia metafórica que Sarduy identifica no barroco histórico investe-se nessa espécie de "espectralização" dos referentes, para sustentar a base poética do neobarroco. A distância que separa a figura e o sentido, pode estender-se até os limites do inteligível (Sarduy, 1969: pp. 271-275). Voltarei mais adiante à questão epistemológica que isto implica. Antes, quero ilustrar como Sarduy pratica em seu romance *Cobra* esse "divertimento barroco" (como diria Lezama) de expandir os significantes numa profusão que obscurece o objeto referido:

> Franqueados los sargazos, llegaban por entonces al convento serrano, desde los lejanos islarios, a deprender a fablar, recibir el bautizo y morir de frío, indios mansos, desnudos y pintados, orondos con sus cascabeles y cuentecillas de vidrio; traían los suavemente risueños papagayos convertidos que recitaban una salve [...] y, cómo no, entre tanto presente pinturero, de arenas doradas las pepitas gordas que la fe churrigueresca, cornucopia de emblemas florales, convertiría en nudos y flechas, orlas y volutas, lámparas mudéjares que oscilan, capiteles de frutas sefardíes, retablos virreinales y espesas coronas góticas suspendidas sobre remolinantes angelotes tridentinos (Sarduy, 1972a: p. 86).

Aqui, a artificiosidade da descrição adensa-se ao ponto de ofuscar o objeto que as preciosas "pepitas gordas" (= ouro), trazidas pelos mansos índios da América, vão enriquecer: a esplêndida igreja barroca que cruza e superpõe formas, materiais e estilos. Não menos poderoso para o efeito dessa passagem é o gesto paródico, pois ali encontram-se fragmentos de crônicas da Conquista, cartas de relação e histórias das Índias, para não dizer o próprio diário de Colombo.

E é precisamente a paródia a outra marca de origem do barroco que Sarduy invoca, obviamente a partir das teorias de Bakhtin, transportando o substrato e fundamento desse gênero, a carnavalização, para o cerne da produtividade textual dos escritores latino-americanos.

espacio de dialoguismo, de la polifonía, de la carnavalización, de la parodia y la intertextualidad, lo barroco se presentaría, pues, como una red de conexiones, de sucesivas filigranas, cuya expresión gráfica no sería lineal, bidimensional, plana, sino en volumen, espacial y dinámica (Sarduy, 1972: p. 175).

Ora, ao identificar no barroco a herança da carnavalização dos gêneros populares da Idade Média, Sarduy passa do aspecto estético da artificialização para o fenômeno cultural que a mescla de gêneros supõe. Se Lezama via na "curiosidade barroca" dos mestiços da Colônia o impulso que promoveu a fusão do hispano com o indígena e o negróide, Sarduy, de modo complementar, sugere que o caráter polifônico e até "estereofônico" da obra barroca – como cruzamento de discursos e códigos culturais – é favorecido pelo *carrefour* de línguas, dialetos, raças, tradições, mitos e práticas sociais propiciadas

A LITERATURA NEOBARROCA ANTE A CRISE DO MODERNO... 29

pela colonização da América. A respeito disto, Sarduy anota, evitando todo americanismo explícito:

> Afrontado a los lenguajes entrecruzados de América – a los códigos del saber precolombino –, el español – los códigos de la cultura europea – se encontró duplicado, reflejado en otras organizaciones, en otros discursos (Sarduy, 1972: pp. 175-176).

E, finalmente, o paradigma estético da obra neobarroca é identificado por sua autoconsciência poética, enquanto superfície que exibe sua "gramática", que inscreve a sua pertença à literatura (a um género, a um tipo de discurso); é tautológica, por seus gramas sintagmáticos, cujos "indicadores hacen referencia al código formal que la genera" (Sarduy, 1972: p. 180).

Artifício e metalinguagem, enunciação paródica e autoparódica, hipérbole de sua própria estruturação, apoteose da forma e irrisão dela, o barroco nessa proposta, sobra dizer, é conceituado pelos traços do barroco histórico que favorecem uma perspectiva crítica do moderno. Sem utilizar o termo "pós-moderno" que nos anos 70 ainda não estava em circulação na América Latina, Sarduy antecipa diversas especulações sobre o regime estético do pós-modernismo, especialmente pela revelação de uma estranha modernidade das invenções dos seiscentos que o romance do pós-*boom* vem reciclando intencionalmente. Visto assim, o neobarroco escapa ao cânone estético da modernidade, por razões que Sarduy tece em filigrana em seu ensaio, especialmente quando explica como a artificialização e a paródia "expõem" os códigos do moderno, para esvaziá-los e revelá-los como artefatos que aspiram a produzir o Sentido. Confronte-se este conceito de paródia (já pós-moderna) com o de Jameson que, anos depois em seu ensaio sobre o pós-modernismo, haveria de qualificar como um mero pastiche ("a blank parody", "a statue with blind eyeballs"), uma linguagem morta, sem os motivos ulteriores da paródia moderna (Jameson, 1984: p. 64). Sarduy, em troca, entende que o "puro simulacro formal" que as citações (neo)barrocas promovem, exaltam sua própria facticidade para desvelar o "fracasso", o "engano", a "convenção" dos códigos parodiados da pintura e da literatura (Sarduy, 1972: pp. 177-178). À transcendência e alta concentração de significados do texto moderno que críticos como Jameson tanto exaltam, o texto neobarroco contrapõe a teatralidade dos signos; põe em evidência um mimodrama dos tiques literários modernos (assim como o barroco teatralizou os tiques do classicismo).

Se Lezama Lima redescobriu os prodígios verbais do barroco para legitimar a linguagem literária americana numa perspectiva que exacerba a da alta modernidade (de um Proust, Pound ou Joyce) em muitos aspectos, como a dificuldade do sentido, Sarduy redescobre que o poder fulminante da desconstrução barroca pode conseguir a corrosão pela própria superficialidade lúdica de seus gestos mímicos. Roberto

30 BARROCO E MODERNIDADE

González Echevarría, um dos poucos críticos que se arriscaram até agora a discutir a emergência do pós-moderno na rota literária de Sarduy, ainda que sem associá-la à reciclagem do barroco, assinala a partir de algumas indicações de John Barth, que a obra sarduyana parodia a "reflexividade do romance do *boom*" e, portanto, "abandona a saudade da identidade, ou da cultura como matriz narrativa que a contenha e dote de significado" (Gonzalez Echevarría, 1987: pp. 251-252).

Mas a crise da alta modernidade do *boom* que o texto sarduyano põe em evidência requer sobretudo esse artifício exacerbado da cultura matriz, do exagero que esgota e deforma para desnudar e que costuma encontrar-se na "grossa pérola irregular". Além do mais, John Barth não vacilou em recorrer ao barroco para designar a história literária e intelectual que já havia exaurido suas possibilidades de novidade (Barth, 1980: pp. 30-32). Havia mais motivação literária que casualidade nesse uso discriminado do termo, pois na verdade Barth não se valia dele como bordão (para falar, por exemplo, de ornamento), pois na sua condição de arauto dos tempos de revisão do moderno na literatura, tomou da obra de Borges essa consciência dos sintomas do esgotamento do novo e da invenção. Por isso, propunha que uma "literatura da exaustão" era pensável a partir de uma célebre tirada borgiana, escrita em 1954 para a abertura de *Historia universal de la infamia:* "Barroco el estilo que deliberadamente agota (o quiere agotar) sus posibilidades y que linda con su propia caricatura" (Borges, 1935: p. 9). Nesta espécie de energia suicida e ao mesmo tempo auto-reflexiva, que Barth vê como barroca e pós-moderna mesmo num texto tão terso e econômico como o borgiano, podemos incluir a "superabundância" e o "desperdício" que Sarduy identifica no paradigma estético do barroco. No cenário da produção simbólica de hoje – pós-borgiana –, o excesso, o *surplus* barroco expõem o esgotamento e uma saturação que contrariam, como quer Sarduy, "a linguagem comunicativa, econômica, austera" que se presta à funcionalidade de conduzir uma informação conforme a regra da troca capitalista e da atividade do *homo faber*, o ser-para-o-trabalho (Sarduy, 1972: p. 181).

2.4. DE COMO O PARADIGMA ESTÉTICO DO BARROCO IMPLICA UM *BREAK* EPISTÊMICO

Por trás da variedade e riqueza de suas análises de obras de artistas latino-americanos com que Sarduy constrói o paradigma estético do neobarroco, há uma constante que se destaca até pela própria insistência vocabular de suas teorizações. Trata-se do apagamento/exclusão / expulsão / ausência / elipse e até "exílio" do significante inicial

A LITERATURA NEOBARROCA ANTE A CRISE DO MODERNO... 31

de um referente no processo de metaforização barroca. Os objetos, o mundo, o universo referencial torna-se espectralizado pela figuração barroca, seja pela substituição – que de ser tão longínqua a semelhança torna o objeto metaforizado uma ilusão; seja pela proliferação em que a expansão de significantes torna remota a recuperação da identidade do objeto representado; seja pela condensação, cujas permutações fonéticas celebram o engenho formal ao ponto de tornar insignificante o objeto metaforizado. Ora, esse desvanecimento do objeto, essa ruptura com o nível denotativo direto e "natural" da linguagem – lugar da perversão de toda linguagem, conforme anota Sarduy (1972, p. 182), parece ter sido o núcleo mesmo da grande virada epistêmica do século XVII. Não é de estranhar, pois, que o paradigma estético de Sarduy requeira como fundamento o que Foucault, numa análise memorável do *Don Quixote* e de *Las meninas* de Velásquez, identificou na dissolução da interdependência linguagem / mundo, com a separação das palavras das coisas e o fim da era da semelhança (Foucault, 1967: p. 49, pp. 67-68, p. 73 *et passim*). Sarduy supõe certamente as conclusões, quando invoca o "corte epistêmico, a fissura do pensamento, de que são manifestações tanto a Contra-Reforma e as novas teorias cosmológicas de Kepler, como outros descobrimentos científicos de que é exemplo a circulação do sangue (Sarduy, 1972: pp. 167-68).

O ponto alto dessa revisão do barroco histórico está, a meu modo de ver, na descoberta de um paradigma cognitivo nele, através da especificação de um "conceito do universo" que provocou tal corte epistêmico. Em seu livro *Barroco* (1974), mediante o exame laborioso das teorias cosmológicas dos séculos XVI e XVII, Sarduy procede a justificar o "regresso" do barroco pela homologia que as formas do imaginário de hoje apresentam, enquanto trabalho de signos, com as que o mundo pós-renascentista conheceu. Em síntese muito apertada, o desafio que aceita Sarduy consiste em explicar a relação entre a ciência e a arte do século XVII com as do XX, mediante o conceito da *retombée* ("recaída"), ou seja, uma "causalidade acrônica" ou "isomorfia não contígua" (Sarduy, 1974: p. 144). Assim, a oposição do círculo de Galileu à elipse de Kepler, que marcou a revolução cosmológica do século XVII, seria isomórfica à oposição das teorias cosmológicas recentes: o *Steady State* (o estado contínuo) e o *Big Bang* (a explosão que gerou o universo, cujas galáxias estão em expansão). Com o manejo dessa primeira isomorfia, Sarduy avança a segunda, a das figuras da ciência e da arte, no interior de uma mesma episteme: no século XVII a elipse kepleriana (que descreve o trajeto da terra ao redor do sol) tem seu análogo na elipse da retórica barroca (o significante que descreve uma órbita ao redor de outro ausente ou excluído). De modo correlato, no século XX a expansão galática "recai" em obras descen-

32 BARROCO E MODERNIDADE

tradas, ou que estão em expansão significante, assim como o estado contínuo (do hidrogênio) "recai" em textos "com matéria fonética sem sustentação semântica" (Sarduy, 1974: p. 207).

É muito notório que Sarduy quis evitar novamente, com tal sistematização, a ligeireza das analogias fáceis ou as tão batidas associações do barroco com o esbanjamento, o jogo de curvas ou a falta de centro. Mas também, certa rigidez em buscar os canais que analogam o discurso científico com a produção simbólica dificultam a realização de puras obras neobarrocas. O próprio Sarduy chega a perguntar: "¿dónde, en qué cuadros, en qué páginas, en qué oscuro trabajo de símbolos [...] en qué cámaras de eco se escucha el rumor apagado del estallido inicial?" (Sarduy, 1987: p. 52).

No entanto, podemos reconhecer o paradigma cognitivo inscrito pela simetria e mesmo pela repetição das épocas homologadas: a episteme barroca gera formas do imaginário (ciência, ficção, música, cosmologia, arquitetura); produz certos "universais" ou axiomas intuitivos (Sarduy, 1987: pp. 11 e 47) que podemos captar em Bernini, Borromini e Góngora; as artes e as ciências trocam seus mecanismos de representação entre si, os discursos se desenvolvem em funcionamento similar, que se verifica na retórica hábil e arguta, que procura dissimular – e "naturalizar" – o artifício da argumentação.

2.5. DE COMO O PARADIGMA COGNITIVO GERA SIMULACROS

Se voltamos agora à questão do ceticismo barroco, subreptício às artificiosidades formais geradas pela fissura entre os dois polos do signo, é interessante notar como a teoria sarduyana do neobarroco avançou para o tema da simulação e do simulacro, conseguindo "ajustar-se" facilmente às teorias da cultura de massa. De modo especial, com a de Baudrillard sobre os quatro estágios pelos quais passou a representação, que trato de resumir brevemente: inicialmente, o signo é o "reflexo de uma realidade básica"; depois, o signo "mascara e perverte uma realidade básica"; um novo estágio o mostra mascarando " a ausência de uma realidade básica", para culminar no último estágio – o da atualidade pós-moderna – na qual o signo não tem relação com nenhuma realidade: é um puro simulacro (Baudrillard, 1981). A separação entre as palavras e as coisas – ou, para usar os termos de Sarduy, a "leitura radial" que separa os termos do signo (Sarduy, 1972: pp. 170-71) – parece ter alcançado seu *non plus ultra*: a cultura da imagem e do *fac-símile* já não exige que os signos tenham algum contato verificável com o mundo que supostamente representam. Para Baudrillard, a realidade não é, no entanto, irreal, pois toma a forma de

A LITERATURA NEOBARROCA ANTE A CRISE DO MODERNO... 33

objetos e experiências manufaturados, que são "hiper-reais" por elevarem-se à categoria de modelos.

Em *La simulación* (1982), Sarduy retoma essa chave interpretativa da cultura pós-moderna – que já estava *in nuce* em "Barroco y neobarroco" – e não vacila em qualificar a simulação como um "desejo de barroco" (Sarduy, 1982: p. 16). A novidade é que agora, em vez de ilustrar a apoteose do artifício, da ironia e da irrisão da natureza nos fatos artístico-culturais, é a própria natureza que revela a sua vocação para o artifício. Até os insetos, ao disfarçarem-se de pedras ou folhas, mostram a sua apetência para o barroco. Nem a natureza é natural!, descobrimos com um Sarduy que não se assombra, mas discorre com certo gáudio em nos demonstrar, com argumentos científicos, que o mimetismo animal não é uma necessidade biológica, como se supunha – pois não protege seus praticantes da devoração pelos pássaros –, mas sim "um desejo irrefreável de gasto, de luxo perigoso, de fasto cromático" (Sarduy, 1982: p. 16). Próximos daqueles "barroquismos da Criação" que Carpentier nos desvela na selva amazônica de seu romance *Los pasos perdidos* (1953), os seres que ostentam cores, arabescos, filigranas, transparências e texturas que simulam outros seres e objetos, na verdade não copiam nada e são simplesmente hipertélicos, isto é, vão além de seus fins. Em suma, excedem para nada.

Mais evidente ainda para essa linha de explicação do barroquismo como um exercício do esbanjamento que nega a lógica economicista do capitalismo, é o puro simulacro do travesti, tema que os romances sarduyanos exploram bastante. Como a metáfora neobarroca, o travesti não imita nada, sua *performance* cosmética não tem referente, não tem objeto. Não é a mulher – ou A Mulher – o que simula, mas um ser inexistente. Em seu afã mimético, aquele que simula pratica uma "impostura concertada", uma camuflagem que quer *produzir um efeito*, sem o compromisso de passar pela Idéia. Como para os objetos hiperreais da mídia, o que conta é a verossimilhança do modelo (Sarduy, 1982: pp. 13-14 e 18).

Outros fenômenos hipertélicos, geradores de simulacros, como o *trompe l'oeil* (outra duplicação falaciosa) ou a anamorfose (que desassimila o objeto da realidade) são examinados por Sarduy em sua tarefa de expandir o paradigma estético do barroco para justificar a sua própria reciclagem e, afinal de contas, integrá-lo a essa "operacionalização do significante" que marca a experiência cultural pós-moderna (Baudrillard, 1973). Sarduy não discute, e nem cita, as teses de Baudrillard. Provavelmente porque o "seu" neobarroco não pretende reproduzir a lógica do simulacro ou simplesmente compenetrar-se com ela. Se a lógica do simulacro consegue, com o cancelamento e a abolição do real, o colapso dos antagonismos e das dicotomias de valor, seu efeito é a inércia e indiferença das massas e até mesmo a implosão do

34 BARROCO E MODERNIDADE

"social". Sarduy, em troca, ao tomar a simulação como um "desejo de barroco", parece pretender, mais propriamente, resgatar a "troca simbólica", aquele intercâmbio de dádivas entre os povos primitivos que Baudrillard (1973), retomando a antropologia de Marcel Mauss, assinalou no rito do *potlatch*: pura perda, dispêndio arbitrário de bens, sem expectativa de lucro.

Preside, é claro, uma utopia da linguagem na síntese imaginativa que Sarduy constrói para projetar o barroco histórico na atualidade pós-utópica, ou seja, aquela que deverá regenerar-se de algum modo depois do colapso dos Grandes Relatos. Sem a intenção – inútil, por sinal – de compilar os resíduos do "primeiro" barroco, seu propósito consiste em integrar as formas antigas às modernas e tratar de "atravessá-las, de irradiá-las, de miná-las por sua própria paródia" (Sarduy, 1982: p. 77). E, como nas políticas mais otimistas do momento pós-moderno, esse projeto, radicado naquele *furore* que no século XVII pôde arruinar as formas perfeitas do Renascimento, é o de um

[...] barroco furioso, impugnador y nuevo [que] no puede surgir más que en las márgenes críticas o violentas de una gran superficie – de lenguaje, de ideología o civilización – en el espacio a la vez lateral y abierto, superpuesto, excéntrico y *dialectal* de América (Sarduy, 1981: p. 77).

Dentro da síndrome do barroco, se houver uma saudade sarduyana, ela está longe dos modismos dos "neo" que inflam o cenário pós-moderno. Sua visão, das próprias margens que geraram aquele *carrefour* de povos, línguas e culturas, reivindica a periferia que reinventou o barroco europeu excluindo todo "simulacro de verdade" e, juntamente com ele, o potencial utópico que um dia este continente abrigou.

BIBLIOGRAFIA

ÁVILA, Affonso (1994). *O Lúdico e as Projeções do Mundo Barroco I, II*. São Paulo, Perspectiva. 3ª edição ampliada e atualizada.

BARTH, John (1980). "Literature of Exhaustion" *in* GARVIN, Harry R., *Romanticism, Modernism, Postmodernism*. Londres, Bucknell Univ. Press, pp. 19-33.

BAUDRILLARD, Jean (1973). *Le miroir de la production ou l'illusion critique du matérialisme historique*. Paris, Casterman.

BAUDRILLARD, Jean (1981). *Simulacres et simulation*. Paris, Galilée.

BORGES, Jorge Luis (1935). *Historia universal de la infamia. Obras completas*. Buenos Aires, Emecé, 1974.

BUCI-GLUCKSMANN, Christine (1984). *La raison baroque. De Baudelaire à Benjamin*. Paris, Galilée.

BUCI-GLUCKSMANN, Christine (1986). *La folie du voir. De l'esthétique baroque*. Paris, Galilée.

A LITERATURA NEOBARROCA ANTE A CRISE DO MODERNO... 35

CARPENTIER, Alejo (1967). *Tientos y diferencias*. Montevideo, Arca.

CALABRESE, Omar (1987). *A Idade Neobarroca*. São Paulo, Martins Fontes, 1987.

CHARPENTRAT, Pierre (1967). *Le mirage baroque*. Paris, Minuit.

DELEUZE, Gilles (1988). *Le pli. Leibniz et le baroque*. Paris, Minuit.

FOUCAULT, Michel (1966). *As Palavras e as Coisas. Uma Arqueologia das Ciências Humanas*. Lisboa, Portugália, 1967.

GONZALEZ ECHEVARRÍA, Roberto (1987). *La ruta de Severo Sarduy*. Hanover, Ed. del Norte.

JAMESON, Fredric (1984). "Postmodernism, or the Cultural Logic of Late Capitalism". *New Left Review*. Londres, 146, jul.-ag., pp. 53-92.

HASSAN, Ihab (1987). *The Postmodern Turn. Essays in Postmodern Theory and Culture*. Ohio State Univ. Press.

LEZAMA LIMA, José (1957). *A Expressão Americana*. São Paulo, Brasiliense, 1988 (trad., introd. e notas de I. Chiampi).

LYOTARD, François (1979). *O Pós-Moderno*. Rio de Janeiro, José Olympio, 1986.

PELEGRIN, Benito (1983). "Introduction" a Baltasar Gracián. *Art et figures de l'esprit*. [*Agudeza y arte de ingenio*, 1647]. Paris, Seuil.

SARDUY, Severo (1969). *Escrito sobre un cuerpo. Ensayos generales sobre el barroco*. México, Fondo de Cultura Económica, 1987, pp. 229-302. Trad. bras., São Paulo, Perspectiva, 1979.

_____ . (1972). "Barroco y neobarroco". C. Fernandez Moreno (org.). *América Latina en su literatura*. México, Siglo XXI, pp. 167-184. Trad. bras., São Paulo, Perspectiva, 1979.

_____ . (1972a). *Cobra*. Buenos Aires, Sudamericana.

_____ . (1974). *Barroco. Ensayos generales sobre el barroco. op. cit.*, pp. 147-224.

_____ . (1982). *La simulación*. Caracas, Monte Avila.

_____ . (1987). *Nueva inestabilidad*. México, Vuelta.

SCARPETTA, Guy (1985). *L'impureté*. Paris, Grasset.

3. As Metamorfoses de Don Juan (sobre Julián Ríos)

Desde que o "Don Galán" da lenda popular se metamorfoseou no literário Don Juan, a sedução masculina ganhou seu mais poderoso paradigma no imaginário ocidental. Com *El Burlador de Sevilla y Convidado de Piedra* (1630), de Tirso de Molina, um elemento embrionário na lenda do *mozo alocado* que convidava uma caveira para almoçar – seu pendor para *mirar las damas* – dilatou-se para formar o atributo básico do aristocrata espanhol como o Sedutor de mulheres, que procura no ato amoroso a voluptuosidade de uma profanação.

A fixação dessa variante legendária como invariante mítico-literária – primeira metamorfose – não só inseriu Don Juan no debate moral do período barroco, mas também o converteu em uma peça essencial para a sua estética. A perspectiva teológica sobre a predestinação e o livre arbítrio (em Tirso) ou a condenação da libertinagem (em Molière, *Don Juan*, 1665) requeriam a aparição em cena do homem multifacético, o ator metamórfico, o portador das máscaras. Proteu do Amor, um *homme à femmes*, que faz de suas aventuras galantes o exercício da inconstância amorosa, Don Juan Tenório se coloca contra o fixo e o permanente com sua gargalhada ímpia ("¡qué largo me lo fiáis!") para entregar-se à paixão de conquistar sem possuir.

As vésperas da Revolução Francesa, a opera buffa Don Giovanni de Mozart/Da Ponte imprime ao personagem uma dimensão social e política, assentada na relação entre o prazer ("vivan le femmine!/ Viva el buon vino!/ Sostegno e gloria/ D'umanitá") e a rebeldia ("Viva la libertá"). Na aurora da modernidade, sedução e blasfêmia compenetram-se de uma afinidade intrínseca, tendo o erotismo como seu denominador comum. *Il Dissoluto punito* grava na consciência moderna

38 BARROCO E MODERNIDADE

sua ironia rebelde e sua crítica insolente da autoridade, na alegre musicalidade que desloca o julgamento moral de seus pecados.

Os românticos (Hoffmann, Byron, Musset, Zorrilla, Baudelaire) reintegram a metamorfose setecentista do Don, em um moderno desenlace: a salvação do Sedutor das chamas do inferno. As inclinações naturais, a sensualidade angelical ou o comportamento antiburguês do fidalgo espanhol – que uma certa cumplicidade masculina põe em relevo – absolvem-no, redimem-no, glorificam-no. No ensaio, Kierkegaard o examina como um destino ideal-típico da estética do demoníaco. Proveniente, como Fausto, do terror místico medieval, o Sedutor fala, luciferinamente, no auge da modernidade, a partir do Eros sensual.

E como fala Don Juan aos ouvidos contemporâneos? No balé (Jouvet, Béjart), no cinema (Joseph Losey), Don Juan resiste em sua natureza infinitamente contraditória. Colocado no divã, percorre facilmente uma panóplia de representações libidinais: um Narciso paranóico?... o Filho que desafia o Pai, mas que busca seu abraço mortal... um Édipo fracassado... o perseguidor da Feminilidade ideal, a Mãe originária e impossível... ou ainda o próprio Poder Fálico, potência provisória, dominação efêmera, puro desgaste? Ou será, na mitologia amorosa do Ocidente, uma figura da outra paixão, o reflexo invertido de Tristão (o amante de uma única mulher), o errar infatigável do desejo?

Don Juan, o eterno condenado à significação, não pôde deixar de ceder, fatalidade das fatalidades, à teoria dos signos. No discurso da sedução donjuanesca, os semiólogos descobrem um tipo de semioticidade que ilustra as astúcias, a perversão e o escândalo da linguagem artística.

Finalmente, na era pós-feminista, o Sedutor das *mille e tre* mulheres promete superar o simbolismo do poder cínico do macho sobre a fêmea, para encarnar, desafiante, os enigmas da sexualidade masculina em seu enfrentamento com a alteridade feminina. Nosso Don Juan continua sendo o encapuzado do drama barroco de Tirso – "un hombre sin nombre": ridículo, fascinante, proteiforme, uma vertigem de identidades[1].

O fantasma e a máscara de Don Juan voltaram, recentemente, a excitar nossa sensibilidade e a renovar suas interrogações em um ro-

---

1. Para esboçar a questão donjuanesca, considerei, principalmente, os textos de Tirso de Molina (*El Burlador de Sevilla y Convidado de Piedra* [1630], 9. ed., Madri, Espasa-Calpe, 1970), Molière (*Don Juan ou le Festin de Pierre* [1665]. *Théâtre complet*. Paris, Garnier, tomo I, 1960), Mozart / Lorenzo Da Ponte (*Don Giovanni* [1787]. *The Great Operas of Mozart*. Nova York, G. Schirmer, 1962) e Juan Zorrilla (*Don Juan Tenorio* [1844], 9.ed., Madri, Espasa-Calpe, 1974). Além destes, consultei os estudos de Said Armesto (*La leyenda de Don Juan. Orígenes poéticos de El Burlador de Sevilla y Convidado de Piedra*. Buenos Aires, Espasa-Calpe, 1946), de Jean Rousset (*L'intérieur et l'extérieur. Essais sur la poésie et le théâtre au XVIIᵉ siècle*. Paris, Corti, 1968, pp. 127-150); os da obra coletiva *Don Juan. Les actes du Colloque de Treyvaux 1981*.

AS METAMORFOSES DE DON JUAN (SOBRE JULIÁN RÍOS) 39

mance pós-moderno. Babel de una noche de San Juan (1983), primeiro romance da série Larva[2], de Julián Ríos, marca a rentrée triunfal do mito donjuanesco no orbe hispânico, retomando a mesma dificuldade do personagem aludida por Tirso de Molina. Não se trata de uma nova "versão", muito menos de uma adaptação dos mitemas originais, recodificados em uma rigorosa recitação narrativa. A modelização do mito realiza-se na modalidade paródica, para recolher os mitemas transformados pelas sucessivas elaborações literárias – como um mito que aglutina outros mitos[3].

Na vasta experimentação intertextual, interlingüística e intersemiótica de Babel, o espanholíssimo Don Juan é o referente artístico / cultural que modela o grande sintagma da fábula e o ritual (protéico) das vozes narrativas. Da erótica da sedução donjuanesca se desprende, igualmente, a espetacular performance verbal da desconstrução-reconstrução do idioma castelhano. Assim, Julían Ríos inventa um novo Don Juan e, no limite de sua experiência narrativa, o metamorfoseia na estética da sedução do texto.

Nosso comentário se concentrará em alguns modos possíveis de ideação gestáltica do mito donjuanesco nesse romance para assinalar sua função modelizadora, aparentemente indistinguível sob o "carnavals de las parolas" que nos oferece sua leitura. Nosso objetivo não é, portanto, buscar uma forma provedora do sentido, mas destacar como o "efeito Don Juan" serve como estímulo à experiência estética do texto[4].

Fribourg, Ed. Univ., 1982; de Soren Kierkegaard ("Les étapes érotiques spontanées ou l'érotisme musical", Ou bien... ou bien [Enten-Eller, 1843]. Paris, Gallimard, 1943, pp. 41-105); de Julia Kristeva ("Don Juan ou aimer pouvoir", Histoires d'amour, Paris, Denoël, 1983, pp. 187-201; de D. de Rougemont (El amor y occidente [1939], 2. ed., Barcelona, Kairós, 1981); de Soshana Felman (Le scandale du corps parlant. Don Juan avec Austin ou la séduction en deux langues, Paris, Seuil, 1978); de Claude Reichler (La diabolie. La séduction, la rénardie, l'écriture, Paris, Minuit, 1979).

2. Julián Ríos, Larva. Babel de una noche de San Juan, Barcelona, del Mall, 1984, 3. ed. As referências a este texto, que designaremos Babel, assim como aos indicados na nota anterior, serão feitas entre parênteses em minha exposição.

3. Tomo a noção de modelização de Iuri Lotman (La structure du texte artistique, Paris, Gallimard, 1973). A arte é um sistema modelizante secundário (cf. p. 36) e como tal é uma estrutura elaborada sobre a base da língua natural. "Cependant, ultérieurement, le système reçoit une structure complémentaire, sécondaire, de type idéologique, éthique, artistique, ou de tout autre type" (p. 71). Entendo que o mito donjuanesco é uma estrutura complementar de tipo artístico (um modelo) que no sistema romanesco de Babel é remodelizada. Para uma teoria global dos tipos de modelização no texto romanesco moderno, ver o excelente estudo de W. Krysinski (Carrefours des signes: essais sur le roman moderne, Haya, Mouton, 1981, pp. 1-75).

4. A ideação gestáltica – ou formação de imagens durante a leitura –, segundo a Wirkungstheorie de Wolfgang Iser (The Act of Reading. A Theory of Aesthetic Response, Baltimore, The Johns Hopkins Univ. Press, 1980).

40   BARROCO E MODERNIDADE

3.1. A NARRAÇÃO PROTEIFORME

Babel foi concebida em forma de um trevo (um *Roman a Klee*, p. 12) que figura o processo de leitura: a página da direita (A), a página da esquerda (B) e as *Notas de la Almohada* (*Notas do Travesseiro*) (C). De tal forma que em (A) lemos os eventos de uma festa orgiástica que acontece na noite de San Juan; em (B) lemos o comentário do relato da festa – são notas explicativas que desglosam ou recifram as referências a personagens e fatos de (A), ou comentam o modo em que este se constrói. As *Notas do Travesseiro* vêm a ser a última instância de (A); invocadas mediante (B), seu conteúdo narrativo, é a arqueologia dos fatos e personagens referidos em (A).

A tematização do trevo se dissemina ao longo do romance: a festa celebra a publicação de uma revista pornográfica, *Clover Club*, é animada pela banda *Shamrock* (o trevo branco, emblema da Irlanda), os convidados recebem à entrada a metade de um ás de trevo para ser completado à meia-noite por seu par correspondente e que se converterá em símbolo fálico (o trevo "falóide-testiculado", p. 42) no decorrer da festa.

A função icônica do trevo desdobra-se, pois, na estética da narração. Na abertura do texto, Babelle, a protagonista feminina, abre *las tres puertas vidrieras* como se fossem o *triforium*/trifólio que o leitor deverá "tresfolhar". O jogo começa aí: devemos ler (A), que nos remete a (B), que, por sua vez, nos remete a (C). O movimento de leitura que desenha o trevo instala o primeiro revés na convenção da leitura: vamos da direita à esquerda e daí para o final, para, logo depois, retornar ao início. A contra-senha para aceder à festa – *A coger el trébol* (procurar o trevo) – é o próprio convite para a (des)leitura.

Ao *triforium* da matéria narrada corresponde o *triforium* das vozes narrativas. Três narradores se encarregam da emissão do relato. Do texto (A) Milalias e Babelle, fundidos em uma instância impessoal, uma voz de terceira pessoa: são os que "escriviven a la diabla", o *folletón* (p. 12). Do texto (B) se ocupa "Herr Narrator", principalmente, com interpolações ocasionais de Milalias (mais) ou de Babelle (menos). "Herr Narrator" é uma entidade inventada por Milalias, conforme sua advertência na primeira nota do texto (B): "una especie de ventrilocuelo que malimita nuestras voces [...] El ecomentador que nos dobla y trata de poner en claroscuro todo lo que escrivivimos a la diabla. Loco por partida doble, Narr y Tor, por eso le puse en germanía Herr Narrator" (p. 12). Do texto (C) das *Notas do Travesseiro*, se responsabiliza Babelle, em um discurso dialógico com seu Milalias, que este traduz (de um suposto original francês) e que "Herr Narrator" anota, com interpolações.

As três vozes são aqui codificações diferenciadas, que se interreferem, se cruzam e se superpõem em uma mesma "fita" noveles-

AS METAMORFOSES DE DON JUAN (SOBRE JULIÁN RÍOS) 41

ca. Como todo jogo polienunciativo – tão característico do romance contemporâneo – essa tripartição da voz nos remete de imediato a duas conseqüências estéticas relevantes. A primeira consiste no efeito de indeterminação do foco enunciador. Identificar o narrador, nos ensina a experiência da estética narrativa, é o primeiro passo para a ideação gestáltica do texto. Reconhecer a procedência da voz é o suporte para a intelecção do relato; quando essa origem é apagada, a leitura perde seu ponto de sustentação e se converte em um contínuo trabalho de deciframento. Em Babel, a "folia a três" da enunciação , em que a rotatividade das vozes nos desafia a "buscar o trevo", propõe o permanente enigma: quem fala? Milalias, Babelle ou "Herr Narrator"? As mínimas pistas (uso pronominal, conteúdo da informação, signos tipográficos, como os colchetes ou parênteses simples ou duplo) em vez de aliviar a tarefa de leitura, a convertem em um vertiginoso *focus switching*. O objetivo poético dessa festa mascarada da noite de San Juan parece ser o de inscrever, ao nível da narração, o que a festa promove entre seus participantes: perder a identidade: "Nadie se conoce [...] porque se reconoce a sí mismo [...] edentidad perdida [...] Buscar la mancha original" (p. 37).

Entenda-se "mancha original" como uma alusão oblíqua ao Autor, e teremos a segunda conseqüência, corolário da primeira: a eliminação do centro único, da voz competente e autoritária, responsável pela consciência semiótica do texto. Babel ilustra, em sua polimorfia enunciativa, o processo histórico da eliminação da função do Autor, que se instalou em nossa cultura desde o século XVIII, com a era industrial, a sociedade burguesa, o individualismo e a propriedade privada. Por isso, anuncia, com sua algaravia, o tempo em que os discursos se desenvolverão no "anonimato de um murmúrio", quando a inquisição sobre "quem fala?" for substituída por "que importa quem está falando?"[5]

3.2. A MODELIZAÇÃO DO MITO DONJUANESCO

Mas, o que têm a ver essas projeções estéticas de Babel com o mito de Don Juan? Tomemos como hipótese para uma possível configuração gestáltica do romance que o suporte para a incisão semiótica do mito do "Proteu do Amor" seja deduzível da estrutura tripartida da narração proteiforme: Milalias (Don Juan), Babelle (a bela, o elemento feminino) e "Herr Narrator" (o Comendador) compõem o trio que desempenhará os papéis básicos, não mais de um drama ou ópera, e sim de uma "parodisséia" (p. 30).

5. Michel Foucault, *"What's an Author?"*, J. V. Harari (ed.), *Textual Strategies. Perspectives in Post-Structuralist Criticism,* Ithaca, Cornell Univ. Press, 1979, p. 160.

42 BARROCO E MODERNIDADE

Considerando-se que essas invariantes se combinam em feixes de relações, a estrutura do grande sintagma do mito donjuanesco é redutível a duas unidades constitutivas: uma série de atos transgressivos de Don Juan (seduções, burlas, crime e blasfêmia) e sua punição. Tais unidades, solidárias entre si, criam um espaço significante e são, por isso mesmo, mitemas[6].

A incisão desses mitemas na fábula de Babel se realiza mediante um complexo jogo de reduções e ampliações, de analogias e distanciamentos, de simetrias e transposições. A série de atos transgressivos, reduzidos a atos de sedução, são a matéria narrativa, notavelmente ampliada, do texto (C) do trifólio (as *Notas do Travesseiro*). A punição é a matéria narrativa do texto (A) – o relato da festa na noite de San (Don) Juan. Essa distribuição dos mitemas está diferenciada por dois modos de incisão semiótica: um, chamemos mimético, em (C) – que informa o vasto exercício erótico de um personagem particular, Milalias, em Londres, anos 70; o outro, o transmimético, é o modo do relato (A) – onde o personagem "real" Milalias se transfigura em Don Juan Tenorio, revivencia em alucinações suas aventuras amorosas e sofre o castigo exemplar.

Os dois donjuans – um o sedutor histórico, um êmulo de Don Juan, o outro o Sedutor mítico-literário – articulam-se em perfeita simetria ou especularidade. A engrenagem entre os dois modos fica assegurada pelo texto (B) [as notas ao texto (A), que remetem a (C)] onde estão referenciados, tanto a vida (histórica) de Milalias, como o destino (mítico) de Don Juan. Assim, é o trevo de leitura que provoca a superposição e fusão dos dois donjuans em uma só imagem.

A mesma fusão se opera em relação aos acontecimentos da festa. Por um lado, é parte de um universo "real" e tem seu desenvolvimento próprio: ocorre no dia 24 de junho, em uma velha mansão londrina, para celebrar uma publicação pornográfica; os convidados portam disfarces, entre eles Milalias e Babelle, como Don Juan e Bela Adormecida, dispostos a unir, ao acaso, as duas metades dos trevos recebidos na entrada; como em um vertiginoso carnaval, bebidas, drogas, danças, jogos, *shows* de *rock and roll*, jogos de magias e de cartas, mímica, ventriloquismo animam a festa de máscaras, até o descobrimento, no sotão, de uma enorme carga de explosivos – que frusta um atentado terrorista dos integrantes da banda irlandesa *Shamrock* – e de cocaína no interior do piano de calda; um blecaute providencial, durante o qual Milalias encontra finalmente Babelle, encerra a *party*.

---

6. Tomo as invariantes do mito donjuanesco de J. Rousset (*op. cit.*, p. 138) que podem subsumir-se aos actantes de Greimas ou às *dramatis personae* de Propp. Proponho as unidades narrativas do mesmo mito, de acordo com a noção de mitema de Lévi-Strauss (*Antropologie structurale*, Paris, Plon, 1964, pp. 233-234).

AS METAMORFOSES DE DON JUAN (SOBRE JULIÁN RÍOS)   43

Por outro lado, a festa se metamorfoseia na noite decisiva do Sedutor, quem submete os eventos "reais" a uma mitologização. Ao se disfarçar como Don Juan Tenorio, Milalias passa a metamorfosear todos os personagens que encontra na orgia, "absorvendo-os" em sua perspectiva. A saturação livresca – travestida em jogos de palavras, alusões, citações, glosas – conforma esta canibalização donjuanesca dos objetos/seres ou eventos que, literaturizados, impedem a orientação pragmática da leitura.

Vejamos agora, através das *dramatis personae*, como a narrativa constrói a paródia das versões do mito donjuanesco e nela opera a fusão entre imagens do "vivido" e "escrito".

3.3. OS DOIS DON JUANS

Milalias (nome-máscara de um indivíduo cujo verdadeiro nome é Emil Alia) encarna no romance o papel do inconstante histórico. Seu nome, plural e deceptivo, pois os "alias" obstruem uma identidade, é um achado lingüístico que o compatibiliza com o sedutor paradigmático. Milalias é apresentado por "Herr Narrator" com o qualificativo que o consagrou como o Sedutor para a posteridade – "un hombre sin nombre" –, contudo acrescentará: "sí, porque los tiene todos. Llamémosle para abreviar: Don Johannes Fucktotum..." (p. 12). Ao invés da carência ontológica, a pluralidade de identidades, que acentua a característica básica de toda a genealogia dos Don Juans: o ator, o mascarado simulador e ambíguo.

Mas, contrariamente ao burlador de Tirso – "mancebo excelente,/ Gallardo, noble y galán" (jornada 1ª, p. 168) – Milalias é pobre, torpe e desalinhado: usa óculos de aros pretos (que perde em muitas camas); é escritor boêmio, marginal e vagabundo, que faz trabalhos efêmeros para sobreviver (traduções ou "lesiones d'españole"). Espécie de Don Juan intelectual, Milalias encarna o antiburguês, um pouco como Baudelaire o imaginou em "La fin de Don Juan"[7]. A atividade amorosa desse sedutor histórico não se extende por muitas cidades – como as percorridas por seu antepassado a cavalo – mas, sim, por apenas uma cidade, a plural e babélica "The Waste London", onde faz suas "pornoctambulações", de "*pub* em púbis" (p. 239).

Como seu modelo, Milalias converte o objeto amoroso em uma politopia, de acordo com aquele princípio irremovível de toda atividade donjuanesca: a ausência de diferenciação quanto as donas para encontrar o prazer na combinação. "Amor es rey/ que iguala con justa

---

7. Charles Baudelaire, "La fin de Don Juan" [1887], *Oeuvres complètes*, Paris, Gallimard, 1951, pp. 1235-1236.

44   BARROCO E MODERNIDADE

ley/ la seda con el sayal", dizia o Burlador de Tirso (jornada 1ª, pp. 178-179); "Cameriere, cittadine; / V'han contesse, baronesse, / Marchesine principesse, / E v'han donne d'ogni grado, / D'ogni forma, d'ogni etá" (ato I, 2, p. 202) – consignavam, na vivacidade da música de Mozart, os versos cantados por Leporello. As fêmeas de Milalias / Johannes Fucktotum percorrem toda a escala social e intelectual, ideológica e religiosa, de nacionalidade, idade, raça, profissão e aspecto físico. Mais de 60 aventuras eróticas acrescenta esse "camaleón que corre de cama en cama" à "noveleta do Burlador" (p. 40).

Vistas no âmbito restrito do relato no modo mimético, essas aventuras parecem compendiar os labores habituais da prática donjuanesca, na qual a masculinidade se reduz ao fantasma do poder fálico, quando este se aplica, com desenvoltura, ao atletismo sexual. Na qualidade de êmulo de Don Juan, Milalias tem, a respeito de seu modelo, uma perversa similaridade: se, como no mito, seus objetos de sedução constituem um universo politópico, sua libertinagem, por outro lado, carece de toda conotação profanatória. As seduzidas não são vítimas inermes, as conquistas não são atos de violação, nenhuma delas grita socorro ou apela, desesperada, ao pai ou ao noivo, como uma senhora Elvira, uma Zerlina ou Aminda. São outros os tempos de Milalias...

A metamorfose (ou melhor: o encantamento) de Milalias em Don Juan Tenorio se dá no momento em que veste um traje seiscentista para se apresentar à grande festa na "villa de maravillas": "sombrero de ala ancha con plumas blancas, antifaz negro, capa negra" (p. 13). A máscara, como em um conto de fadas – espécie de talismã – lhe outorga uma personalidade, convertendo-o no eixo do trio que irá constituir o mito donjuanesco: "¡Giovannitrío! El Ternorio! Don Juan Ternorio!" (p. 13) A partir daí, o mundo real se converte em maravilhoso, a noite do solstício do verão se transmuta na noite escura de Don Juan, Babelle em Bela Adormecida, as conquistas amenas em atos delituosos, as mulheres seduzidas em fantasmas vingadores das burlas. Nessa noite de noites, a festa se transfigura, previsivelmente, no banquete fatídico em que o Sedutor enfrenta o sobrenatural.

Os cinco capítulos que narram as miragens, as lembranças alucinatórias de muitas máscaras, os delírios e os giros de Milalias / Don Juan no meio do torvelinho carnavalesco pontualizam, de modo intermitente, o mitema "punição". O *protéegoniste ensorcelé* (p. 278) associa progressivamente as imagens de suas andanças londrinas com o destino paradigmático do Sedutor, para fraguar o relato como um *archivo expiatorio* (p. 30):

> Delit de lit... Don Juan delirando liado en su capa. El hecho delictuoso... ¡Desata! Todos esos enlaces...lazos al retorcerse víboras anudadas. En camastros de fuego. Apenas se apaga uno se enciende otro. ¡Fatuo fuego eterno! (p. 67)

AS METAMORFOSES DE DON JUAN (SOBRE JULIÁN RÍOS)   45

– ¡A liquidar ya las cuentas, evacuen! ¡Fontenorio! ¡Il Dissoluto punito, o sia Don Giovannish! (p. 69)

Años de engaños, años de daños. Y con las horas contadas en este baile. (p. 79)

[...] y torció su cabeza de buitre hacia el Comendador blanqueado que estaba de estatua junto a la puerta. Ya le llegará el justo castigo al castigador, y a sus compinches... (p. 105)

Etc. etc.

Em numerosos episódios a progressão do mitema se dá mediante alusões oblíquas ou transposições paródicas que, se mal se reconhecem, em certas cenas clássicas do mito logram performar a operação transmimética que apontamos. Em "Cantor, os números cantam" (pp. 81-119), por exemplo, Don Juan faz o cômputo de suas seduções (a *comptababilité*) ou a *cuntemptibility*, p. 82), reescrevendo sob a forma de um hipertexto[8], a famosa ária em que Leporello canta a aritmética sexual de seu amo Don Giovanni (ato 1, p. 2) ou a cena 12 (ato 1) de *Don Juan Tenorio*, de Zorrilla, em que o Libertino faz as contas de suas burlas com Don Luis. Em "Sombras", Don Juan "girando la cabeza [...] en el remolino de máscaras" (p. 289) pode ler-se como uma paródia da cena final da ópera de Mozart/ Da Ponte, quando surgem os três mascarados para acusá-lo de *traditore* ("É confusa la mia testa: / Non so più quel ch'ío mi faccia./ É un'orribile tempesta" etc. – ato I, 5, p. 232). O banquete no barco-discoteca de *Babel* (pp. 123-163) amplifica e recodifica, em espécie bufa, a mítica "cena de cenizas", na noite decisiva para o Sedutor.

Contrariamente às versões pré-românticas do mito, a punição em *Babel* não se consuma mediante a intervenção do Comendador. Apesar de estar presente na bacanal sob vários disfarces, o Convidado de Pedra ronda o Burlador sem conseguir executar o castigo (veja-se mais adiante). Mais próximo ao desenlace inventado por Byron – em que a temível *hobgoblin's nonentity*[9] é o fantasma de uma mulher –, o castigo é aplicado por um tribunal em que os juízes são as 60 mulheres furiosas – el "círculo de las mujerinias" (p. 305) – que, logo depois de imputar as culpas ao Burlador (pp. 305-411), o martirizam e finalmente o reintroduzem no útero para fazê-lo renascer como uma mulher (como *juana*, pp. 412-413).

3.4. SEDUÇÃO/TRANSEDUÇÃO

Não se veja precipitadamente esta metamorfose como uma banal legitimação da tese da "indecisa varonia", com que o Doutor Gregório

8. Hipertexto, segundo Gérard Genette, *Palimpsestes. La littérature au second degré*, Paris, Seuil, 1982, pp. 11-12.

9. Lord Byron, *Don Juan* [1823], Nova York, The Modern Library, 1949, CXX, p. 513.

46 BARROCO E MODERNIDADE

Marañon exorcizou o fantasma do Sedutor como um homossexual incompatível com as virtudes históricas do macho espanhol[10]. A cena fantasmagórica idealizada por Julián Ríos é a culminação paródica da punição e projeta em outra direção suas interrogações. A forma do castigo – pelas mãos das Erínias, as Fúrias que atormentam o matricida Orestes –, o retorno à matriz ("no era lo que busconeabas? Entre! en el antro de una mujer", p. 43) e a reencarnação como menina – são as unidades narrativas, postas em correlação para constituir um arquissema[11]. Para ideiá-lo, deve-se primeiro anotar a inversão dos componentes (o agente e a conseqüência da punição com respeito ao mito). Ao invés da punição paterna (pelas mãos de pedra do Comendador, o Pai Eterno) e a morte (nas chamas do inferno), temos a punição materna e o relacionamento (na "umidade paradisíaca" do útero). Como no mito donjuanesco, a punição forma um correlato lógico com a causa da mesma, os atos de sedução (seu modo, seu objeto): é o *terminus a quo* que nos insinua o sentido da punição.

O que procura, no fim das contas, Don Juan com seus atos de sedução? Seria o obscuro objeto do desejo do Sedutor a Mãe orginária (o tabu), objeto sempre diferido e sublimado pela politopia das *mille e tre* mulheres, simulacros da única verdadeiramente desejada?

A alegoria de Ríos envolve, no entanto, maior complexidade que a presumível mãe carnal pode oferecer. Milalias, como todo Don Juan, é tributário da alteridade feminina, à qual arroja, fantasmaticamente, sua identidade masculina. Seu modo de sedução comporta algumas peculiaridades que remodelam essa busca de identidade para promover no romance uma teoria da sedução donjuanesca.

"Loco por las mujeres y las palabras" (p. 305), seus atos de sedução consistem em desviar do caminho (*se-ducere*) as fêmeas com suas "diabladas de poliglotón", suas "fraguas de parolas", suas "jergas en jergón" (conforme referem, insistentemente, as acusadoras mulheres). Se, para o Don Juan molieresco, "tout le plaisir d'amour est dans le changement" [todo o prazer do amor está na troca] (entenda-se: das mulheres) (ato I, 2, p. 719), o Don Juan babélico acrescentará "[...] e das palavras". Suas conquistas começam pela metamorfose dos nomes das seduzidas (a gorda Mrs. Mitchel é "Madame Michelín", a Doutora Ana Fleck é "la Ana Lista", a garota de peitos abundantes é "Titty Titania", Luz é a "Luzana Andaluza" etc. etc.).

---

10. Gregorio Marañón, *Don Juan. Ensayos sobre el origen de su leyenda* [1940], 9. ed., Madri, Espasa-Calpe, 1960, pp. 69-114.

11. Arquissema: núcleo semântico comum a várias unidades de significação ou "l'unité qui inclut tous les élements communs de l'opposition léxico-sémantique" (I. Lotman, *op. cit.*, p. 217).

AS METAMORFOSES DE DON JUAN (SOBRE JULIÁN RÍOS)   47

Cada ato sedutor se performa mediante a performance lingüística, na qual a violação verbal é o modo de apropriação da alteridade feminina. Don Juan se exercita sexualmente no (pelo) ato da linguagem. E inversamente, ele se exercita lingüisticamente na sexualização da língua (a figuração mais notória disto são suas "lesiones d'españole" onde pratica com suas discípulas certos fonemas castelhanos à maneira de *foreplay* (cf. pp. 314-315, p. 470). Para este *cunning* lingüista, cada conquista se converte em uma "verbacanal", em que se confundem o erotismo carnal com o lingüístico. "Séduire, c'est produire un langage qui jouit" [Seduzir é produzir uma linguagem que goza] – disse Shoshana Felman, ao considerar que o erotismo masculino se coloca, através do mito donjuanesco "comme la question du rapport de l'érotique et du linguistique sur le théâtre du corps parlant, où le destin se joue comme ce qui, de ce corps parlant, fait acte" [como a questão da relação do erótico e do lingüístico sobre o teatro do corpo falante, onde o destino se joga como o que, a partir desse corpo falante, faz ato] (*op. cit.*, p. 36).

O virtuosísmo verbal no ato sedutor não é, supostamente, uma invenção de Julián Ríos para criar seu próprio mito donjuanesco. Em Tirso, em Moliére ou em Zorrilla, a galantaria passa pela habilidade em fascinar/persuadir pela palavra, em um discurso que dissimula a intenção do emissor e precipita a destinatária no engano. Mas, se o Sedutor Mítico consegue seduzir pela ilusão referencial (promessas de matrimônio, amor eterno, fidelidade), o sedutor babélico seduz pelo significante... e não promete nada. Seu modo de sedução não é mais o ato da linguagem que produz pela auto-referencialidade ilusões referenciais, mas sim, o desfrute perverso e hiperbólico daquela a ponto de eliminar estas. A sedução em Babel é uma transsedução: o efeito Don Juan é agora, pragmaticamente, a produção da significância, livre inclusive da pseudotransitividade, o gozo pleno da *performance* lingüística desobrigada de simular um conteúdo (informar, descrever)[12].

Se o prazer donjuanesco é conotado aqui como uma erótica do "deslinguamento", é significativa a configuração do universo das mu-

---

12. Para S. Felman, o discurso donjuanesco é o "discurso da promessa" (*op. cit.*, pp. 43 e ss.), que leva a confusão entre *sens et référence* (pp. 108-109). Cl. Reichler, tomando o mesmo texto de Molière, avança com uma argumentação similar, para postular que o "sistema Don Juan" é a contrafacção da reação simbólica (binária: entre o signo e a coisa), que instaura a concepção ternária do signo, na qual *signification et désignation sont séparées* (*op. cit.*, pp. 45-47). Minha tese da transedução pretende descaracterizar tanto a dicotomia conflitiva entre sentido e referência, como também a oposição ao código simbólico. O Don Juan babélico dissolve a relação com outro tipo de código (essencial para a estética barroca), para gozar seu triunfo como Sedutor na *performance* do significante. A tempo: Cl. Reichler, no último parágrafo de seu estudo, admite a possibilidade "d'une production de sens encore impensée, qui multiplierait les rélations établies sur le plan du seul signifiant" (p. 215).

48 BARROCO E MODERNIDADE

lheres como uma constelação de línguas. Nos discursos acusatórios, as seduzidas, de diferentes nacionalidades, são, antes de tudo, línguas diversas, que nos revelam até que ponto a transedução donjuanesca consome o corpo feminino para consumar a metamorfose do castelhano. Ilustro com o exemplo do "desesperanto" de Liza, no qual a promiscuidade inter-lingüística preserva, em seu limite, a sintaxe castelhana:

> Y venga a piropear, Galantavorto! Y al fin ridikula reí con su risiko. Y el spikokoteo curiosa. Yugoslarvo? Greko? Polo? Franco? Jispano! Jispano de Madrido? Mi parolas Esperanto. Simila, vorto a vorto, al jispana. Mi ser Esperantisto y Espiritisto. Teosofisto. Y usté? Estudento en Londono? Literaturisto! Ver kristo! Multa gusto, sinyoro... Alia?! Signoro Alia? Bela nomo! Y el beleta tenorio me saca a valsotear. Libertino Don Yojano Tenorio! (p. 335)

O modo de transedução insinua, pois, que o objeto do desejo babélico seja a outra mãe – a língua materna, fonte de permanente excitação, do gozo oral-genital. Cada mulher é uma língua de uma vasta família (daí que, em *Corrido*, elas recebam o epíteto de "Mães", "Irmãs", "Sombras Chinescas", "Meninas de seus olhos"), seduzidas para aceder à sublime violação da língua espanhola. "Y todas van a hacerse lenguas de mi lengua" (p. 154), exulta o Sedutor, para quem "desbaratar el llano costellano, descastarlo y desencastillarlo, y sacarlo de suas Castillas" (p. 440) figura a voluptuosa profanação da *Lingua Mater*. Que melhor castigo poderia ter esse violador que ser devolvido à matriz geradora, para transfigurar-se na alteridade tão ansiada?

3.5. O ENIGMA DE BABELLE

O segundo personagem da tríade é a protagonista feminina Babelle (outro nome-máscara), cuja inserção nos relatos mimético e transmimético oferece algumas disjuntivas a respeito do mito donjuanesco. Pelo fato de Babelle corresponder à segunda invariante do mito, conforme pretendemos, suas máscaras atributivas não estão referenciadas a um único protótipo estável da tradição literária.

Ao analisar a estrutura do mito, Jean Rousset observou que "parmi les trois composantes fondamentales (O Inconstante, o grupo feminino e o Morto) deux seront fixes; la troisième, le groupe des victimes sera modifiable; c'est là que les auteurs pourront introduire des variantes, soit qu'ils modifient le nombre des unités dans le groupe, soit qu'ils déplacent les accents d'intensité de l'une a l'autre des participants" (*op. cit.*, p. 139). [entre os três componentes fundamentais dois serão fixos; o terceiro, o grupo das vítimas, será modificável; é ali que os autores poderão introduzir variantes, seja modificando o número das unidades no grupo, seja deslocando a ênfase de um participante para

AS METAMORFOSES DE DON JUAN (SOBRE JULIÁN RÍOS)   49

outro]. Ora, se o grupo feminino em *Babel*, em sua totalidade e indistinção, atualiza essa segunda invariante, o destaque dado a Babelle, não só como a dama preferencial do Don Juan, mas também como voz narrativa, revela que Julián Ríos aproveitou as virtualidades da estrutura original, para um notável *aggiornammento* do elemento feminino, por um lado; e, por outro, visando à sua integração ao plano metanarrativo do romance.

Babelle corresponde, no plano mimético do texto, a uma soma de figuras femininas das versões anteriores do mito: é, simultaneamente, uma Dona Ana, Dona Inês ou Dona Elvira. É a "noiva" do sedutor, devidamente atualizada segundo os padrões culturais dos anos 70: é a companheira de Milalias e não mais a donzela que o Sedutor alcança escalando conventos ou enfrentando, no duelo, o pai furioso. Seu comportamento tem algo da estultícia de Catalinón ou da lealdade de Sganarelle, os criados do Don em Tirso e Molière: rouba livros "para pagar los gastos de tus gustos, tes caprices gogoyesques!" – conforme ela mesma nos conta na *Notas do Travesseiro* (p. 537). Sua relação com Milalias se caracteriza pela paixão generosa, e nisto é similar às Donas Elvira (Molière, Mozart / Da Ponte), mas, diversamente de suas antecessoras, não se apresenta nunca como mulher ofendida, não protestará contra a inconstância e a perfídia de seu libertino. Pelo contrário, é complacente no que se refere ao *barbaro appetito* de Milalias por novas aventuras e, sinal dos tempos, uma cúmplice aplicada nas operações de sedução, que se convertem em prazenteiras seções de *surménage à trois* (p. 40).

Esse tratamento realista das virtualidades da personagem feminina – que não disfarça certa ideologia da "nova mulher" pseudoliberada – está neutralizado pela hábil solução da narrativa de dar a Babelle o papel de sujeito do discurso na *Notas do Travesseiro*. Apesar de interrompida pelas interpolações do "Herr Narrator" e traduzida por Milalias, esse texto ganha sua autonomia no trifólio. Como uma Dona Elvira racionalizando após os tormentos da paixão, Babelle realiza aí sua *prise de la parole*, apropriando-se tanto do objeto de sua paixão de amor como de seu próprio eu. Ao relatar as muitas infidelidades de "seu" Milalias ela tece, paradoxalmente, um hino ao amor do par, sempre com humor, com graça e distanciamento. O episódio do vestido de festa, por exemplo – do roubo, em uma grande loja, de um vestido no qual ela se imagina, como simples mulher, "ensedada en seda seduciendo al sedicente sedutor" (p. 536), e que a levará à polícia – está narrado sem interpolações, de modo fluente, sem patetismos. Em sua linguagem límpida, intensa – as *Notas* manifestam sua transparência, em oposição à opacidade dos discursos masculinos de "Herr Narrator" e Milalias –, Babelle promove sua diferença e soberania na relação amorosa e então, realiza, seja dito, sua autêntica liberação.

50 BARROCO E MODERNIDADE

O relato transmimético – em que se recifram os eventos "históricos" como paródia do mito donjuanesco – a função diferencial de Babelle será a de objeto da busca do herói e, portanto, uma *dramatis persona* daquela feminilidade ideal que assinalamos no desejo inscrito nos atos de sedução. Transfigurada em Bela Adormecida (a noiva eterna que aguarda o despertar do longo sonho que a separa de seu príncipe), em torno dela girará o "Entenoriador" (p. 171) durante a noite de loucuras até o mágico encontro durante o blecaute. Logo após o "tribunal das Eríneas", o feliz encontro com a noiva está narrado como paródia da *Noche oscura* de San Juan de la Cruz, para metaforizar a união mística dos amantes ("Amada con amado confundida [...] a oscuras y encelada", pp. 424-425). Este desenlace – traduzido intersemioticamente com uma faixa negra onde se lê *Escape into the Dark* – involucra uma segunda operação intertextual para diferenciar Babelle no interior do grupo feminino. Sua presença no ato final e sua função mediadora – de salvar o Libertino das trevas – retomam a mais notável variante introduzida na estrutura do mito (cf. Rousset, p. 148). Em vez de diluir-se no elenco das seduzidas/abandonadas, Babelle figura como mulher eleita, a mulher predestinada. Em resumo, como uma Dona Inês que abraça eternamente Don Juan para a redenção ("Post tenebras spero lucem", p. 425).

O enigma de Babelle não se situa, entretanto, nessa função mediadora. Significaria ela o fim da carreira do Sedutor? Qual é sua diferença com respeito às outras mulheres? Em resumo: porque ela tem um papel privilegiado na politopia feminina do mito donjuanesco? Uma leitura de seus atributos "realistas" em conexão com seu significado no destino (mítico) do Sedutor permite uma ideação mais precisa desse elemento.

"Dama oscura" que traz no braço "señal trebolesca" (p. 74), "solía balbucear en sueños, litanie polyglotte, en múltiples idiomas y dialectos nocturnos" (p. 40). Por um lado, como portadora de uma tatuagem que a identifica com o emblema do sistema narracional tripartido do romance, ela é a guia do processo da leitura ("procurar o trevo"). Por outro lado, ela figura a origem da diversidade das línguas – o momento mítico em que a "unilíngua" primitiva se transmutou na pluralidade lingüística. Como tal, Babelle representa o instante singular do caos sonoro-semântico, em que as línguas se mesclaram antes de sua separação histórica.

Neste caso, assoma sua diferença dentro da constelação feminina: enquanto todas as outras seduzidas são, cada uma, uma língua constituída e unificada, Babelle é um *carrefour* de línguas, anterior à normativização morfológica/fonética/lexical. O enigma de sua identidade narrativa projeta-se no plano meta-narrativo do texto que lemos: a língua babélica que desenvolve a escritura do romance é o secreto

AS METAMORFOSES DE DON JUAN (SOBRE JULIÁN RÍOS)   51

objeto perseguido pelo Don Juan-escritor – o *non plus ultra* da atividade sedutora, a língua-mater posterior à violação. Assim, as múltiplas
mulheres confluem em uma, a feminilidade ideal, eleita para ser a *prima donna assoluta* da ópera do "tenorión troilista": "Eres la protagonista que yo andaba buscando, le había dicho [Milalias] in illo tempore
etc." (p. 40). E como tal, Babelle não é o fim da carreira do romancis-
ta-Sedutor, mais sim o seu *medium*.

Parece pertinente reconhecer, pois, que na recodificação da personagem mítica feminino, Julián Ríos optou por um investimento meta-
narrativo de notável efeito estético. O enigma Babelle articula rigoro-
samente a recepção e a produção do texto: o trevo babélico é a *matrix*
na relação texto/leitor; seu plurilingüismo é a *matrix* verbal do Autor. Neste ponto em que a leitura e a escritura confluem para o
mesmo desejo, Don Juan nos dá uma piscadela... e a sedução começa.

3.6. O ECOMENTADOR

O terceiro personagem indispensável para a *gestalt* do mito
donjuanesco é o Morto. Na forma primitiva do relato, ele estava representado pela caveira que o "moço frívolo" convidava para a mesa, de-
safiando a separação entre o mundo do vivos e o dos mortos. Nas variantes do desenlace, o sacrílego morre durante o banquete fúnebre ou
recebe uma advertência do além. Desde a sua mais célebre versão literária – a de Tirso – o Morto passou a ser personificado pelo
Comendador, o pai de uma de suas mulheres – vítima do Sedutor (exceto
em Molière), morto em um duelo por este, e que no ato final se apresenta como "convidado de pedra" (a estátua) à mesa do Burlador. O
elemento fúnebre da tradição legendária se converte no eixo para a
consumação do destino de Don Juan. "Qu'on le prive de ce contact
dramatique avec l'au delà, – pondera J. Rousset – Don Juan cesse d'être
Don Juan, il n'est plus qu'un petit maître ou un Casanova" [Que se o
prive desse contato dramático com o além, Don Juan deixa de ser Don
Juan e não passa de um petimetre ou um Casanova] (*op. cit.*, p. 128). É
justa essa observação, levando-se em conta a progressiva tendência
moderna à hipertrofia da leviandade do protagonista, correlata à atrofia
do suporte dramático (o banquete) – de resto, um deslocamento do
ateísmo para que prevaleça o erotismo na estética moderna. Não é menos
válido, entretanto, o aproveitamento das virtualidades de significação
do agente divino no mito, para reinventá-lo com desvios, transposições e simbolismos.

Julián Ríos imaginou o Morto *sub specie parodica*, deslocando-o
de sua perspectiva religiosa e teológica para dar-lhe um estatuto meta-

52 BARROCO E MODERNIDADE

romanesco e servir como fator de reflexão estética subliminal. O Comendador em Babel é invocado por Milalias/Don Juan a partir do início do texto, como "Rei das Trevas! *Roi de Trèfle! Kleekönig!*", para participar como "Herr Narrator" do Trifolio – porque "no hay dos sin tres" (p. 12). É, pois, o Convidado de pedra para o vertiginoso festim verbal, e sua função será a de "Ecomentador". Como um rei bobo, seu trabalho – rebaixado e subsidiário – limita-se a anotar o que os protagonistas masculino e feminino "escrivivem a la diabla". O mais notável, para nosso propósito, é que a função de comentador se subsume à função do Autor: "en sus delírios se toma por el autor de nuestro folletón" (p. 12).

Se uma das implicações do jogo polienunciativo do texto é a de promover a "morte do Autor" – conforme indicamos ao tratar da proteicidade narracional – a modelização semiótica do Comendador mítico como Autor é o modo oblíquo de restituir à ficção o elemento fúnebre do mito donjuanesco.

A fórmula "escreviver" supõe uma tentativa de salvar o texto dessa morte simbólica que é o mero escrever sobre o vivido, submetendo-o à autoridade de um Autor. Por isso essa morte da autoridade é tematizada ao longo do romance, sob várias formas. Uma delas, por exemplo, aparece na imagem pós-moderna de Herr Narrator, em uma biblioteca sonhada por Babelle: "un viejo de melenas blancas y cara un poco andrógina [...] Nuestro guía y controlador. Él se encargaba además de controlar una espécie de televisor o computadora en cuya pantalla aparecían de vez en cuando citas, traducciones, imágenes y cualquier dato que necesitáramos" (p. 553). Nesta visão do Autor, assexuado, do futuro, ele não é mais o princípio gerador dos signos, a inteligência superior ou demiúrgica que organiza solitariamente o universo da ficção, mas sim o hábil manipulador de um aparelho eletrônico, no qual arquiva e coleciona o que já foi escrito para produzir um novo texto.

A escolha do Convidado de Pedra para figurar a função do Autor em Babel serve para criticar o princípio da *auctoritas* e projetar um novo conceito sobre a estética do gênero romance. No exercício de seu trabalho narrativo, "Herr Narrator" é interronpido, molestado e até insultado por Milalias/Don Juan. Como na ópera Don Giovanni, em que o Libertino fere a dignidade do *Commendatore*, chamando-o de "Vecchio buffonissimo!" ou "Vecchio infatuato!" (ato II, 3, pp. 254-264), Milalias procede ao escárnio de seu Ecomentador:

> Es el Asnotador que emburrona estas nocturnotas [...] es el tahúr malhechor que baraja los ases [...] es el cerebro y Éminence grise que de momento prefiere permanecer en el Asnonimato, nuestro jumentor! es el emburrachado orffebrio d'estilo Platteresco que busca la asnamorfosis final [...] es el Ecomentador de este batiburrillo carnovelesco d'una noche de verasno (p. 45).

AS METAMORFOSES DE DON JUAN (SOBRE JULIÁN RÍOS)   53

As intervenções e cortes de Milalias no discurso de "Herr Narrator" (vejam-se os constantes parêntesis e colchetes) parecem simular a permanente disputa pela produção do texto, uma espécie de duelo verbal com o presumível Autor, uma competição, em resumo, entre o Pai e o Filho, a blasfêmia convertida em crítica à autoridade[13].

No mito donjuanesco a relação entre o Inconstante e o Morto expressa a rebeldia ante o fixo e permanente que este representa. Em Tirso, esse combate singular contém um motivo caro à estética barroca – no choque entre o homem leviano e o homem de pedra, o conflito entre o instante e a eternidade, o tempo e a permanência (cf. Rousset, *op. cit.*, p. 135). Em Julián Ríos, romancista de fins do século XX, o enfrentamento do galã rebelde com o Morto preserva a substância arcaica da lenda autóctone no "mimodrama" metatextual da estética que descontrói a *auctoritas*.

Essa trans-mimesis permitiu descartar a punição do Sedutor pelas mãos do Temível Comendador. Onipresente na festa (em disfarces sucessivos: um frade encapuzado, o "asno" Botton, um Oberón etc.), no ato final surge como a Estátua para buscar Don Juan (sapateando "Ta! Ta! Ta!", como anunciava o apavorado Leporello a seu amo Don Giovanni), ele, já castigado pelas Erínias, fugirá com sua esposa mística (p. 427). A irrisória escritura de pedra da Lei não logra deter a sedução...

3.7. O ESCRITOR (TRANS)SEDUTOR

Na sua metamorfose (a derradeira?) como escritor, Don Juan nos fascina como performista da linguagem, o mestre da paródia romanesca que, mascarado como narrador, rege o espetáculo do "carnavals de las parolas".

"Un hombre sin nombre", o escritor, como o mito o modeliza em Babel, encarna a inconstância da narração, o prazer da combinação dos signos, o triunfo do múltiplo e transitório do significante sobre o fixo e o verdadeiro do sentido. A partir dessa perspectiva estética, o Don Juan babélico absorve a fórmula barroca de Tirso e a converte em uma proclamação mais afinada à sensibilidade contemporânea: "Yo soy el que es hoy" (p. 425), com a qual declara sua identidade como negação. Máscara e fantasma da autoridade, Don Juan-escritor só pode se legitimar no modo de ser da linguagem, aqui e agora, na pura duração do *interplay* texto/leitor.

---

13. Uso aqui o conceito de Edward W. Said: "Auctoritas is production, invention, cause, in addition to meaning a right of possession. Finally it means continuance, or a causing to continue" (*Beginnings. Intention and Method*, Nova York, Basic Books, 1975, p. 83).

54 BARROCO E MODERNIDADE

Se a fábula de Babel estraga a imagem do Autor como princípio religioso-teológico (núcleo da coerência e origem do sentido) – a qual nossa cultura tem reverenciado na própria sacralização dos textos – é porque a donjuanização da escritura se perfila como uma operação (demoníaca) de transgressão sedutora. Nela, o que somos nós, leitores, senão as vítimas (consentidas) que reconhecemos na energia sensual donjuanesca a expressão de nossos desejos mais secretos?

A relação entre escrever e seduzir encontra-se na vasta fabulacão babélica da interação do masculino com o feminino para desdobrar-se em inúmeras figurações tão fascinantes como obsessivas. Gostaríamos de destacar, a modo de conclusão, uma dessas metáforas, inscrita em um episódio que oferece, de modo oblíquo porém exemplar, a medida donjuanesca no conceito de escritura (trans)sedutora. Trata-se do encontro de Milalias/Don Juan, em um de seus tantos giros/delírios na noite de San Juan, com seu alter ego Fausto (sua sombra no espelho).

Ao confabularem, Juan e Johannes descobrem suas múltiplas afinidades, desde a atração pelo "odore di femmina" ao pacto com o Maligno (pp. 289-301). "Somos las dos máscaras de la misma numisma falsa" (p. 297), comprovará Fausto, aludindo a seu comum afã pelo conhecimento (ou *coñocimiento*), conforme anota o eficiente Herr Narrator, para especificar a atividade donjuanesca). No diálogo entre os dois mitos literários, se tece uma estratégica analogia entre páginas/vaginas, lombadas/matrizes, volumes/corpos, livros/vulvas (p. 291), com a qual se neutraliza a dicotomia entre o espírito (Fausto) e a sensualidade (Don Juan), que postulara Kierkegaard em sua hermenêutica da estética do demoníaco.

Em vez de enfrentar – como dois princípios contrários – o desejo e a palavra, Julián Ríos cruza a genialidade faustiana com a donjuanesca na imagem do escritor. O esteta (trans)sedutor é, sim, a conjução do intelecto com os sentidos, o que inventa o conhecimento pelo prazer, a experiência absoluta do erotismo como ciência. Don Juan, com as mulheres ou com as palavras, *sabe*, e nos ensina, que o ato verbal, como o amoroso, pode ser infinito eclipse do sentido.

Parte II. Barroco e Modernidade

1. Sarduy, Lautréamont e o Barroco Austral

A história das reciclagens do barroco acaba de ganhar, com a publicação de *Lautréamont Austral* (citaremos como *LA*), um avatar inesperado – uma espécie de elo perdido – que explica como se deu o entroncamento dessa tradição hispânica com as vanguardas e a modernidade. Sabíamos, antes dessa pesquisa que realizam em conjunto Leyla Perrone Moisés e Emir Rodríguez Monegal, que a pérola barroca saíra do seu longo ostracismo ilustrado e positivista, quando a geração espanhola de 1927 (García Lorca, Rafael Alberti, Dámaso Alonso, Gerardo Diego) havia desencadeado um movimento de reivindicação de Quevedo e Góngora, por ocasião do Terceiro Centenário deste último. Recuando um pouco mais, sabíamos que nos anos 1910, o paralelo entre a engenharia poética de Mallarmé e a engenhosidade gongorina havia favorecido a revisão moderna do barroco, com suas projeções ulteriores, pós-modernas, do neobarroco. Não podíamos suspeitar, porém, que para ele havia concorrido Isidore Ducasse – o Conde de Lautréamont, "o montevideano" –, muito antes, em pleno romantismo. Essa descoberta explica, pois, porque o ingresso de Lautréamont no panteão dos surrealistas franceses era mais do que uma coincidência com o movimento de resgate do barroco pelos poetas espanhóis.

Para juntar esses dois fatos, antes isolados e paralelos, Leyla e Monegal prestaram atenção a uma simples nota na capa de um livro descoberto na França como pertencente a Isidoro [*sic*] Ducasse. O livro é *A Ilíada*, na tradução de José Gómez de Hermosilla, no qual o autor dos *Chants de Maldoror* e *Poésies* anota de punho e letra, em espanhol, que possui outro livro desse tradutor. *Ex ungue leonem!* Diligentes, os autores descobrem que esse outro livro é *El arte de hablar*

58   BARROCO E MODERNIDADE

(1826), um manual de retórica muito difundido no âmbito hispânico do século XIX. A partir de confrontações minuciosas das metáforas, tropos, inversões e paródias do Conde de Lautréamont com as prescrições, regras e preceitos desse tratado de estilística normativa, revelam até que ponto o fato de o poeta auto-intitular-se "le montevidéen" deixa de ser uma curiosidade anedótica, para erigir-se como um dado cultural e lingüístico ineludível em sua obra e biografia.

Um Lautréamont antártico, da periferia mais extrema do Ocidente – que falava, lia e pensava em espanhol também –, emerge a partir de sua condição de leitor (ou discípulo indisciplinado) dessas páginas prescritivas, legiferantes, de um mestre espanhol encasquetado em defender a retórica neoclássica. Leyla e Monegal esmeram-se em esmiuçar como os preceitos hermosillescos – que vão das recomendações de objetividade, concisão, energia ou solenidade no discurso, à defesa de uma lógica férrea para julgar o sentido de uma metáfora – filtram-se para chegar às invenções poéticas de Ducasse. E estas parecem mais destinadas a contrariar o velho *magister*, que a obedecer às suas prédicas.

O que chama a atenção, no conjunto das descobertas propiciadas por esse cotejo textual, que inclui também a peculiar versão espanhola (de 1831) da *Ilíada* de Hermosilla, é a importância do barroco para explicar a estranheza da linguagem ducassiana. As afinidades entre a linguagem poética do barroco e a da vanguarda já haviam sido percebidas por críticos ilustres como René Wellek ou Walter Benjamin (o estudo sobre o *Trauerspiel*, escrito em 1924-1925, fora motivado pelo surgimento do expressionismo). Mas o resultado dos descobrimentos relativos a Lautréamont oferecem as precisões sobre retórica que faltavam para superar a indicação de coincidências genéricas. Ao exumar o manual de Hermosilla, os críticos que resgatam a condição austral de Lautréamont, resgatam (inevitavelmente) a presença da retórica barroca na revolução poética que sua obra trouxe ao romantismo e, mais além dele, como instigação à vanguarda surrealista.

Como são os poetas barrocos (tanto os maiores como Góngora, Lope, Quevedo, ou menores como Bernardo de Balbuena) os mais citados por Hermosilla – em geral como exemplos negativos, do que não se deve fazer para exercer retamente a arte de falar –, a releitura dos *Chants* e *Poésies* se oferece como um palimpsesto que guardasse por baixo da tinta de uma escritura em francês esse "outro", submerso, em espanhol. Ao tornar-se reconhecível na prática do código francês esse código, digamos *refoulé*, que é o espanhol, explicam-se os sempre apontados "disparates" tropológicos de Lautréamont por sua genealogia barroca; suas singularidades lingüísticas tornam-se razoavelmente derivadas de seu bilingüismo e duplo estatuto cultural adquiridos no estudo da retórica dos que hoje chamamos de mestres da língua (mas que no século XIX eram execrados pelos remanescentes neoclássicos). Suas estranhezas estilísticas, tais como as personificações ou as perífrases, naturalizam-se facilmente quando aproximadas à sua legítima família literária do barroco hispânico. O jovem Isidoro/Isidore fez, em suma, uma leitura *a contrario* do seu manual de estudante de letras, tirando máximo efeito estético do que o iracundo Hermosilla qualificava de pedante, alucinado ou indecente. Conforme sintetiza Monegal, ao anacronismo retrospectivo de Hermosilla (devoto do classicismo em meio ao romantismo já triunfante), opõe-se o anacronismo prospectivo de Lautréamont, cujo barroco subliminar e deslocado projeta-se para o futuro da vanguarda surrealista. Ambos, é claro, tinham as idéias estéticas fora do lugar.

Tudo indica que essa confluência de anacronismos faz de Lautréamont o "elo perdido" que retifica o nosso conhecimento sobre o aproveitamento dos restos ou resíduos do barroco na modernidade estética. O fato de "o montevideano" ser um precursor, como queriam os surrealistas, é reforçado pela perspectiva meta-histórica que tem permitido ao barroco (re)produzir-se na temporalidade paralela do diálogo imaginário (sempre anacrônico?) dos textos literários, conforme Lezama Lima praticou e teorizou em *A Expressão Americana* (1957), cem anos depois de Ducasse.

*

As notáveis aportações da pesquisa de Leyla e Monegal para esclarecer o fenômeno do neobarroco, agrega-se um excelente apêndice, intitulado "Lautréamont y el Barroco", que Sarduy escreveu em novembro de 1986, especialmente para o volume, e inédito até essa publicação tão postergada. A intervenção do melhor teórico do neobarroco nesse livro nos traz a oportunidade de verificar como ele repensou seu tema predileto na conjunção das duas línguas/culturas que, como Ducasse, ele próprio vivenciou em sua experiência vital e literária. Em carta a Leyla, com data de novembro de 1986 (não publicada), Sarduy alega pretender que seu texto seja "uma discreta homenagem a Emir" e um reconhecimento à fidelidade da crítica brasileira por ter persistido em publicar o livro depois da morte do amigo em 1985. Confessa ter evitado ser "redundante com respeito ao que diz o próprio Emir", bem como utilizar o velho arsenal dos exegetas franceses recentes ou os "tiques do telquelismo". O fato é que, sob a despretensão de oferecer uma simples nota final a um livro denso e reivindicatório da dupla identidade cultural de Lautréamont, Sarduy retoma seu enfoque sobre o estatuto semiológico do barroco, desta vez mediante uma leitura psicanalítica em que aborda, de modo transversal e inusitado, a questão da americanidade dessa estética. Oferece-nos, portanto, uma "coda" às teses anteriores de *Barroco* (1975) e *Nueva inestabilidad* (1987), que por então estaria a ponto de publicar-se.

60 BARROCO E MODERNIDADE

Desde já, o que atrai particularmente a atenção de Sarduy, desde o primeiro parágrafo de seu comentário ao livro de Leyla e Monegal, é a possibilidade de relacionar a outridade desse Lautréamont austral, subversivo ante a retórica neoclássica ainda hegemônica em seu tempo, com a subversão mais ampla e radicalmente mais moderna da noção de sujeito, de "pertença a uma linguagem e um lugar" (*LA*: p. 116). Vê inscrito no nome que Ducasse escolheu para seu conde apócrifo a cifra da outridade que cancela a unidade do sujeito: "L'autre est à Mont(evidéu)" (*LA*: p. 115). Se o Lautréamont visível encontra-se na Paris do século XIX, o outro que participa dessa entidade sujeito está em Montevidéu, mas faz-se presente, ainda que invisível, como portador do "ouro roubado", ou seja, o barroco, esse ouro desviado de seu destino e, tal como o poeta, americano. Lautréamont, entenda-se, carrega o seu duplo, com o seu ouro roubado (sua americanidade secreta) para a turbulência da grande capital do século XIX.

Com sua prodigiosa imaginação ficcional, Sarduy vê Lautréamont como uma espécie de pirata, que foge com o ouro americano, ou seja, o barroco que ele haveria de inserir, subreptício, em seus *Chants* e *Poésies*. Mas a metáfora do "ouro roubado" tem um valor estratégico mais dilatado do que aludir à lenda americana. Sarduy recorre ao seminário de Lacan sobre o conto de Edgar Allan Poe, *A Carta Roubada*, à primeira vista com a intenção de sugerir um paralelo entre a carta que ninguém podia ver por seu excesso de visibilidade e o barroquismo do poeta, que a crítica francesa, inscrita no universo claro e distinto da linguagem, não pôde reconhecer como "próprio". Mas é possível deduzir mais dessa alusão de Sarduy que, como leitor muito atinado de Lacan pretendeu talvez atribuir ao barroco, enquanto "ouro roubado", a qualidade de puro significante (que esconde seu conteúdo), que se inscreve na ordem simbólica como a letra ambígua, que mudou de lugar, que se desloca para questionar a lei (do simbólico). Mas não desglosemos excessivamente o que Sarduy formula com mais cautela.

Mediante a topologia lacaniana, Sarduy elabora a hipótese de relacionar as épocas ou movimentos estéticos, motivando-a com a situação da duplicidade de Lautréamont. Assim, os três períodos simbólicos – classicismo, romantismo e barroco (nesta ordem, já veremos por que) – relacionam-se conforme o predomínio de um significante do algoritmo lacaniano. O classicismo corresponderia ao predomínio de *A*, ou seja, o Outro, o Grande Outro, o discurso universal que contém a biblioteca total, a verdade que funciona como referência em todo diálogo. Note-se que ao invocar o classicismo, verdadeiro lugar comum para conceituar, como par antagônico, o barroco, Sarduy não o toma, contudo, como equivalente da Ordem ou da Razão, preferindo matizá-lo como o Saber Total ou Suma de conhecimentos com os que conta nossa memória nos atos de fala. Como para Sarduy o barroco histórico supõe um *break* epistêmico (nisto conforme a Foucault), explica-se que "seu par", o classicismo, deve evidenciar-se numa topologia como um repertório que se erige em código e norma, um horizonte de referência, o lugar que detém a clave de todas as significações. Vale dizer, o "tesouro" que assegura a verdade.

Já o romantismo privilegia $, ou seja, o sujeito ontologicamente cindido, que ativa a função do duplo; é o sujeito opaco, desgarrado, incapaz de ver-se a si mesmo, que coincide com a figura do héroi romântico. Lautréamont padeceria essa divisão, esse desdobramento por seu bilingüismo e pertença a duas culturas. E, enquanto $, seria o que un significante (o classicismo) representa para outro significante (o barroco), ou ao revés.

Finalmente, o barroco seria o objeto (a), o objeto posto entre parênteses, recalcado e inarticulável por ser objeto do desejo, por definição perdido, estabelece Sarduy, mas que permanece como resíduo, como ouro que reflete o Grande Código, o Grande Outro. O objeto a é incompatível com a representação: é um fantasma ou um engano.

Sarduy usa as categorias lacanianas sob pretexto de operá-las diacronicamente, mas em sua "diacronia" o barroco sucede ao romantismo não para negar a existência de um barroco histórico (o próprio Sarduy o analisou em *Barroco*), mas porque o barroco deixa de ser um movimento ou época para ser uma categoria simbólica que tem significância relativamente a $ e *A*. Esse recorte epistemológico justifica essa rotação que explica a trajetória – o "rastro ígneo" – de Lautréamont, de Montevidéu a Paris, cuja flecha "vai de $ até *A*: o sujeito deixou seu Outro no país natal, e cindido por essa entidade, impugna a estética do romantismo arrojando-se na plenitude material do barroco, no ouro roubado ou desviado da América" (*LA*: p. 117).

Nessa leitura psicanalítica que reinterpreta a rota do montevideano como héroi romântico que se move para o barroco – depois de ter deixado, no Uruguai, o Grande Código do Classicismo (a retórica clássica do mestre Hermosilla), Sarduy não pretende explicar o movimento de > para como um movimento linear: as categorias simbólicas não se sucedem, porque não operam por causalidade ou consecução, mas "circulam" na poesia de Lautréamont, como ele próprio deambulou de um continente a outro, física e imaginariamente. Ladrão ou pirata das palavras, Lautréamont/Maldoror realiza sua rebelião romântica com o cruzamento de códigos da linguagem literária. A partir de sua extrema marginalidade austral, Lautréamont realiza uma rota que pode encaixar-se sem dificuldade na linhagem que Lezama Lima estabeleceu para o "devir americano", o que iniciaram os *criollos* transculturadores da "contraconquista", como Sor Juana Inés de la Cruz ou Domínguez Camargo com sua "curiosidade barroca".

62   BARROCO E MODERNIDADE

De fato, Sarduy parece querer completar o desenho da expressão americana com o elo perdido que Lautréamont oferece com sua curiosidade científica. Podemos reconhecê-la no resíduo barroco que Sarduy indica como "reverso opaco" da linguagem lírica transparente do romanticismo, ou seja, a "maquinaria experimental" da ciência positivista que Lautréamont parodiou extensamente, e para sempre, na fórmula do "encontro de uma máquina de costura e um guarda-chuva numa mesa de disecção". Recordemos que Sarduy já havia abordado o aspecto polifônico – e até mesmo "estereofônico" – dos discursos neobarrocos que misturam gêneros ou promovem a intrusão de um tipo de discurso em outro, para realizar o trabalho de "destronamento e discussão" próprio da paródia (Sarduy, 1974: p. 175, p. 183). Agora, com o exemplo de como Lautréamont enxerta o instrumental científico da ciências em suas comparações, torna-se mais claro por que a teoria sarduyana toma esse procedimento como suporte do barroco. Não é a paródia em si – a tradição antiga e medieval do "canto paralelo" – que nos remete a um *modus operandi* barroco, mas sim o fenômeno do deslocamento de um dado de um território a outro do discurso, para ganhar um "suplemento de significação", "um excesso energético" (*LA:* p. 118). O barroco é um processo que re-trabalha depósitos de linguagem, torna-os "citações", como fez Góngora com a astronomia nas *Soledades*, como Sor Juana fez com a medicina, ou a egiptologia de Athanasius Kircher em *Primero sueño*.

A Sarduy devemos esse esclarecimento fundamental no debate que tem consumido tantas energias dos *scholars* nos últimos cem anos sobre a condição histórica ou ahistórica do barroco: considera-o não como um estilo epocal ou um éon atemporal, mas como o modo de dinamizar esteticamente o amontoado inútil dos saberes acumulados; é usar, para produzir beleza ou prazer, o lixo cultural, o repertório obsoleto e desacreditado de leis e premissas, o montão de restos e ruinas que a imaginacão barroca converte em metáforas, reciclando-os. Para Sarduy não interessa conceituar o barroco, como algo que a obra exiba, ou que seja descritível, mas "o efeito que se gera a partir da confrontação de dois modelos, já seja num texto literário ou na vida real"; ou ainda: o barroco surge quando "um paradigma, qualquer versão de uma prática simbólica (escrever, pintar, vestir-se) aparece deslocada por outra versão dessa mesma prática simbólica" (Santi, 1987: pp. 155-156). O barroco seria, pois, uma reciclagem de formas, a energização de materiais descartados, cujo primeiro momento de evidência como fato cultural ocorreu no século XVII e ocorrerá sempre que o discurso literário re-produza o imaginário da ciência, manejando seus enunciados (seus fragmentos) como se fossem metáforas. É inevitável reconhecer neste ponto a afinidade de Sarduy com Walter Benjamin, quem toma o barroco como "origem", como um fragmento, liberado do pro-

SARDUY, LAUTRÉAMONT E O BARROCO AUSTRAL

cesso histórico e do encadeamento causal, que "emerge do vir-a-ser e da extinção" (Benjamin, 1925: pp. 67-68); o cenário barroco é o espaço da alegoria, do manejo de fragmentos que dizem o "outro" na ágora do texto. Por isso a ópera barroca recusa a totalidade: sua estrutura de excessos e proliferações não permite "formar" a imagem global. A propósito, Sarduy – aficionado aos correlatos estruturais –, observa que a impossibilidade de captar a totalidade da obra barroca corresponde ao fato de que o sujeito não é pleno nem estável e somente fica "supeditado ao que vê, ao que, parcialmente capta" (*LA:* p. 121).

E como conflui esse conceito da estrutura da obra barroca como alegoria, como manejo de fragmentos, e a topologia que relaciona o sujeito, o Outro e o objeto? Penso que a lógica sarduyana opera aí, como em outros ensaios e sobretudo em seus textos de ficção, por saltos semânticos, um pouco ao modo lezâmico. Se recapitulamos, a articulação conceitual se esclarece: no barroco predomina o pequeno *a*, fragmento do Grande Outro (o classicismo): é este o objeto sempre postergado ou evanescente – porque o sujeito $, que só existe em função do objeto do desejo, só pode também manejá-lo por fragmentos, retalhos de discursos, significantes que não oferecem jamais uma imagem total (do mundo).

E quando começou na história esse manejo de discursos/enunciados/formas, esse efeito ou arranjo de fragmentos? Quando começamos a ser barrocos? A resposta dada por Foucault é bem conhecida. A episteme do século XVII ("clássica") questiona o vínculo entre o signo e o objeto significado; desfaz-se a interdependência linguagem/mundo. O Quixote mostra a irrisão da episteme anterior, ao revelar o fim da era da semelhança (Foucault, pp. 76-77). Quando, com o barroco, o pensamento deixa de mover-se no elemento da semelhança, o objeto da representação se desvanece, como em *As Meninas* de Velázquez. Sarduy, em seu livro *Barroco,* havia ensaiado uma explicação mediante o conceito de *retombée* (ou causalidade acrônica, "isomorfia não contígua"), entre discursos científicos do século XVII e do XX: a oposição do círculo de Galileu e a elipse de Kepler – na revolução cosmológica do século XVII – seria isomórfica à oposição das teorias cosmológicas recentes, o *Steady State* – o estado contínuo –, e o *Big Bang* – a expansão); isomórficas seriam também as figuras da ciência e da arte, no interior de uma mesma episteme: no século XVII o são a elipse kepleriana e a elipse na retórica barroca: correlatamente, no século XX, a expansão galática "recai" em obras não centradas – ou em expansão significante, assim como o estado contínuo (do hidrogênio) "recai" em textos com matéria fonética sem sustentação semântica – textos que seriam uma "pura entropia acrônica" (Sarduy, 1974: p. 147, pp. 206-207). A bela homologia que Sarduy identifica entre o conceito do universo (o discurso científico) e o texto artístico avança em muito

64 BARROCO E MODERNIDADE

o que postulara Foucault, pois o câmbio epistêmico (de Galileu a Kepler) aparece como que legitimado pelo câmbio na retórica textual, como seu homólogo necessário, digamos. A contribuição de Sarduy para refinar nosso conhecimento sobre a articulação da arte e da ciência não se detém aí. Em *Nueva inestabilidad* (1987), acrescentou um dado fundamental, descoberto graças à sua curiosidade (neo)barroca e a sua imaginação caracteristicamente pós-saussuriana: o século XVII, além de propiciar-nos um câmbio epistêmico profundo devido às novas teorias astronômicas, é o século da contra-reforma, a reforma católica, que teve no Concílio de Trento, mais que um foro para o debate religioso, um foco de reformulação sígnica, com a invenção de uma verdadeira semiologia do barroco. Em breves linhas, os cânones e decretos da Cúria formulam a necessidade do "signo eficaz", ou seja, o entendimento da eficácia dos sacramentos pelo próprio fato de sua execução (Sarduy, 1987: p. 19), objetivada com o arranjo dos signos para provocar a argúcia.

Sarduy retoma essa questão da gênese do barroco para explicarnos o Lautréamont austral, à primeira vista sem conectá-la diretamente com a topologia lacaniana. O que ele parece pretender com essa referência à Igreja tridentina é outorgar uma gênese para seu barroco metahistórico, situando-o no século pós-clássico por excelência e inserido no quadro histórico reconhecidamente fundante que é a contra-reforma. Mas para Sarduy não interessa tomar o barroco como "arte da contra-reforma", conforme Weisbach (tese esta que Lezama já havia refutado com a versão do barroco americano como "arte da contraconquista"). O signo eficaz que Sarduy identifica não é o do poder catequético em si, o que serviu para a ação jesuítica, mas o que permitiu o manejo de toda a textualidade precedente, sua atividade de releitura das escrituras, o manejo dos enunciados, dos fragmentos que "são como a câmara de eco de tudo o que precede".

No Lautréamont austral em que Emir Rodríguez Monegal viu um "anacronismo prospectivo", por ter usado o barroco para inventar no século XIX a literatura do XX, Sarduy avalia, paralelamente ao crítico uruguaio, o manejo, nos *Chants*, dessa "escritura ausente", desse ouro roubado do tesouro do Grande Outro que é o classicismo hipercodificado pelo mestre Hermosilla.

É inevitável transferir essa leitura sarduyana da americanidade secreta de Isidoro para a uma interpretação cultural que coloca os escritores latino-americanos como sujeitos cindidos, dentro da aventura moderna, na perene busca desse ouro barroco, desse objeto perdido, busca que se renova a cada geração literária, mediante a reverência ou a burla. Mais inevitável ainda é ler esse breve texto de Sarduy sobre Lautréamont como um depoimento pessoal em que identifica a sua própria rota com a de Isidoro. Como o montevideano, o cubano Sarduy

SARDUY, LAUTRÉAMONT E O BARROCO AUSTRAL   65

também levou o ouro barroco de seus grandes mestres americanos à mesma França, num exílio de toda a vida, que não lhe impediu jamais de manter o diálogo com a grande tradição de nossa América.

BIBLIOGRAFIA

BENJAMIN, Walter (1925). *Origem do Drama Barroco Alemão* [*Ursprung des deutschen Trauerspiels*]. Trad., apres. e notas de S. P. Rouanet. São Paulo, Brasiliense, 1984.

CHEMAMA, Roland (org). *Dicionário de Psicanálise*. Trad. F. F. Settineri. Porto Alegre, Artes Médicas Sul, 1995.

FOUCAULT, Michel. *As Palavras e as Coisas. Uma Arqueologia das Ciências Humanas*. Lisboa, Portugália.

LACAN, Jacques (1955). "Seminário sobre *A Carta Roubada*", *Escritos*. São Paulo, Perspectiva, 1978, pp. 17-68.

LEZAMA LIMA, José (1957). *A Expressão Americana*. Trad., introd. e notas de I. Chiampi. São Paulo, Brasiliense, 1988.

RODRIGUEZ MONEGAL, Emir & PERRONE, Moisés e Leyla (1995). *Lautréamont austral*. Montevidéu, La Brecha.

SANTI, Enrico (1987). "Sobre Severo Sarduy: el efecto barroco". *Escritura y tradición*. Barcelona, Laia.

SARDUY, Severo (1974). *Barroco. Ensayos generales sobre el barroco*. México, Fondo de Cultura Económica, 1987, 147-224.

_____ . (1987). *Nueva inestabilidad*. México, Vuelta.

2. Barroquismo e Afasia em Alejo Carpentier

Guillermo Cabrera Infante dedicou algumas páginas do seu *Tres Tristes Tigres* (1965) à transcrição das paródias orais do seu personagem Bustrófedon. Para o seu irreverente trabalho de canibalização textual, Cabrera-Bustrófedon escolheu o assassinato de Trótsky, tema sobre o qual conhecidos escritores cubanos, de José Martí a Nicolás Guillén, teriam escrito *"años después – o antes"* do episódio histórico. A mais longa e mordaz dessas paródias é a que se intitula *El ocaso*, dedicada a imitar o modo narrativo de Alejo Carpentier[1]. A imitação cômico-burlesca de Cabrera Infante expõe os traços mais obsessivos do discurso carpenteriano: o retardamento da ação que dá lugar a demoradas descrições; a lentidão e a solenidade do rito narrativo (o texto parodiante sugere, na epígrafe, que a leitura se deve fazer ao compasso de uma pavana...); a construção do fragmento descritivo como inventário paradigmático que acumula informações sobre o *décor* do relato; a proliferação vertiginosa de detalhes, *sub specie metonimica*, que multiplica os predicados e os objetos no espaço; o desenvolvimento espetacular de um vocabulário técnico, através de nomenclaturas que recortam certas áreas do saber autoral (arquitetura, musicologia, anatomia etc.).

O Carpentier parodiado por Cabrera Infante é o narrador onívoro, de linhagem realista, cuja voracidade para consumir o "real" sufoca o

---

1. G. Cabrera Infante, *Tres Triste Tigres,* 3. ed. , Barcelona, Seix Barral, 1969, pp. 241-251. O título da paródia ("el ocaso") faz um trocadilho com o título do romance de Carpentier *El acoso* (1956), em que o personagem central também é um criminoso. O jogo remete a "ocaso" (decadência), compatível com o gesto parricida de Cabrera Infante. Mas, talvez a irreverência fique com mais relevo se brincarmos com "acaso" ironizando a "casualidade" do visada descritiva de Carpentier.

68 BARROCO E MODERNIDADE

discurso a ponto de paralisar o relato. No texto parodiante, Jacob Mornard não consegue consumar o ato homicida, tal é o despistamento provocado pelo olhar insaciável do narrador, que anota até o mais mínimo veio de uma escada de mármore. Mas também é parodiado o Carpentier-ourives-do-estilo, o virtuoso da prosa bem polida, que se extravia, contudo, no labirinto do seu próprio deleite verbal. O efeito cômico da paródia provém dessa fissura entre a intenção realista de absoluta onmisciência – e da "autoridade" sobre a matéria narrada e o barroquismo proliferante da descrição, que arruina tal intenção, desgovernando a enunciação. Entre o domínio da matéria e o descontrole das palavras, situa-se a burla dialógica de Cabrera Infante.

Quero deixar de lado toda apreciação sobre o efeito cômico que a paródia produz, concentrando-me no lado sério que atravessa todo gesto lúdico. Duas anotações no texto parodiante vão servir aqui aos meus propósitos. A primeira é o comentário do narrador sobre a perplexidade do seu personagem Mornard no momento em que o detém no umbral da mansão onde mora a vítima: "Lo que tenía ante sus ojos era indecible" (p. 246). Esta frase é acompanhada, contudo, da mais alucinante descrição da casa. A segunda vem no epílogo, quando a voz do autor parodiante ocupa o cenário do texto para "diagnosticar" o autor parodiado: "[...] el magnicida (o el autor) padece lo que se conoce en preceptiva francesa como *Syndrome d·Honoré*" (p. 251).

O que tem a ver essa síndrome descritivista, a Balzac, com a indizibilidade das coisas? Não é justamente pela descrição que um escritor costuma expressar a sua confiança no dizível? Ainda assim, se é a descrição uma síndrome, um conjunto de sintomas, que doença é essa e qual a sua causa?

As reflexões a seguir tentarão responder a estas indagações. O problema, como veremos, é o de uma *patologia da linguagem*, vinculada à tensão entre realismo e barroquismo, que subjaz à modernidade americanista de Carpentier.

*

A tentativa de ajustar o projeto realista a um estilo barroco nasce precisamente com os primeiros relatos de Carpentier[2]. Contudo, a justificativa teórica do barroquismo descritivo só aparece no compêndio *Tientos y diferencias* (1964), onde, estrategicamente, depois de publicar *El reino de este mundo* (1949), *Los pasos perdidos* (1953) e *El siglo de las luces* (1962), Carpentier procede a uma reflexão concentrada sobre a necessidade de barroquizar a prosa para inscrever as rea-

---

2. Em *¡Ecué-Yamba-O!*, Carpentier exibe algumas descrições (da cana-de-açúcar, da Usina Central, de paisagens diversas) com um evidente barroquismo lexical, mas isento, ainda, das marcas da afasia dos textos posteriores.

BARROQUISMO E AFASIA EM ALEJO CARPENTIER   69

lidades americanas na literatura[3]. A razão passa por uma comprovação assaz discutível. "La palabra *pino* basta para mostrarnos el pino; la palabra *palmera* basta para definir, pintar, mostrar, la palmera" (p. 35). Apesar de um certo ressentimento do escritor latino-americano, a frase não está isenta de alguma validade crítica. Carpentier destaca o privilégio lingüístico-literário do escritor europeu, que opera dentro de um sistema de significantes, já instalados no repertório de referências do leitor. Semiologicamente, entretanto, a frase situa-se mais próxima da teoria contemporânea da linguagem, deixando supor que a língua é uma grade transparente, anteposta ao mundo para fazê-lo visível.

Dizer que um signo "mostra" um objeto é fundar a noção de linguagem sobre a ilusão lingüística de que são os signos os análogos adequados das coisas. De um ponto de vista literário, a fé na capacidade de substituir as coisas pelas palavras implica o velho privilégio dado à função referencial do texto.

Mas prossigamos no raciocínio de Carpentier. As palavras *pino* ou *palmera* não são simplesmente capazes de substituir as entidades referenciais /pino/ e /palmera/, mas o processo referencial mesmo é que já está culturalizado pelo leitor. Alguma coisa diferente, lamenta-se Carpentier, acontece com as palavras *ceiba* ou *papayo*. As duas designam, com igualdade, as correspondentes entidades referenciais, mas revelam-se incapazes de estabelecer uma referência. "Estos árboles existen − afirma Carpentier − pero no tienen la ventura de llamarse *pino* ni palmera, ni nogal, ni abedul. San Luis de Francia no se sentó a su sombra, ni Pouchkine les ha dedicado uno que otro verso" (p. 35). Portanto, se o leitor carece de referências (inatingíveis através da mera designação), é preciso construí-las, por um processo de semiose, ou uma cadeia de interpretantes que produza uma mimese adequada. A mimese dos objetos reais americanos, propõe Carpentier, não se consegue senão através da barroquização da escritura: "[...] la prosa que le [ao objeto] da vida y consistencia, peso y medida, es una prosa barroca, como toda prosa que ciñe el detalle, lo menudea, lo colorea, lo destaca para darle relieve y definirlo" (p. 36). Carpentier refere-se mais adiante às "palavras cabais" para nomear os referentes americanos, argüindo que "nosotros, novelistas latinoamericanos tenemos que nombrarlo todo − todo lo quen nos define, envuelve y circunda..." (p. 37). Nomear, aqui, não quer dizer, literalmente, colocar um nome, mas inscrever os contextos americanos na cultura universal com tantos sig-

---

3. Refiro-me à "Problemática de la actual novela latinoamericana" (*Tientos y diferencias*, Montevidéu, Arca, 1967, pp. 5-41). Neste ensaio retoma a "teoría de lo real maravilloso americano", apresentada no Prólogo a *El reino de este mundo*, ao tratar da "teoría de los contextos" latino-americanos. As reflexões de Carpentier sobre o estilo barroco e o "terceiro estilo" das cidades latino-americanas remetem, portanto, àquele conceito que inseminou toda a sua produção ficcional e ensaística.

70 BARROCO E MODERNIDADE

nos quantos sejam precisos. O projeto é de uma comunicação transcultural, que precisa desatar a prosa (descritivamente) para textualizar as coisas americanas, evitando os glossários adicionais para explicar o quê são "curiaras, polleras, arepas o cachazas" (p. 37). A proposta implica, obviamente, uma ironia do naturalismo regionalista, mas desemboca em uma recomposição da mimese realista: proliferar (nomear, descrever) é dizer a realidade (histórica ou natural) da América. A relação analógica entre os signos barrocos e o referente "América" é arrematada por um conceito no qual Carpentier insistiu freqüentemente: América foi, desde sempre, um mundo barroco (cf. pp. 37-38)[4]. Desta forma, se há marcas barrocas depositadas sobre as coisas americanas, mimetizá-las é barroquizar a linguagem, "el legítimo estilo del novelista latinoamericano es el barroco" (p. 38).

A conciliação do barroquismo e a mimese indica uma consciência poética regida pelos princípios da equivalência e da motivação. A escrita barroquizada que propõe Carpentier, de um ponto de vista ontológico, permitiria uma correspondência ou similaridade entre as palavras e as coisas, dentro de uma conceituação ternária do signo[5]. Com tal perspectiva mimológica ou cratilista, Carpentier mostra-se um defensor do "demônio da analogia", que o filiaria ao romantismo e ao simbolismo, em uma atitude não muito moderna perante a linguagem[6].

Entretanto, nos textos de criação poética, Carpentier deixa-nos entrever as bases epistemológicas de uma conceituação bastante moderna da linguagem. Aquela conciliação (teórica) entre mimese e barroquismo entra em crise na sua obra de ficção; surge a consciência da arbitrariedade das palavras (o hermogenismo, conforme Genette), quando entram em cena a dessemelhança e a diferença que separam os signos e as coisas. O cenário do combate entre cratilismo e hermogenismo vai ser a descrição, onde o dizer proliferante aportará uma síndrome,

---

4. Carpentier refinou, recentemente, a idéia do barroco como estilo adequado à realidade maravilhosa da América, sobretudo por sua miscigenação ("América, continente de simbiosis, de mutaciones, de mestizajes, fue barroca desde siempre".) Cf. "El barroco y lo real maravilloso", *Razón de ser* (Conferências), Caracas, Universidad Central de Venezuela, 1976, pp. 51-74.

5. O conceito ternário do signo, sobre o qual prevaleceria a teoria dual da episteme moderna, implicava três elementos: "o que era marcado, o que era marcante e o que permitia ver nisto a marca daquilo; ora, este último elemento era a semelhança: o sinal marcava na medida em que era 'quase a mesma coisa' que aquilo que designava" (Michel Foucault, *As Palavras e as Coisas. Uma Arqueologia das Ciências Humanas*. Trad. de Antônio Ramos Rosa Lisboa, Portugália Editora, 1967, p. 93).

6. Cratilo sustentava que os nomes correspondem à essência das coisas, enquanto Hermógenes os considerava como resultado de uma convenção (Platão, *Cratyle Ouvres complètes,* trad. e notas de E. Chambry, Paris, Garnier, s/f, pp. 427-543). Sobre a questão do mimologismo na literatura, partindo das posições antagônicas dos interlocutores de Sócrates, ver G. Genette, *Mimologiques,* Paris, Seuil, 1976 e também: M. Ruwet, "Malherbe: Hermogène ou Cratyle?", *Poétique*, 42, abril 1980, pp. 195-224.

BARROQUISMO E AFASIA EM ALEJO CARPENTIER

segundo Cabrera Infante, ou revelará, como notou Lezama Lima, o "cuerpo dañado" da linguagem. Examinemos alguns momentos típicos deste combate[7].

*

Carpentier escolheu a volta do negro Ti Noël para a Cidade do Cabo no Haiti como um momento privilegiado para textualizar os prodígios da história americana. Nesse episódio de El reino de este mundo (parte III, caps. 2 e 3), Ti Noël contempla, meio assombrado e fascinado, as pompas napoleônicas do palácio de Sans-Souci que Henri Christophe edificou, sacrificando seu povo[8]. Observe-se o significado da perplexidade do personagem perante o inominável, mediante verbos e adjetivos que recortam a categoria do insólito:

> Pero ahora el viejo se había detenido, maravillado por el espectáculo mas inesperado, más imponente que hubiera visto en su larga existencia.
> Pero lo que más asombraba a Ti Noël era el descubrimiento de que este mundo prodigioso, como no lo habían conocido los gobernadores franceses del Cabo, era un mundo de negros (pp. 79-80).

Mais adiante, uma comparação amplifica a notação do inverossímil:

> [...] obras que sólo habían sido vistas, hasta entonces, en las arquitecturas imaginarias del Piranese (p. 83).

O que é peculiar na construção descritiva de Carpentier é que esses registros do assombro, da maravilha, do prodígio, intervêm estrategicamente no enunciado para contrariar o apetite mimético. Não obstante a indizibilidade do objeto, o narrador se compraz no mais opíparo banquete verbal. Vejam-se algumas poucas linhas de uma descrição que se prolonga por várias páginas:

> Sobre un fondo de montañas estriadas de violado por gargantas profundas se alzaba un palacio rosado, un alcázar de ventanas arqueadas, hecho casi aéreo por el alto zócalo de una escalinata de piedras. A un lado había largos cobertizos tejados, que debían de ser las dependencias, los cuarteles y las caballerizas. Al otro lado, un edificio redondo, coronado por una cúpula asentada en blancas columnas, del que salían varios sacerdotes de sobrepelliz. A medida que se iba acercando, jardines, pérgolas, arroyos artificiales y laberintos de boj. Etc. etc. (pp. 79-80).

7. Por senso de economia e ênfase crítica vou me concentrar em algumas descrições que explicitam a indizibilidade do objeto. Este traço ainda permitirá a distinção do modo descritivo de Carpentier daquele da escola realista-naturalista, cujos mecanismos da representação objetiva foram estudados por Ph. Hamon, em "Un discours contraint", *Poétique*, 16, 1973, pp. 411-445. Sobre a relação entre o dizer proliferante e o barroquismo, ver G. Genette, "D'un récit baroque", *Figures II*, Paris, Seuil, 1969, pp. 195-222, e meu artigo, "Aspectos do Enunciado Narrativo Neobarroco", neste volume.

8. *El reino de este mundo*, 3. ed., Montevidéu, Arca, 1968.

BARROCO E MODERNIDADE

À primeira olhada no trecho parece constituir a mais plena realização do "foco objetivo" do narrador. Mas, a abundância dos detalhes, a notação em fuga, por contigüidade, a proliferação concatenada de interpretantes, em vez de deixar transparente o objeto (mostrá-lo, pintá-lo, defini-lo, de acordo com a proposta teórica de Carpentier) aumentam a sua opacidade. O barroquismo descritivo é aqui a figuração da indizibilidade do objeto. O excesso, o esbanjamento da focalização mostra o movimento contrário à mimese. Essa oposição (que segundo notávamos era o objeto da irrisão na paródia de Cabrera Infante) mostra alguma coisa a mais do que o desperdício verbal, ou a frustração da objetividade. Se por um lado a descrição perdeu a sua referencialidade, por outro ganhou em troca o *status* de espelho que reflete, com os seus signos retorcidos, o mal-estar que o narrador testemunhava diante do inomimável. Esse jogo especular destina-se a impedir todo mimologismo possível. A descrição, tão propensa na tradição romanesca a reproduzir nas palavras o universo referencial, transforma-se, assim, no sintoma de um desarranjo no discurso do narrador, o qual deseja e recusa, ao mesmo tempo, a mimese. Tal perturbação, podemos definí-la agora, é de natureza lingüística e corresponde àquilo que os psicopatologistas denominam afasia. Mas convém, antes, seguir identificando seus mecanismos em Carpentier para, depois, examinar sua função poética.

Em *Los pasos perdidos* quase não há página que não tenha uma descrição minuciosa dos lugares percorridos pelo protagonista. Este romance ocupa uma posição axial na ficção de Carpentier, seja pelas suas projeções autobiográficas, seja pela firme aplicação na narrativa da teoria do real maravilhoso americano, ou pela figuração – tão importante nos anos 50 – da trajetória do artista latino-americano na procura da sua identidade. A descrição abundante em *Los pasos* está longe de ser um artefato lexicográfico com efeitos dilatórios ou decorativos. Seu emprego resume-se, como se verá, ao paradigma dessa procura que articula a fábula.

Tomemos como exemplo a memorável travessia do herói pelo umbral secreto da selva, que irá conduzi-lo a Santa Mónica de los Venados, momento em que depara com o portentoso fenômeno natural do mimetismo da selva (cap. Cuarto, parte XX). Tão logo registra seu "assombro" (esta expressão e outras são o *leitmotiv* da enunciação), o narrador descreve-nos demoradamente o intercâmbio de marcas entre os reinos animal, vegetal e mineral[9]:

> Los caimanes [...] parecían maderos podridos [...]; los bejucos parecían reptiles y las serpientes parecían lianas, cuando sus pieles no tenían nervaduras de maderas preciosas, ojos de ala de falena, escamas de ananá o anillas de coral; las plantas acuáticas

9. *Los pasos perdidos*, 2. ed., Montevidéu, Arca, 1968.

BARROQUISMO E AFASIA EM ALEJO CARPENTIER

se apretaban en alfombra tupida [...] fingiéndose vegetación de tierra muy firme; las cortezas caídas cobraban muy pronto una consistencia de laurel en salmuera, y los hongos eran como coladas de cobre, como espolvoreos de azufre, junto a la falsedad de un camaleón demasiado lapizlázuli, demasiado plomo estirado de un amarillo intenso [...] (p. 159).

O tema que atravessa a descrição tem importantes desdobramentos metalingüísticos. O olhar do narrador comprova os sinais da *convenientia* do mundo, uma das figuras essenciais do regime da semelhança. Conforme explica Foucault, com respeito a essa figura chave na episteme pré-clássica:

> Na vasta sintaxe do mundo, os seres diferentes ajustam-se uns aos outros; a planta comunica com o animal, a terra com o mar, o homem com tudo o que o rodeia. A semelhança impõe vizinhanças que asseguram, por sua vez, novas semelhanças. O lugar e a similitude entrelaçam-se: vêem-se crescer musgos sobre as conchas, plantas nos galhos dos veados, espécies de ervas no rosto dos homens; e o estranho zoófito justapõe, misturando-as, as propriedades que o tornam semelhante tanto à planta como ao animal[10].

O mundo é, pois, uma mistura de coisas "convenientes", em seus ajustes, nexos e parentescos, e estes sinais da semelhança desenvolvem-se em uma espiral sem fim. As coisas, descobre assombrado o protagonista do romance, imitam-se umas às outras, em cadeia, desde sempre, emulando "el misterio de las primeras confluencias", segundo ele anota, depois de invocar o Gênese (p. 161)[11].

Se o mimetismo é propriedade dos seres naturais, a mesma coisa não se dá com a linguagem. Entidade cultural, não se inscreve no mundo primigênio das semelhanças e também não pode espelhá-las. É sempre semelhante a si mesma, quando forja parentescos, nexos e ajustes entre os seus signos. Sua cisão do mundo vai cifrada na multiplicidade de referências, comparações e sinonímias que lemos na descrição mencionada. A magia americana (o real maravilhoso), consignada em suas conveniências e simpatias, não tem *analogon* na linguagem. O narrador de *Los pasos*, decidido a iniciar sua viagem no "Valle del Tiempo Detenido", a cumprir "la tarea de Adán poniendo nombre a las cosas" (p. 172), comprova, em cada novo objeto e evento, a irremediável inadequação entre o dizível e o visível. O caráter deceptivo de toda nomeação vem sugerido neste comentário do narrador: "La selva era el mundo de la mentira, de la trampa y del falso semblante; allí todo era disfraz, estratagema, juego de apariencias, metamorfosis" (p. 160). A mutante face do mundo (ou seu *sem*blante, de *seme*lhanças) é irreproduzível na sintaxe ordenada das palavras. O sujeito do discurso,

10. Michel Foucault, *op. cit.*, p. 35.
11. Numa outra descrição, Carpentier volta ao mesmo tema da primigenia *convenientia* cósmica (*Los pasos perdidos*, cap. Quinto, parte XXVII, p. 195).

74 BARROCO E MODERNIDADE

alienado da sintaxe cósmica (ele é o egresso da História), tenta recuperar a identidade perdida da linguagem, na produção de imagens que, desenhando as quimeras da semelhança, redesenham sua própria afasia: "mundo del lagarto-cohombro, la castaña-erizo, la crisálida-ciempiés, la larva con carne de zanahoria y el pez eléctrico que fulminaba desde el pozo de las linazas" (p. 160). O gaguejar metafórico é ali a tentativa de reencontrar a língua primitiva (a dos aborígenes americanos) cujas designações continham alguma parte da essência do designado[12]. Esta espécie de "nostalgia da semelhança", que Carpentier expressa mediante signos barrocos, pode talvez oferecer uma via de acesso aos fundamentos da retórica que ele escolheu para encenar as "essências americanas". Lembremos-nos que é justamente no período barroco que o pensamento ocidental rejeita o elemento da semelhança ("é o tempo em dos sentidos engadores; é o tempo em que as metáforas, as comparações e as alegorias definem o espaço poético da linguagem", diz Foucault, *op. cit.*, p. 77). E é pelo modelo barroco literário que o escritor latino-americano vai participar no cenário da cultura ocidental. Um desejo de voltar aos inícios de nosso (dramático) assentamento na História parece animar a *lexis* carpenteriana. Voltaremos a esse problema.

Se considerarmos que no desfecho de *Los pasos* o protagonista resigna-se a uma aliança com a História, convencido do seu estranhamento perante a natureza primigênia (a das semelhanças inomináveis), compreender-se-á até onde a descrição afásica constitui um avanço emblemático da fábula. Em um episódio correlato ao que foi mencionado, depois da superação da *Segunda Prueba* (o cruzamento pela torrente de um rio), o narrador ensaia a descrição de uma outra maravilha do mundo da selva. A incontível expressão de assombro introduz o objeto da focalização: "Miré y me detuve estupefacto, con la boca llena de exclamaciones que nada podían por librarme de mi asombro". Anunciando seu mal-estar perante a indizibilidade do objeto, o narrador o nomeia com um significante provisório, "unas moles de roca negra", acompanhado de atributos seriados em ritmo ofegante: "enormes, macizas, de flancos verticales, como tiradas a plomada, que eran presencia y verdad de monumentos fabulosos". A expressão afásica avança, multiplicando-se num elenco de referências culturais: "Tenía mi memoria que irse al mundo del Bosco, a las Babeles imaginarias de los pintores de lo fantástico, de los más alucinados ilustradores de tentaciones de santos, para hallar algo semejante a lo que estaba contemplando". A insuficiência do código para designar o indesignável é aludida assim: "Y cuando encontraba una analogía, tenía que renunciar a ella, al punto, por una cuestión de proporciones". Ou-

12. Cf. B. Snell, *La estructura del lenguaje*, trad. de Macau de Lledó, Madri, Gredos, 1966, p. 197.

BARROQUISMO E AFASIA EM ALEJO CARPENTIER 75

tros recursos como a litote, os tropos e a amplificação são convocados, embora não consigam senão multiplicar o gaguejo do narrador:

> Esto que miraba era algo como una titánica ciudad – ciudad de edificaciones múltiplas y espaciadas – con escaleras ciclópeas, mausoleos metidos en las nubes, explanadas inmensas dominadas por extrañas fortalezas de obsidiana, que parecían estar ahí para defender la entrada de algún reino prohibido al hombre.

O gaguejar do narrador desemboca em um significante condensador: "Capital de las Formas". Mas esse, ainda impedido de construir a mimese, expande-se em novos símeis: "una increíble catedral gótica", "morada de dioses" etc. Finalmente, o narrador confessa a sua impotência: "el ánimo, pasmado, no buscaba la menor interpretación de aquella desconcertante arquitectura telúrica, aceptando sin razonar su belleza vertical e inexorable". A descrição do fenômeno continua umas linhas mais e encerra com uma alusão à pequenez do narrador (leia-se a *diferença* do seu discurso): "Casi agobiado por la grandeza, me resigné, al cabo de un momento, a bajar los ojos al nivel de mi estatura" (pp. 165-166)[13].

*

A desordem da linguagem, inscrita nas descrições barroquistas de Carpentier, corresponde ao que Jakobson identificou como o primeiro tipo de afasia do falante – a perturbação da semelhança[14]. Os traços da construção do trecho descritivo que viemos apontando em Carpentier concordam com os que Jakobson considera os sintomas mais freqüentes na perturbação da capacidade de seleção e substituição. O registro do assombro do narrador diante do indescritível/ indesignável que, como vimos, sempre abre (e, quase sempre, intersecciona) as descrições carpenterianas, equivale à dificuldade do doente para iniciar o diálogo; a proliferação de significantes e os símeis em cadeia, tão típicos em Carpentier, têm os seus equivalentes nas seqüências elíticas da fra-

13. Bellemin-Noël apontou a importância dessa retórica do indesignável como marca do discurso fantástico, que se atualiza justamente no momento em que o narrador, obrigado a nomear o monstro (indesignável por definição), produz um *non-encore-dit*. Aproveitei esta sugestão, mas interpretando tal fenômeno discursivo como sintoma da afasia, cujas implicações ultrapassam a noção de simples traço de um gênero. Discordo, contudo, do sentido que esse teórico atribui à vacilação do nomear, que seria "comme s'il n'y avait pas décuation entre signification et désignation, comme s'il y avait des trous dans l'un ou l'autre des systèmes (langage/expérience) qui ne correspondraient pas avec leurs homologues attendus" (cf. "Notes sur le fantastique (Textes de Théophile de Gautier)", *Littérature*, 8, dic. 1972, p. 5). O problema, segundo eu tento mostrar em Carpentier, é que a fissura encontra-se, não em um sistema ou em outro, mas *entre* um e outro.

14. R. Jakobson, "Dois Aspectos da Linguagem e Dois Tipos de Afasia", *Lingüística e Comunicação*, trad. I. Blikstein, São Paulo, Cultrix, 1970, pp. 34-62.

76   BARROCO E MODERNIDADE

se e nas anáforas abstratas que substituem, para o paciente afásico, as palavras-chave que ele não pode pronunciar (cf. Jakobson, *op. cit.*, pp. 42-43). A deficiência para nomear tende a compensar-se, explica Jakobson, pela constante remissão do falante ao contexto, mediante conectivos e auxiliares, pronomes e advérbios pronominais (p. 43). Em Carpentier, vimos que a litote, a nível semântico, e a amplificação, a nível sintático, fazem o papel de conectores lingüísticos que compensam a incapacidade para designar um objeto.

Uma vez que a perturbação da semelhança vincula-se à tendência para as figuras de contigüidade, que compensam as dificuldades de seleção (Jakobson, *op. cit.*, pp. 48-50 e p. 60), a descrição carpenteriana mostra-se ávida de pormenores sinedóquicos. Este sintoma da afasia comprova-se facilmente no movimento de focalização, que apanha, sempre com um olhar translativo, a variedade dos objetos e seus predicados. "El Mar Caribe estaba lleno de fosforescencias que derivaban mansamente hacia la costa, siempre visible en perfiles de montañas que brevemente alumbraba una luna en cuarto creciente". Em outra passagem, diz:

> Eran vivas pencas de madréporas, la poma moteada y cantarina de las porcelanas, la esbeltez catedralicia de ciertos caracoles que, por sus piñones y agujas, sólo podían verse como creaciones góticas; el encrespamiento rocalloso de los abrojines, la pitagórica espiral del huso – el fingimiento de muchas conchas que, bajo la yesosa y pobre apariencia ocultaban en las honduras una iluminación de palacio engualdado[15].

Um dos traços relevantes na patologia da semelhança é a deterioração das operações metalingüísticas. "A carência afásica da 'capacidade de denominar' – diz Jakobson – constitui propriamente uma perda da metalinguagem" (p. 47). Quando em Carpentier a descrição barroquista sugere a dificuldade para passar de uma palavra para seus sinônimos, circunlóquios ou heterônimos, o sintoma é, exatamente, aquele de uma crise metalingüística.

A crise da metalinguagem atravessa todas as descrições de Carpentier. A notação obsessiva da indizibilidade das coisas é vinculada a esse aspecto da afasia. Os exemplos que já citamos bastam para comprová-lo. É interessante anotar ainda que a evidente intensificação dos mecanismos afásicos em *El siglo de las luces* pode explicar o por que das constantes teorizações, que Carpentier elabora neste romance, sobre o problema da denominação dos "barroquismos de la Creación" (p. 211). Veja-se, por exemplo, a dificuldade manifesta do *code switching*, quando Sofía comprova o desacordo entre as nomenclaturas dos mapas espanhóis do Caribe e as do esperto viajante Caleb Dexter (p. 94). Em um outro episódio, encravado na vastíssima descrição da natureza metamórfica dos trópicos que coloca a Esteban em um estado

---

15. *El siglo de las luces*, Buenos Aires, Galerna, 1967, p. 96 e pp. 209-10.

BARROQUISMO E AFASIA EM ALEJO CARPENTIER   77

de "embriaguez" e "exaltação" (cap. Tercero, parte XIV, pp. 209-216), desata-se uma reflexão sobre os processos lingüísticos das línguas nativas do Caribe para nomear a "ambigüedad formal de las cosas que participaban de varias esencias" (p. 213). Com uma relação dos nomes criados por aglutinação, Carpentier retoma o tema da *convenientia* cósmica e aquela "nostalgia da semelhança", que comprovamos na resistência do código metafórico ("acacias-pulseras", "ananás-porcelana", "madera-costilla", "escoba-las-diez", "primo-trébol", "piñón-botija", "tisana-nube", "palo-iguana", "peces-bueyes", "peces-tigres", "pez-mujer"). O constante jogo verbal de Esteban , inventando nomes para os prodígios das ilhas do Caribe, fornece outros exemplos desse trabalho paradigmático de Carpentier (cf. pp. 233-234). A invenção de nomes próprios, visíveis nas letras maiúsculas, que povoam os textos de Carpentier, é também mais um sintoma do fenômeno afásico da semelhança. (Os inventários onomásticos de Carpentier, é simples comprová-lo, passam predominantemente pela figuração por contigüidade.)

*

Procurarei resumir o que foi exposto. A tensão entre o realismo e o barroco manifesta-se em Carpentier, no âmbito da descrição do maravilhoso americano. Um tipo de afasia – a da semelhança – figura a indizibilidade dos aspectos históricos e naturais da América, desenvolvendo-se em uma retórica barroquista, cujos procedimentos preferidos são: a explicitação do "assombro" e correlatos; a predicação sobrenaturalizante; o encadeamento de imagens em fuga; a construção especular entre a constatação da indizibilidade e o "gaguejar" descritivo da enunciação. No nível temático, a presença do tema das semelhanças cósmicas remete, também, ao dilema do nomear afásico. O trabalho descritivo de Carpentier, a nível de sua função retórica, aponta para a crise da metalinguagem e do nomear, quando rejeita todo mimologismo e explicita a opacidade das palavras.

Longe da consciência literária que concebe a linguagem como um dispositivo de duplicação do mundo referencial, a retórica afásica é, pelas suas implicações lingüísticas, tributária de uma concepção pós-realista e muito moderna da linguagem. Menos, talvez, por remover o ilusionismo lingüístico da "utopia da transparência" (Foucault), que por dramatizar a pugna entre o mimologismo e o barroco. Não é preciso insistir muito sobre essa modernidade de Carpentier, cuja mira epistemológica assenta-se, comodamente, entre o desejo das analogias e a ironia da representação[16].

Seria muito simplificador, porém, diluir a especificidade da poética carpenteriana no quadro geral da narrativa moderna. O lugar espe-

16. Cf. Octavio Paz, *Los hijos del limo,* Barcelona, Seix Barral, 1974, pp. 87-112.

78 BARROCO E MODERNIDADE

cífico de Carpentier deve-se buscar dentro da problemática que afetou a formação da cultura latino-americana. Identificá-la é sondar a causa da patologia do discurso afásico e a sua função poética correlata.

Há uma diferença capital entre a afasia da semelhança na descrição barroquista e a afasia que Jakobson descreveu como perturbação psicopatológica das estruturas verbais. O doente afásico *não consegue* nomear um objeto assinalado, nem substituir um vocábulo por outro, quando é requerido[17]. Carpentier, pelo contrário, não somente nomeia com abundância, mas prolifera metáforas em cadeia nas suas descrições. A diferença entre o bloqueio real que produz uma regressão verbal e o pseudobloqueio, de caráter poético, que abre-se a uma eclosão verbal, encontra-se na simulação. A simulação é um artifício, mas também é o sintoma de uma desordem, que se, não opera uma regressão real, opera sim um desejo de regresso ao momento original da primeira nomeação. Lembremos que Esteban, em *El siglo de las luces*, vislumbrando o Paraíso Perdido nas Ilhas do Caribe (repetindo o delírio de Colombo, na sua terceira viagem para América), invoca a imagem do "Hombre-Niño", "con lengua torpe y vacilante" para nomear as árvores. (cf. p. 211). Não é, portanto, menos "enfermo" esse narrador-infante (*infans*: aquele que não fala), que afeta um impedimento verbal em plena situação de relato.

Não é por acaso que a simulação da afasia se produz nos textos carpenterianos quando o narrador focaliza objetos, seres ou fenômenos do mundo americano. Sabemos quão freqüentes eram, no discurso dos cronistas das Índias, certas expressões como "não sei como contar", "faltam-me as palavras", que denotavam e redundavam seu assombro ante as coisas do Novo Mundo. Sabemos, também, que a carência semântica os levava a recorrer às comparações com o visto ou o lido, e na sua falta, às expressões "maravilha", "prodígio", "encantamento" etc. "En América, en los primeros años de conquista, – diz Lezama Lima – la imaginación no fue 'la loca de la casa', sino un principio de agrupamiento, de reconocimiento y de legítima diferenciación"[18].

A diferença percebida pelos cronistas, no momento da nossa infância histórica e expressa no discurso vacilante do narrador afásico, é reproduzida por Carpentier[19]. O gesto da escrita que repete uma expe-

17. Ver exemplos em Jakobson, *op. cit.*, pp. 44-45.

18. J. Lezama Lima, "Imagen de América Latina", *América Latina en su literatura*, México, Siglo XXI, 1972, p. 464. Trad. bras., São Paulo, Perspectiva, 1979.

19. Sobre o seu projeto da revivência de que falamos, Carpentier disse, em uma entrevista, "Hay que buscar en América las cosas que no se han dicho, las palabras que no se han pronunciado. Hay en las *Cartas de relación*, de Hernán Cortés al rey de España una frase que siempre me ha impresionado mucho. Dice más o menos Hernán Cortés: 'Y quisiera hablarle de otras cosas de América, pero no teniendo la palabra que las define ni el vocabulario necesario, no puedo contárselas'. Y me di cuenta un buen

BARROQUISMO E AFASIA EM ALEJO CARPENTIER

riência anterior pode interpretar-se, em termos psicanalíticos, como a revivência do trauma original da Descoberta da América. Há uma marcante afinidade entre essa revivência poética de Carpentier e a produção do sentimento do *Unheimlich*, que Freud analisou em um brilhante ensaio. O termo "siniestro" ou "inquiétante étrangeté" traduzem insuficientemente o vocábulo alemão *Unheimlich* – "aquela espécie de espantoso, que afeta as coisas conhecidas e familiares desde o tempo passado"[20]. Trata-se da volta (a revivência, a repetição) do reprimido (algo familiar à vida psíquica). O *Unheimlich* é a angústia e o estranhamento do sujeito, provocado pela manifestação de algo *Heimlich*. Não é possível discutir aqui o conteúdo "familiar" revelado aos Descobridores pelo Novo Mundo (é sabido que estes eram portadores de referências lendárias e mitológicas, que preenchiam a fantasia do homem europeu sobre terras ignotas; talvez, o trauma histórico da Descoberta foi também uma repetição – ou o reconhecimento de um desejo secreto e censurado).

Em Carpentier o impacto ante o inominável produz, notavelmente, o efeito do sinistro. Sua retórica afásica – tanto pela explicitação do assombro ante o indescritível-indesignável, quanto pelo barroquismo proliferante, que jamais alcança a nomeação cabal – converte o real americano em uma entidade sinistra[21]. Não é menos esclarecedora a conhecida definição carpenteriana do maravilhoso, quando propõe a "revelación privilegiada de la realidad", ou a "iluminación inhabitual o singularmente favorecedora de las inadvertidas riquezas de la

día, de que era ese vocabulario y eran esas palabras las que teníamos que hallar [...] teníamos que hallar un vocabulario [...] ante todo barroco – para expresar el mundo maravilloso de América". (Entrevista a Miguel F. Roa. "Alejo Carpentier tras diez años de silencio". *ABC*, Madri, 2 feb. 1975, p. 30).

20. A definição é aparentemente paradoxal, já que somos acostumados a associar o sinistro ao *não* conhecido ou familiar. "Mas, naturalmente, – explica Freud – nem tudo o que é novo ou insólito é por isto espantoso, de modo que aquela relação não é reversível [...] É mister que ao que é novo e conhecido se acrescente algo para convertê-lo em sinistro". ("Lo siniestro" (1919), *Obras completas*, III, (1916-1938) /1945/ Ensayos XCVIII-CCIII, 3. ed., Madri, Biblioteca Nueva, p. 2484). Esse "algo", portador do *Unheimlich*, é examinado através do vocábulo *Heimlich* (íntimo, secreto, familiar, do lar, doméstico), cuja ambivalência evolui até coincidir com a sua antítese. Assim, todo *Unheimlich* é uma espécie de *Heimlich*, noção a que Freud acrescenta o aforismo de Schelling: "Denomina-se *Unheimlich* tudo o que, devendo permanecer secreto, oculto... não obstante manifestou-se". (cf. 2487-8). O sentimento do sinistro, que Freud analisa em alguns textos de Hoffmann, consiste, pois, em algo reprimido que volta: "o sinistro não seria realmente nada novo, mas sim algo que sempre foi familiar à vida psíquica e que somente tornou-se estranho mediante o processo de sua repressão" (cf. p. 2498).

21. No meu livro *O Realismo Maravilhoso. Forma e Ideologia no Romance Hispano-americano*, São Paulo, Perspectiva, 1980, pp. 135-156, identifiquei, com outros subsídios teóricos e com outros fins, uma retórica de conversão do natural em sobrenatural na ficção.

80 BARROCO E MODERNIDADE

realidad" ou o "estado limite" da percepção[22]. Revelar/iluminar é fazer voltar algo recalcado no inconsciente. A fé, que Carpentier preconiza como condição para perceber o maravilhoso, é esse desejo tenaz e oculto, que se manifesta compulsoriamente no discurso "angustiado" do narrador afásico.

O efeito da retórica barroquista resulta, assim, na constante figuração da América como algo irrepresentável, o fantasma ou monstro indizível, estranho e sinistro. Não me refiro a uma América fantasmática que talvez possa esboçar-se no percurso biográfico de Carpentier – escritor tão "europeizado" e anelante de aproximar-se às realidades americanas, mediante livros e viagens. A produção do efeito do *Unheimlich*, em um enfoque estritamente textual, remete à "nostalgia da semelhança", que identificamos nas análises precedentes. Nesse sentido, a revivência escritural de Carpentier tem menos interesse, enquanto repetição do trauma real (se houve) da Conquista, que como trauma lingüístico do cronista, cujo balbuciar revela nossa difícil inserção na cultura ocidental. Desse modo, a retórica afásica funciona como um mimodrama, que repõe em cena o impacto da Descoberta, repetindo a desordem lingüística dos inícios da Colonização. Por isso, o sinistro americano, dramatizado por Carpentier, deve entender-se como a volta de algo familiar e recalcado na nossa história – a nomeação sempre eludida, o desejo nunca realizado de instituir a semelhança da linguagem com o mundo real.

Toda repetição, ensina-nos a doutrina psicanalítica, é uma prova que submete o trauma a uma cura. A afasia simulada de Carpentier parece projetar-se para a superação das contradições que a língua do colonizador impôs na expressão das coisas americanas, outrora nomeadas com palavras cabais, portadoras de analogias. Tentar nomear ou re-nomear, invocando a inadequação das palavras, através do barroco, é uma ação verbal que revela a resistência do real maravilhoso americano a ingressar na órbita cultural do Velho Mundo, e obriga-nos a revisar o código que tentou provocar esse ingresso.

Carpentier retoma assim o mais fino matiz ideológico que teve o barroco na América. A arte barroca na América – anotou Lezama Lima – nasceu sob o signo da rebelião, de um desejo de *Contraconquista*[23] O não-dizer-dizendo de Carpentier é portador de uma *contra-dicção* e simula, na patologia da linguagem, o *pathos* da uma fundação. E leva consigo, nos meandros sutis dessa contrariedade rebelde, não o movimento deceptivo de uma dicção frustrada, mas o mais pleno e autêntico dizer do escritor latino-americano.

Trad. Rodolfo Mata

22. Prólogo a *El reino de este mundo*, 3. ed., Montevidéu, Arca, 1968, p. 9.
23. J. Lezama Lima, *La expresión americana*, Santiago de Chile, Universitaria, 1969, pp. 34 e 57.

3. Aspectos do Enunciado Narrativo Neobarroco (sobre Guillermo Cabrera Infante e Borges)

Na história da crítica sobre o barroco – tão prolixa como a etimologia da palavra e tão contorcida como o mesmo estilo – verifica-se uma evolução. A primeira etapa caracteriza-se pela atitude depreciativa do neoclássico século XVIII, que não pôde compreender o fenômeno que destruíra a canonicidade da representação artística do Renascimento. Sucedeu-se uma atitude valorativa (séculos XIX e XX)[1], que, por sua vez, deixou-se marcar por dois momentos distintos: a categoria do barroco aplicou-se primeiramente às artes plásticas (iniciando pela arquitetura) e logo à literatura. Uma gradação interna recorta ainda o primeiro momento: a pesquisa ocupou-se inicialmente do plano do conteúdo (ou a "visão" barroca do mundo), para logo dedicar-se ao plano da expressão e definir as "constantes estilísticas" do barroco. Quando, finalmente, o conceito se incorporou à análise literária, muitas adaptações se fizeram necessárias[2]; no entanto, a operação desdobrou-se novamente: inicialmente os estudos sobre poesia e prosa

---

1. Iniciada por Cornelius Gurlitt (*Historia del estilo barroco en Italia,* 1887), que logo relacionou o barroco com a estética renascentista e postulou, como suas características básicas, a exaltação, o exagero, a energia e o individualismo. Revisões e visões críticas posteriores encontraram novas peculiaridades formais e ideológicas (vide a importante síntese de Helmut Hatzfeld, "Examen crítico del desarrollo de las teorías del barroco", *Estudios sobre el barroco,* 3. ed., Madri, Gredos, 1973, Col. Estudios y Ensayos, 73, pp. 10-51. Trad. bras., São Paulo, Perspectiva e Edusp, 1988.

2. Como as do mesmo Hatzfeld, in "Los estilos generacionales de la época barroca: manierismo, barroco, barroquismo y rococó" (*op. cit.,* pp. 52-72) e R. Wellek, "The concept of baroque in literary scholarship", *Concepts of criticism,* New Haven, Yale University Press, 1963, pp. 69-127.

82 BARROCO E MODERNIDADE

(esta em seus aspectos verbal e semântico)[3] e, recentemente apenas, a análise da narrativa barroca[4].

Dentro da vasta bibliografia sobre o barroco constata-se o privilégio da poesia, enquanto a narrativa permanecera como uma parente pobre da literatura, pouco interessante para o transporte das constantes formais das artes plásticas. Tal fato deve-se certamente ao escasso conhecimento da estrutura do relato, cuja formalização iniciada en 1928 com a *Morfologia* de Propp[5], seria revista e discutida tardiamente nos anos 60, com as análises estruturais. De fato, somente torna-se legítimo falar de narrativa barroca, sempre que se considere um modelo, uma matriz, sobre a qual apontar desvios, exageros, distorções barrocas, do mesmo modo que a metáfora barroca pressupõe a metáfora renascentista. O princípio que rege a análise da poesia barroca – relações entre as unidades mínimas significantes, segundo a proposta de Severo Sarduy[6] – pode transportar-se a uma semiologia da narrativa neobarroca, cujas unidades textuais deverão ser mais amplas: frases, grupos de frases ou enunciados. Em outras palavras, a operação analítica deve abandonar o estrito aspecto verbal do signo e passar ao aspecto sintático, das relações entre enunciados.

O objeto deste trabalho é adiantar algumas hipóteses a partir da leitura de narrativas neobarrocas hispano-americanas, que permitam reconhecer uma especificidade de seu modelo sintagmático: a amplificação dos enunciados, não como um mero exercício dilatório e dilatatório do relato (como no romance pastoril), mas como um investimento semântica e narracional que procuraremos definir. Faremos uma breve exposição do conceito de amplificação na Retórica, visando demonstrar a pertinência de sua aplicação na semiologia da narrativa neobarroca. Em seguida recorreremos a exemplos simples, a estruturas privilegiadas, com a presunção de que outras análogas e mais

3. Ver os estudos sobre Malón de Chaide e Cervantes por Hatzfeld, *op. cit.*, pp. 284-306 e 314-348.

4. G. Genette, "D'un récit baroque", *Figures II*, Paris, Du Seuil, 1969, pp. 195-222.

5. Publicada em Leningrado, em 1928, com o título *Morfológuia Skázki* (*Morfologia do Conto Popular*); somente depois de traduzido para o inglês em 1958 (*Morphology of the folktale*, Ed. Mouton) provocou o amplo debate e a aplicação de suas teorias no Ocidente. A tradução espanhola é recente: *Morfología del cuento*, Buenos Aires, Goyanarte, 1972.

6. Em seu bem difundido ensaio "Barroco y neobarrroco" (in: *América Latina en su literatura*, C. Fernández Moreno (coord.), México, Siglo Veintiuno, 1972, pp. 167-184), Sarduy propõe, a partir do processo de "artificialização", três mecanismos (do plano da expressão) de todo barroco: a substituição, a proliferação, a condensação, sempre estudados a nível do signo. Destaca também (no plano do conteúdo) a paródia, identificando-a inicialmente com a intertextualidade, para logo inclui-la como subespécie, ao lado da intratextualidade. Conclui integrando expressão e conteúdo na problemática ideólógica do erotismo (jogo e desperdício), do espelho (reflexo) e a revolução (subversão do sistema logocêntrico).

ASPECTOS DO ENUNCIADO NARRATIVO NEOBARROCO   83

complexas possam aparecer em textos neobarrocos, sob outras formas, com outras funções.

3.1. AMPLIFICAÇÃO E RETÓRICA

A teoria da amplificação propõe-se como um fundamento para a análise da narrativa neobarroca. Segundo Curtius, nas épocas maneirísticas registra-se uma forte predileção por certas figuras como o hipérbato, a perífrase, a *annominatio* e o metaforismo amaneirado. Nas poéticas da Idade Média a perífrase subordinava-se à teoria da *amplificatio*, ou amplificação artística de uma dicção. "O discurso não deve ser objetivo" – afirmava Galfrid de Vinsauf, ao recomendar a alusão, o alongamento da obra, a nomeação indireta das coisas. No maneirismo latino medieval de onde procede o barroco histórico, segundo a tese de Curtius, a brevidade da retórica helênica deixa de ser o ideal estilístico da *narratio* para ser substituida por uma *virtus dicendi*. A retórica medieval (séculos XII e XIII) já evidencia o emprego impróprio do conceito de *brevitas* da Antiguidade, ao ser esta associada à idéia de "proliferação integrada" à matéria do discurso (como a descrição do escudo de Aquiles). A *amplificatio* veio ocupar, assim, um posto equivalente em excelência ao de *abbreviatio*. Se para esta bastava o *purum corpus materiae*, para aquela desdobravam-se as opções: circunlóquios, digressões, prosopopéias, apóstrofes etc.[7]

A alternativa entre *amplificatio* e *abbreviatio* é uma das conquistas da poética medieval que começou a empregar os termos em uma dimensão horizontal (como *dilatatio*) diferente da dimensão vertical, segundo a qual *amplificare* opunha-se a *minuere* (ou *augere* a *minuere*, ou ainda *attollere* a *deprimere*). Esta acepção significa a "arte de representar as coisas pequenas como grandes e as grandes como pequenas", aplicada no retrato físico ou moral de uma pessoa. Proveniente de Aristóteles e Quintiliano, esse aumento paradigmático (como se diria hoje) e utilitário não pode ser a origem do conceito de expansão sintagmática na retórica medieval, que lhe conferiu, além disso, um estatuto poético de *ornatus*. Em parte, a novidade explica-se pela transformação da retórica em uma *techné* poética (de "criação"), fusão consagrada na Idade Média: aos problemas de raciocínio e prova que identificavam à retórica aristotélica sucedem os de estilo e composição. "Escrever bem" é a divisa que assinala a idéia moderna da literatura que, segundo Barthes, será desde então um "ato total de escritura"[8].

7. E. Curtius, *Literatura Européia e Idade Média Latina*, trad. T. Cabral, Rio de Janeiro, MEC, INL, 1957 (col. Biblioteca Científica Brasileira, série B-V), sobretudo pp. 292, 302, 524-29.

8. R. Barthes, "L'ancienne rhétorique", in *Communications* n. 16, Paris, Du Seuil, 1970, p. 179.

84 BARROCO E MODERNIDADE

No entanto, para Curtius, a alternativa *amplificatio / abbreviatio* e a conseqüente poeticidade da primeira derivam, provavelmente, da crítica de Platão ao maneirismo dos sofistas. Para estes a habilidade e a virtude do discurso consistiam em descrever o objeto com brevidade ou de maneira infinitamente longa[9], numa espécie de "prosa-espetáculo". A hipótese de Curtius é fecunda se se pensa que a amplificação tornou-se um procedimento-chave para ataviar a prosa barroca. A sofística e o barroco guardam muito em comum: ambos surgem no cenário da cultura juntamente com a crise histórica e espiritual, marcada pelo descobrimento de um novo mundo (Oriente e América); com a irrupção de outros estratos sociais na vida pública, com o estudo do homem e da sociedade. Ambos convergem, igualmente, para o conhecimento de uma realidade humana instável, problemática e anti-heróica; ambos expressam seu gosto pela retórica e a eloqüência e já não se preocupam tanto com a essência do ser, mas primeiramente com a natureza. Períodos de grande desconfiança moral e conscientes da falsidade de suas formulações, buscam o triunfo dialético sobre o interlocutor (leitor) com argúcias e artificiosidades. Muitas vezes usados no sentido pejorativo, significaram momentos de grande experiência lúdica na cultura. Não se torna difícil estabelecer elementos ideológicos similares para a narrativa neobarroca hispano-americana (ver item 5), mas antes é necessário situar a amplificação das antigas poéticas no marco das teorizações estruturais sobre o esquema seqüencial da narrativa.

3.2. AMPLIFICAÇÃO E SINTAXE

Bremond, ao examinar a *Morfologia* de Propp para o conto popular russo propôs a generalização do método para outros tipos narrativos. Uma de suas postulações básicas é a das *fonctions-pivots*, ou nós diretivos do relato, que abrem possibilidades de bifurcações, ramificações e cruzamentos na sintagmática[10]. O narrador tem, assim, liberdade de escapar do trajeto unilinear da história e encaminhar-se por novas trilhas. Tal possibilidade lógica – a "vetorialidade" – constitui uma propriedade estrutural da mensagem narrativa. A livre promoção de funções pode ser resumida num esquema seqüencial simples de três funções (uma que abre, uma que realiza, uma que fecha o processo), cada uma capaz de abrir uma alternativa para a história[11].

a) situação que abre a possibilidade

9. E. Curtius, *op. cit.*, pp. 528-529.
10. Cl. Bremond, "Le message narratif", *Communications* n. 4, Paris, Du Seuil, 1964, p. 10.
11. *Idem*, p. 21: cf. também do mesmo autor, "La logique des possibles narratifs", *Communications* n. 8, Paris, Du Seuil, 1966, pp. 60-76.

ASPECTOS DO ENUNCIADO NARRATIVO NEOBARROCO 85

a1) atualização da possibilidade
a2) possibilidade não atualizada
b1) êxito
b2) fracasso

Toda a complexidade do relato é explicada pelas combinações de seqüências elementares (encadeamento, "ponta-a-ponta", encaixe, simultaneidade), cuja presença e variedade no texto registram o acúmulo de informação sobre os personagens ou sobre o mundo ficcional. Se o herói, por exemplo, é posto à prova (A), e nega-se a submeter-se a ela (B), a recusa constitui um índice importante de caracterização (vacilação, covardia, medo desconfiança etc.). Sintaticamente, (B) é um enunciado que amplifica a virtualidade aberta com (A), retardando (C).

O exemplo é um caso de distorção da sintagmática do relato, obtida por um ato do herói. Pode ocorrer outro tipo de desvio com a descrição: o herói aceitará a proposta da prova, mas o narrador detém a marcha dos acontecimentos, descrevendo o espaço, atributos ou outros elementos circunstanciais e acessórios da ação. Em ambos os casos, as anotações subsidiárias são, segundo a terminologia de Barthes, catálises – unidades consecutivas que entram em correlação com um núcleo (ou função cardinal) e cuja funcionalidade é atenuada, unilateral e parasitária, ou seja, puramente cronológica (zonas de repouso, de "luxo") e discursiva (acelera, atrasa, antecipa ou até desvia o relato). Mesmo que Barthes reconheça a indicialidade de tais expansões do relato, seus exemplos mostram que não passam de "recheios" e a significação que assumem é complementar, quase um ornamento do texto[12].

Em sua *Morfologia*, Propp mostrou-se sensível a essas unidades "antifuncionais", que não se encaixavam no esquema fabular russo de 31 funções de seqüência sempre idêntica. Duas modalidades dão conta dos efeitos que originam: os "elementos de enlace" que servem para preencher os espaços interfuncionais, sob a forma de informações que os personagens recebem, e que estabelecem a conexão das mais variadas funções do sistema. As "triplicações", segunda modalidade, servem para retardar o curso da ação e admitem duas espécies: a atributiva (três cabeças de dragão) e a funcional (repetição de certas funções, grupos e até séries de funções com ocasional efeito de crescendo ou oposição[13].

Tais modalidades, mesmo sendo variáveis com relação às constantes (funções) formam um certo cânone, devido à grande repetibilidade no conto popular. Mesmo que, *grosso modo*, a triplicação corresponda à amplificação que nos interessa, Propp somente refere-se, com esse termo, a um fenômeno de alteração da forma fundamental do

12. R. Barthes, "Introduction à l'analise structurale des récits", *idem*, pp. 10-11.
13. V. Propp, *Morphologie...*, *op. cit.*, pp. 86-91.

86 BARROCO E MODERNIDADE

conto de magia. No estudo complementar à *Morfologia*, também de 1928 ("As Transformações do Conto Maravilhoso"), o folclorista considera a amplificação como um recurso para aumentar a forma fundamental com detalhes novos que refletem, na maioria das vezes, a vida corrente. Oposto à redução, o exemplo da modificação por adjunção é dado pela descrição da moradia do doador no conto: "Cabana sobre pés de galinha, no bosque, sustentada por massas e coberta de bolos"[14].

Os dois segmentos finais amplificam o enunciado-matriz ("cabana... bosque"), mas Propp não analisa o significado da expansão atributiva (motivar as crianças-ouvintes?). Outra lacuna é um exemplo de amplificação funcional, que não implica na triplicação ou composição do sistema de informação do relato. Essa objeção levou Bremond a formular sua tese das *fonctions-pivots*, que já mencionamos. Entretanto, explica-se a omissão de Propp pela limitação do *corpus* examinado e pela perspectiva adotada na tipologia das alterações das formas fundamentais: interessam-lhe as variáveis estáveis e não as constantes.

Entre os estudiosos dessa questão narrativa, Genette foi o que mais se aprofundou graças ao exame de um texto barroco. Trata-se do *Moyse sauvé* de Saint-Amant, no qual reconheceu três tipos de amplificação ou modos de estender o relato: por desenvolvimento ou "intradiegéticas" (simples expansão que incha o relato, diluindo sua matéria e multiplicando seus detalhes e circunstâncias); por inserção ou diegéticas/metadiegéticas (um ou vários relatos são introduzidos no interior do primeiro relato, contados pelo narrador ou por um personagem); por intervenção ou "extradiegéticas" (um ou vários relatos são introduzidas no discurso através de invocações à Musa, intrusões para justificar mudanças, elipses, alterações etc. Além da preocupação em definir o estatuto narrativo (quem conta?) nos dois últimos tipos, Genette analisa o temário da matéria da amplificação relacionando-o com a diégese (universo espaço-temporal representado)[15]. Seus resultados analíticos conduzem às funções da amplificação ao nível sintagmático, o que tipifica a narratividade barroca: proliferação de episódios, ornamentos descritivos, multiplicação e jogo de níveis narrativos, ambigüidades e interferências no representado e sua representação, efeitos de síncope, fingimento de inconclusão, busca da forma aberta e da simetria etc.

As três teorias que resumimos revelam um enfoque unilateral do problema, devido à restrição do material examinado: Bremond esta interessado em um modelo lógico e abstrato de narrativa; Barthes no relato realista e popular, Propp no conto de magia e Genette em um relato do século XVII. Mesmo que este tenha obtido uma proposição

14. V. Propp, "Les transformations du conte merveilleux", *Morphologie...*, *op. cit.*, p. 185.

15. G. Genette, *op. cit.*, cf. pp. 196-203. ·

ASPECTOS DO ENUNCIADO NARRATIVO NEOBARROCO 87

mais complexa do problema, as funções que deduz não remetem ali à forma do conteúdo da narrativa.

Se o *corpus* passa a ser o texto romanesco produzido em uma cultura multifacetada que reelabora a tradição hispânica para ser, hoje, a somatória das experiências poéticas do ocidente, torna-se ineludível uma indagação sobre suas formas de expressão, correlatas a suas formas do conteúdo. A narrativa neobarroca hispano-americana complica a velha técnica da *amplificatio* no relato ao sobrecarregar as expansões do discurso com conotações e metaforização de seus enunciados que envolvem alta legibilidade. Nela, podemos constatar a presença de três modalidades de amplificação, que marcam a evolução e a ênfase do procedimento em nossa ficção neobarroca: amplificação por descrição; amplificação por relato; amplificação por paródia (total ou parcial).

Aqui somente nos ocuparemos das duas primeiras, reservando a última para outra oportunidade.

3.3. AMPLIFICAÇÃO POR DESCRIÇÃO

Esta é a a modalidade mais simples e freqüente do aumento vertical da matéria do discurso e que produz um alargamento da formulação lingüística. Corresponde a uma expansão de um núcleo funcional, com o qual guarda uma relação de consecução no processo de segmentação do relato. Diferentemente da narrativa realista (na acepção histórica do termo), que usa a descrição como um espaço vazio, uma pausa redundante e decorativa do texto[16], a narrativa neobarroca a utilizará para descartar os vazios e a referencialidade extratextual. Segundo Hatzfeld, o barroco literário assegurou o princípio de unificação dos detalhes da ação épica ou dramática, no que pese o caos aparente da complicação da intriga ("uma ordem desordenada"), ocasionando a "confusa claridade" de que fala Wölfflin[17]. A narrativa neobarroca vai mais além da mera integração e busca de coerência da totalidade exagerando o processo de sentido do relato.

Em *Tres Tristes Tigres* há preciosos exemplos disso, como a descrição da rumba dançada no cabaré na hora do *chaucito*. Códac, o

16. Ph. Hamon propôs as seguintes funções da descrição na narrativa realista: a) demarcativa (estabelece as divisões do enunciado); b) dilatória (atrasa um desenlace esperado); c) decorativa (integra-se num sistema estético-retórico pelo "efeito do real"); d) organizadora (assegura a concatenação lógica e a previsibilidade do relato); e) focalizadora (informa sobre os personagens). Cf. "Qu'est-ce qu'une description?", *Poétique*, Paris, Du Seuil, n. 12, 1972, pp. 473 e 484. Genette também postula duas funções para a descrição: a decorativa e a explicativo-simbólica. Cf. "Frontières du récit", em seu *Figures II, op. cit.*, pp. 58-59.

17. H. Hatzfeld, "El estilo barroco literario en las obras maestras", em seus *Estudios sobre el barroco, op. cit.*, pp. 131-135.

88 BARROCO E MODERNIDADE

fotógrafo, é a voz narrativa que expande os núcleos (substantivos, adjetivos, verbos) da frase. A amplificação (atributiva) tensiona e erotiza o ritmo do enunciado para reproduzir, isomorficamente, o ritmo da rumbeira:

> [...] y daba unos pasillos raros, con su cuerpo tremendo y alargaba una pierna sepia, tierra ahora, chocolate ahora, tabaco ahora, azúcar, prieta ahora, canela ahora, brillante por el sudor, tersa por el baile, en este momento dejando que la falda subiese por las rodillas redondas y pullidas y sepia y canela y tabaco y café y miel, sobre los muslos largos, llenos, arriba a un lado, al otro, isquierda y derecha, atrás de nuevo... etc.[18]

No capítulo "Rompecabezas", Cabrera Infante nos oferece uma notável *performance* lingüística ao amplificar algumas matrizes verbais (Bustro, Rine) que respondem à pergunta: "Quem era Bustrófedon? Quem foi quem será quem é Bustrófedon?" O enigmático chefe do clã dos "bustrófalos" é qualificado por uma linguagem que descondiciona a leitura. A codificação metaplástica que opera sobre os nomes de seus amigos registra a mesma espiral que o define ("Ele era todos e todos eram ele"): o jogo parte da matriz Bustro, salta para Rine, que se transforma en Rono, Bono, Buono, Busno, Busto para retornar a Brustro (cf. pp. 207-208).

Da abundância de exemplos que oferece a obra de Alejo Carpentier, selecionamos um para ilustrar outros fins do procedimento. No capítulo I de *Los Pasos Perdidos*, o protagonista faz com o reitor da universidade um contrato (inicialmente fraudulento), obrigando-se à busca de certos instrumentos musicais aborígenes na selva. Ao relato da fábula da viagem "real" (deslocamentos espaciais gradativos ao mundo americano) superpõe-se o da viagem maravilhosa: o personagem viaja pelo tempo; cada lugar, cidade ou aldeia indicia uma época da humanidade: o século XX (local de onde parte) é sucedido pelo século XIX (cidade do Sul onde chega), sucessivamente até o grau zero da história, a Gênese. Esta viagem dupla é antecipada por uma amplificação do núcleo funcional "contrato": antes de partir o herói percorre o museu da universidade (viagem "real"), onde as obras possibilitam ao contemplador a mesma viagem pelo tempo (viagem "maravilhosa"). Cada pintura, escultura ou objeto representa um período da história, desde o impressionismo até "los confines del hombre"[19]. O próprio retorno do herói à civilização (cap. VI) é representada nessa viagem simulada ("El Cronos de Goya me devolvió a la época..."), assim como o desenlace do romance, a perda definitiva dos "passos" para a selva ("añoraba – como por haberlos conocido – ciertos modos de vivir que el hombre había perdido para siempre").

---

18. B. Cabrera Infante, *Tres Tristes Tigres*, 3. ed., Barcelona, Seix Barral, 1967, p. 66.
19. A. Carpentier, *Los pasos perdidos*, 2. ed., Montevidéu, Arca, 1968, pp. 36-37.

ASPECTOS DO ENUNCIADO NARRATIVO NEOBARROCO 89

O enunciado amplificador é uma descrição cujo papel na economia geral do relato está longe de ser um ornamento, uma recreação do texto, um luxo descartável. Semiologicamente ele se promove à função narrativa pela equivalência semântica com todo o romance. Simulacro, espelho do relato, abismo ou metáfora: reflete, miniaturiza e deforma, barrocamente, os feixes da significação do texto e até envolve uma fantástica inversão das fronteiras narrativas: os acontecimentos que o sucedem são, na realidade, uma amplificação de seu breve enunciado.

3.4. AMPLIFICAÇÃO POR RELATO

Neste caso, o enunciado amplificador abandona o modo descritivo pela narração[20], a espécie pela categoria. À mudança qualitativa agrega-se a quantitativa: mais que expansão de um núcleo, é já plena distorção da vetorialidade do relato, hiato acentuado, corte no sintagma. Se na amplificação por descrição alongava-se o núcleo funcional e mantinha-se seu personagem, espaço e tempo, o relato-dentro-do-relato os substituirá por outros (ou alguns deles). Por isso seu conteúdo é autônomo, configurando uma espécie de bloco destacável, cuja vinculação ao texto contíguo é difusa.

Sua introdução podé ser mais ou menos livre, segundo a programação da obra. Em *Tres Tristes Tigres*, "novela de voces", os relatos se justapõem, sem restrições, ao relato-núcleo (a história de Estrella, contada por Códac). As vozes vão entrando no texto para compor uma rapsódia heterogênea e aberta à inserção de novos relatos.

As possibilidades modernas de explorar o procedimento são múltiplas. Queremos focalizar, no entanto, a modalidade de amplificação por relato mais próxima ao modelo clássico do barroco, em um conto de Jorge Luís Borges, "El milagro secreto". Para começar, a inserção do relato amplificador (o relato no relato) obedece ao princípio da verossimilhança na qualificação do herói. Ou seja, o narrador introduz o relato para explicar o atributo central do protagonista Jaromir Hladík: motiva sua introdução pelos atributos de Jaromir Hladík: ele é um escritor condenado à morte, cuja obra maior é um drama, *Los enemigos*, esboçado no conto, dentro do grande enunciado amplificador "espera", consecutivo à "prisão" e antecedente à "execução". Sem nos determos na análise detalhada do conto, passemos ao que é perti-

---

20. Segundo Genette, são imprecisas as fronteiras entre narração e descrição. Esta é um modo ou aspecto da diégese (representação indireta e imperfeita, oposta à mimese, para Platão) – que é mimese, diz Genette, porque a imitação perfeita já não é imitação, é a coisa mesma, logo "a única imitação é a imperfeita". Cf. "Frontières...", *op. cit.*, pp. 56 e 61.

90 BARROCO E MODERNIDADE

nente à nossa exposição: a estrutura homóloga dos dois relatos[21]. Sejam X o conto e Y o drama:

A. UNIDADES DE NÍVEL SINTAGMÁTICO:

x1: três seqüências
y1: três atos
x2: chegada do Terceiro Reich
   prisão do "conspirador", Hladík
   espera (com o delírio circular das mortes imaginárias)
y2: chegada dos inimigos secretos; Roemerstadt mata um conspirador;
   delírio circular de Roemerstadt / Kubin
x3: unidade de tempo, lugar e ação (Praga, ano de 1939, trama nazista)
y3: *idem* (Hradcany, 1899, trama de inimigos)
x4: o desenlace coincide com o término do drama
y4: o desenlace coincide com o término do conto
x5: marcação temporal da primeira seqüência: o entardecer
y5: marcação temporal do primeiro ato: às sete da tarde

B. UNIDADES DE NÍVEL SEMÂNTICO

x6: o sobrenome materno de Jaromir é Jaroslavski
y6: uma das personagens é Jaroslav Kubin (quem se identificará com
   Roemerstadt)
x7: Julius Rothe, chefe nazista a quem Hladík importunou com seu
   sangue judeu e sua obra judaizante
y7: Julia de Weideneau, a quem Jaroslav Kubin importunou com seu
   amor
x8: a invasão nazista como uma tragédia na Tchecoslováquia
y8: a "apaixonada e reconhecível música húngara" é um signo
   demarcador das cenas trágicas do drama
x9: Hladík sonha com um "vasto xadrez" que profetiza sua prisão
y9: Roemerstadt viu seus inimigos num sonho[22]
x10: o conto relata o fundamental da vida de Hladík

---

21. Utilizamos o texto de *Ficciones*, 4. ed., Buenos Aires, Emecé, 1965, pp. 159-168. Designaremos a ambos, conto e drama, como "relato" aqui entendido como um duplo discurso: o do significante (o "contante") e o do significado (o "contado" ou conjunto de acontecimentos reais ou fictícios), cujas relações definem o signo narrativo; reservaremos "narração" para o ato produtor do relato. Para um esclarecimento dos termos vide: Genette, "Discours du récit", em seu *Figures III*, Paris, Du Seuil , 1972, pp. 71-72; Dubois *et alii*, *Rhétorique Génerale*, Paris, Larousse, 1970, p. 172.

22. Observe-se que o conteúdo do sonho é brevemente mencionado no resumo do drama, o que obriga ao leitor a retroceder ao início onde o sonho é descrito em detalhe.

ASPECTOS DO ENUNCIADO NARRATIVO NEOBARROCO   91

y10: o drama resgata, "de maneira simbólica" o fundamental da vida
de Hladík
x11: tema fantástico: detenção do tempo
y11: tema fantástico: o duplo
x12: a estruturação e citações refletem a preocupação do narrador
(Borges) pela "literatura" (desde o suspense criado pela
cronometria dos fatos, até o sonho na biblioteca)
y12: "o problemático exercício da literatura" constituía a vida de Hladík

C. UNIDADES DE NÍVEL NARRACIONAL:

Se aplicamos o esquema de comunicação narrativa aos dois relatos do conto teremos dois narradores: N1 (Borges, narrador do conto) e N2 (Hladík, narrador do drama). Teremos, igualmente, dois narratarios: R1 (o leitor do conto) e R2 (o espectador do drama).

Se consideramos a evidência do jogo especular entre os dois relatos X e Y (com a correspondencia das unidades x1\ y1, x2\y2 etc.); o mesmo jogo especular no plano narracional (Borges é o narrador de X e Y; é narratário de Y; o leitor é narratário de X e Y; Hladík é narrador e ator etc.; o jogo de permutações nos papéis narrativos cria a "vertigem barroca": o leitor é espectador; o conto é o drama. E ainda mais: Borges é Hladík que é Roemerstadt que é Kubin.

Aqui, a ordem de fora para dentro dos relatos mostra a "construção em abismo", análoga ao que Wölfflin denominou como "ponto de vista pictórico" da arte barroca. O jogo de espelhos, que os franceses denominam *mise-en-abîme*[23] opõe-se à "visão linear" do Renascimento, com a profundidade e multiplicidade que geram o espaço textual. São numerosos e muito conhecidos os exemplos na literatura universal; na narrativa neobarroca hispano-americana podemos apontar os seguintes: *Sobre héroes y tumbas* (no capítulo "Informe sobre ciegos") de Ernesto Sábato; *El jardín de senderos que se bifurcan* (o romance labiríntico de T'sui Pên) de Borges; *Grande Sertão: Veredas* (com as estórias contadas por Riobaldo), de Guimarães Rosa; *Boquitas pintadas* (o radioteatro *El capitán herido*), de Manuel Puig; *Cien años de soledad*, de García Márquez etc. Neste último o relato que está dentro do relato é o manuscrito cifrado do cigano alquimista Melquíades (metáfora do romance que o contém), que Aureliano último conseguirá descodificar após cometer o incesto, cumprindo assim amaldição programada desde o início do relato. Como Édipo, Aureliano, ao ler, conhece o enigma de seu destino e de sua identidade[24]. É a Borges a

23. Expressão proposta por André Gide para designar o centro de um escudo de brasão que simulava outro escudo, numa reprodução infinita e em perspectiva; somente depois a locução se aplicou à representação do narrador pelo personagem.

24. Cf. J. Ludmer, *Cien años de soledad: una interpretación*, Buenos Aires, Tiempo contemporáneo, 1972; neste brilhante estudo a A. aproveita para relacionar a leitura

92   BARROCO E MODERNIDADE

quem devemos a explicação mais convincente sobre o sentido dos textos que se espelham (mas sem relacioná-lo explicitamente com o barroco):

si los caracteres de una ficción pueden ser lectores, espectadores, nosotros, sus lectores o espectadores, podemos ser ficticios[25].

5. As modalidades de amplificação mostram as funções metafórica e metalingüística que o enunciado amplificador pode exercer com relação ao discurso que o envolve. Do ponto de vista ideológico, basta assinalar que a mensagem narrativa, ao emergir como "ficcionalidade do homem / tempo", torna-se uma prospecção crítica do enigma de identidade, ou seja, aquela "angustia ontológica del criollo", de que nos fala Uslar-Pietri e que por razões históricas padecemos os latino-americanos. Esse referente extralingüístico – que não é uma "coisa", mas uma unidade cultural em forma de discurso – representa-se em nossa ficção através de um ou de vários os aspectos do discurso: *verbal* (com a deformação do significante fônico / gráfico, a invenção lexical etc.); *sintático* (distorção da sintagmática pela amplificação); *semântico* (contorcimento da relação signo-referente); *narracional* (hiperbolização da auto-referencialidade ou desmascaramento do narrador / explicitação do metatexto).

"Nuestro arte siempre fue barroco" – disse Carpentier – e poderíamos acrescentar que nosso barroco tendeu à proliferação das formas, mas nunca como um amontoado caótico de signos vazios e sim como exageros barrocos que constituem o substrato da rebelião lúdica e que marcam o trabalho poético na América Latina. Lezama Lima diz que o barroco americano se distingue do europeu pela sua "tensão" e "plutonismo", verdadeiros fundamentos de sua qualidade poética. O "impulso volcado hacia la forma en busca de la finalidad de su símbolo" e o "fuego originario que rompe los fragmentos y los unifica"[26] são o signo do barroco hispano-incaico e hispano-negróide. Barroca definição do que perseguimos neste trabalho, a correlação entre as técnicas de distorção da sintaxe com a mensagem narrativa, o isomorfismo entre os planos da expressão e do conteúdo.

cabalística do romance com o barroco, a partir de uma perspectiva simbólica, diferente da nossa (cf. pp. 144-146).

25. J. L. Borges, "Magias parciales del Quijote", *Otras Inquisiciones*, 2. ed., Buenos Aires, Emecé, 1964, pp. 68-69.

26. J. Lezama Lima, *La expresión americana,* Santiago de Chile, ed. Universitaria, 1969, pp. 34-36.

4. Narração e Metalinguagem em Grande Sertão: Veredas

Grande Sertão: Veredas apresenta características especiais no nível da narração que o singularizam na literatura brasileira. Nesse romance, a comunicação narrativa, articulada sobre um doador e um destinatário, alcança um tão extraordinário grau de realização artística que, não seria demais dizer, representa a integração de experiências de narração da ficção universal.

Neste trabalho nos propomos investigar os problemas da emissão e recepção do relato, operando sobre dois códigos de significantes: como o narrador vê sua história e como o leitor percebe a história narrada. Quanto ao primeiro, nos pareceu relevante coordená-lo com a metalinguagem do narrador Riobaldo, ou seja, como o narrador diz que vê sua história. No segundo código, será preciso mostrar como o leitor é significado ao longo do relato. O estudo do nível narracional se ocupa, pois, como diz Roland Barthes em sua teoria narrativa, "dos signos de narratividade, conjunto de operadores que reintegram funções e ações na comunicação narrativa"[1].

O ponto de partida é saber quem narra no *Grande Sertão*. Isto é aparentemente fácil: é Riobaldo, um personagem da história relatada. Mas é preciso qualificar este narrador e diferenciá-lo do autor.

1. Quem emite o relato não é uma "pessoa", no sentido psicológico do termo, e não se confunde com o autor. O romance não é a "expressão" de um "eu" exterior;
2. Como os personagens, o narrador é um ser de papel;

---

1. Roland Barthes, "Introduction à l'analyse structurale des récits", *in Communications* n. 8, Paris, Seuil, 1966, p. 21.

94 BARROCO E MODERNIDADE

3. Os signos desse narrador são acessíveis a uma análise semiológica, já que ele é uma "pessoa lingüística". O que interessa é sua *performance*, o ato de locução, a lexis.

4.1. O CÓDIGO DO NARRADOR

4.1.1. *Aspectos do Relato (Signos do Narrador)*

O sistema de narratividade predominante no *Grande Sertão* é, sem dúvida, o signo pessoal (eu). Dissemos predominante e não exclusivo, porque há seqüências que contêm a não-pessoa (ele), como no Julgamento de Zé Bebelo. Ali o discurso é direto e indireto, alternadamente, e, quando indireto, o narrador é mais observador que atuante.

Há ainda outro aspecto dessa pessoalidade que deve ser levado em conta: ao ser memorialístico, o relato distancia o narrador do ator dos acontecimentos. A atual situação do narrador é informada no relato, na instância do presente da locução. Riobaldo-narrador está velho[2] e reumático (p. 23), quase barranqueiro (p. 469) e pratica tiro ao alvo para se distrair (p. 9). Considera-se um homem ignorante (pp. 152 e 234), mas rende tributo à sabedoria do compadre Quelemém (pp. 152 e 348) e à instrução do seu interlocutor (pp. 22, 49, 78, 178). Costuma falar pouco, gosta de pensar e repensar (p. 234) e as recordações preenchem seu existir (p. 341). Está bem casado com uma senhora chamada Otacília (p. 457), mas não se refere a filhos; nutre por sua esposa uma "amizade de afeto" (p. 394) e se vangloria: "Consegui o pensar direito: penso como um rio tanto anda: que as árvores da beirada mal nem vejo..." (p. 260). A religião lhe é uma espécie de solaz: "Reza é que sara da loucura [...]. Muita religião, seu moço! Eu cá, não perco ocasião de religião. Aproveito de todas. Bebo água de todo rio... Uma só para mim é pouca, talvez não me chegue" (p. 15). Tem muitas dúvidas e, talvez, uma só grande certeza: viver é muito perigoso. Desfruta de vida tranqüila, no "range rede" (p. 11) ou na sua cadeira de espreguiçar (é sentado nela que conta sua história ao doutor), grandalhona, que é "das de Carinhanha" (p. 234) e pouco pretende já: "Hoje eu quero é a fé, mais a bondade [...] eu, não me serve cheirar a poeira do cogulo – mais quero mexer com minhas mãos e ir ver recrescer a massa... Outra razão, outros tempos" (p. 412).

Esta objetivação do passado é estruturada através de um artifício muito eficaz, que é a colocação de uma narrativa-moldura[3] que encerra

---

2. J. Guimarães Rosa, *Grande Sertão: Veredas*, 6. ed., Rio de Janeiro, José Olympio, 1968, p. 260. (As indicações de páginas remeterão a essa edição.)
3. W. Kayser fala de "narrativa enquadrada" (*Rahmenerzählung*), cuja função – segundo ele – é de dar credibilidade aos fatos narrados e intensificar a situação primi-

NARRAÇÃO E METALINGUAGEM EM *GRANDE SERTÃO...* 95

a história contada. E isto tem importante conseqüência para a percepção de leitura: se esta se dá ao nível dos acontecimentos em si, há pessoalidade do narrador, mas se se dá ao nível do presente da narração, objetivado o ator, prevalece a a-pessoalidade[4]. Por esta razão podemos afirmar que o *Grande Sertão* é um relato onde se misturam os sistemas de narratividade, segundo a perspectiva do leitor, móvel pelos próprios elementos significantes da obra.

Segundo Kayser, uma "situação épica primitiva" implica uma tríade formada pelo narrador, matéria narrada e público[5] e "atitude narrativa" é a "relação do narrador com o público e com a matéria narrada"[6]. Barthes retoma a idéia, definindo a "situação de relato" como "um conjunto de protocolos segundo os quais se consuma o relato"[7]. Apesar de admitir que o narrador é *conditio sine qua non* de toda literatura épica e que as atitudes narrativas são bem diferenciadas na prosa, Kayser não crê na eficácia de uma tipologia delas para uma teoria dos gêneros épicos (e o justifica através de uma fórmula vaga: "Pois a Épica patenteia 'mundo' "[8]. No entanto, qualquer esforço em admitir-se o elemento épico no *Grande Sertão* esbarra com o problema da narração. Nele está representada a situação de relato, ao contrário de muita narrativa contemporânea, que procura disfarçar o código narracional[9] e, como em toda narrativa, o nível narracional coroa os níveis anteriores, fecha o relato e contém a metalinguagem dessa mesma narrativa[10]. Só que no *Grande Sertão* esta metalinguagem não é implícita, indiciada, mas explícita e clara, oferecida pela polarização presente/passado e conduzida pelo narrador na avaliação que faz do seu ato de locução.

Ora, se o narrado na épica se apresenta como imutável e fixo[11], esta avaliação altera a "pureza" do *aoristos*, que é a melhor expressão

---

tiva de todas as narrativas (d. W. Kayser, *Análise e Interpretação da Obra Literária*, 2. ed., vol. 1, Coimbra, Armenio Amado, 1958, 2. ed., p. 311).

4. Cf. item 3.2 neste trabalho.

5. Cf. *op.cit.*, t. I, pp. 310 e 316 e t. II, p. 243.

6. *Idem*, t. I, p. 316.

7. *Op. cit.*, p. 22.

8. *Op. cit.*, t. II, p. 246.

9. Com isto se reforça a atmosfera "medievalesca" ou "antiga" do *Grande Sertão* – tão estudada já ao nível dos personagens e acontecimentos pela crítica rosiana. É próprio das sociedades arcaicas a forte codificação do relato – nos informa R. Barthes, que acrescenta: "Mais pour le courant, notre société escamote aussi soigneusement que possible le codage de la situation de récit [...]. La répugnance à afficher ses codes marque la société bourgeoise et la culture de masse qui en est issue: à l'une et à l'autre il faut des signes qui n'aient pas l'air de signes" (*op. cit.*, p. 22). O código narracional do *GSV* está próximo assim de relatos como o *Decamerone* de Boccaccio, *Canterbury Tales* de Chaucer, ou *As Mil e uma Noites*.

10. R. Barthes, *op. cit.*, p. 22.

11. Cf. Kayser, *op. cit.*, t. II, p. 243.

96 BARROCO E MODERNIDADE

lingüística do épico[12], fazendo-o mutável e móvel. Ainda que possamos estabelecer vários elementos de identificação do *Grande Sertão* com a Épica (independência de certos fragmentos, o evento que dá direção ao relato, a personagem fulcral à qual os acontecimentos se subordinam, a amplitude do espaço etc.), a pessoalidade da narração impede a elevação de Riobaldo para as alturas do rapsodo. Embora não haja particularidade do mundo do relato (o sertão é um "cosmos"), nem particularidade do leitor (os valores da obra são universais), – contudo o tom é particular – e isto volatiliza o elemento épico do *Grande Sertão*.

A representação da situação de relato, com o enfrentamento narrador/interlocutor, destrói a necessária distância exigida pela Épica. Riobaldo-narrador assume uma franca atitude da confissão e nem remotamente faz o papel de intermediário das Musas, ou se conduz com a solenidade homérica.

4.1.2. *Um Protocolo de Apresentação: a Narrativa-Moldura*

Dissemos que o *Grande Sertão* representa a sua situação de relato. Com efeito, existe uma situação dada pelo inter-relacionamento de personagens, relações mútuas espacial e temporalmente configuradas, que é a seguinte: um ex-jagunço chamado Riobaldo, ao contar a história de sua vida (como jagunço de vários chefes e ele próprio como chefe) e seus amores, a um "doutor" da cidade, a quem hospeda em sua casa por três dias, indaga-se a respeito da existência do demônio e solicita a este que o ajude na resposta. Pode-se figurar a imagem de um quadro, cuja tela fosse a história contada por Riobaldo e cuja moldura fosse constituída pela conversa entre Riobaldo e o Doutor. Os componentes de cada uma dessas narrativas são nítidos e podemos esquematizá-los da seguinte maneira:

Narrativa "A"

1. Ação: história da vida do jagunço Riobaldo;
2. Personagens: Riobaldo, Diadorim, Zé Bebelo, Medeiro, Vaz, Joca Ramiro etc.
3. Tempo representado: vários anos – do encontro com o menino Reinaldo, às margens do Rio São Francisco, até a morte de Diadorim.
4. Espaço representado: o sertão (com especificação de vários lugares).
5. Tempo verbal: pretérito (imperfeito e perfeito).
6 . Tipo de discurso: indireto.

---

12. "El tema de la épica es el pasado como tal pasado: háblasenos en ella de un mundo que fue y concluyó" (J. Ortega y Gasset, "Meditaciones sobre el Quijote", *Obras de J. Ortega y Gasset*, 3. ed., Madri, Espasa-Calpe, 1943, p. 55.

NARRAÇÃO E METALINGUAGEM EM *GRANDE SERTÃO...* 97

Narrativa "B"

1. Ação: o contar de certos acontecimentos vividos por um jagunço.
2. Personagens: o velho Riobaldo e um doutor da cidade.
3. Tempo representado: três dias (igual ao tempo da locução de A.1.).
4. Espaço representado: a casa de Riobaldo.
5. Tempo verbal: presente.
6. Tipo de discurso: direto.

A narrativa "B" contém "A" e confrontando-as se vê que são diferentes quanto à situação narrativa. Segundo Stanzel, haveria duas, portanto dois tipos de romance[13]:

"A" – situação narrativa do "eu": identificam-se o eu-narrador com o eu que vive a experiência, mas distanciam-se temporalmente (romance de primeira pessoa).

"B" – situação narrativa pessoal: a representação é cênica, fixando-se o *hic et nunc* dos personagens (romance de personagem).

Examinemos um modelo no romance da montagem das duas situações e as *performances* narrativas em cada uma:

> Mas eu olhava esse menino, com um prazer de companhia, como nunca por ninguém eu não tinha sentido. Achava que ele era muito diferente, gostei daquelas finas feições, a voz mesma, muito leve, muito aprazível [...]. Fui recebendo em mim um desejo de que ele não fosse mais embora, mas ficasse, sobre as horas, e assim como estava sendo, sem parolagem miúda, sem brincadeira – só meu companheiro amigo desconhecido. Escondido enrolei minha sacola, aí tanto, mesmo em fé de promessa, tive vergonha de estar esmolando. Mas ele apreciava o trabalho dos homens, chamando para eles meu olhar, com um jeito de siso. Senti, modo meu de menino, que ele também se simpatizava a já comigo (p. 81).

Esta passagem da história corresponde ao grau zero do sistema temporal representado nela: é o primeiro encontro de Riobaldo com o menino Reinaldo, às margens do Rio São Francisco. A situação narrativa é francamente de primeira pessoa (o narrador e a personagem se identificam, mas não se confundem), com os indicadores: eu, me, mim, meu, minha, comigo; a modalização expressa a não-onisciência ("senti que", "achava que..."); só há ciência no âmbito do "eu", com verbos de estados interiores: sentir, achar, gostar, desejar, envergonhar-se. Todorov observa que nos relatos que dizem "eu", há um "sujeito da enunciação enunciado", que se intercala entre o "ele" e o "eu" ("me") e que os submerge, sem destrui-los. Em "eu olhava", por exemplo, esse "eu"

---

13. Respectivamente "Die Ich Erzählsituation" e "Die Personale Erzählsituation". F. K. Stanzel, *Typische Formen des Romans*, Götlingen, Van der Koek en Ruprecht, 1964, p. 16, *apud* F. van Rossum-Guyon, "Point de vue ou perspective narrative", *Poétique* n. 4, Paris, Seuil, 1970, p. 488.

98 BARROCO E MODERNIDADE

que olhava não é o mesmo que o que enuncia. "Eu não reduz dois a um, mas converte a dois em três."[14]

O trecho transcrito acima é seguido da descrição dos aconteci-mentos da travessia do rio para, uma vez completada a apresentação dos fatos, ser sucedida pela avaliação atual dos mesmos:

> Agora, que o senhor ouviu, perguntas faço. Por que foi que eu precisei de encon-trar aquele Menino? Toleima, eu sei. Dou, de. O senhor não me responda. [...] Mas onde é a bobice a qualquer resposta, é aí que a pergunta se pergunta. Por que foi que eu conheci aquele Menino? O senhor não conheceu, compadre meu Quelemém não co-nheceu, milhões de milhares de pessoas não conheceram. O senhor pense outra vez, repense o bem pensado: para que foi que eu tive de atravessar o rio, defronte com o Menino? [...] Mas, para quê? por quê [...] Deveras se vê que o viver da gente não é tão cerzidinho assim? [...] Ao quê? Não me dê, dês. Mais hoje mais amanhã, quer ver que o senhor põe uma resposta. Assim, o senhor já me compraz. Agora pelo jeito de ficar calado alto, eu vejo que o senhor me divulga (pp. 86-87).

Aqui, um exemplo da segunda narrativa. A narração abandona o pretérito e fixa o presente. Se diz ali "agora" e, como no exemplo de "A", dois personagens se enfrentam: o narrador e um "senhor" a quem propõe uma questão mas não deixa responder. Contudo a forma monológica é apenas uma aparência, já que o interlocutor dá uma resposta de assentimento a "O senhor não me responda" e os seus signos serão dados pelo locutor da mensagem no decorrer do diálogo (veja-se mais adiante 4.3.1). A narração feita pelo modo dramático registra atos, gestos e palavras dos participantes da cena, mostrando-os, sem mediação. Outro aspecto é ainda notável: a narrativa "A" apa-rece em relação de subordinação à narrativa "B". Desde a primeira página do romance, "B" não tem autonomia, é dependente dessa prin-cipal que lhe antecede (o que não significa que tenha mais "valor"). Lingüisticamente diríamos que não há equivalência entre elas, mas dependência, onde "A" é o núcleo subordinante, oração principal e "B", seu complemento, oração subordinada ou acessória. A própria articulação sintagmática da narrativa coloca "B" sempre como conse-cutiva e conseqüente de "A".

A narrativa que denominamos "B" é a situação de relato. Numa primeira instância ela é uma análise dos acontecimentos relatados em "A", para ser depois um balanço da atual situação do narrador. Seman-ticamente "B" se apresenta, em relação ao núcleo, como dedução, con-clusão, generalização, indagação, explicação etc. Mas esta moldura ganha mais um estrato, se destacamos da avaliação do fato a avaliação do ato (de narrar). A crítica rosiana desde sempre tem atentado para essa especial característica do romance: Cavalcanti Proença propôs

---

14. T. Todorov, "Poética", *in* O. Ducrot *et alii*, *¿Qué es el estructuralismo?*, trad. R. Pochtar e A. Pirk, Buenos Aires, Losada, 1971, pp. 125-116.

NARRAÇÃO E METALINGUAGEM EM *GRANDE SERTÃO...* 99

uma divisão em plano objetivo e subjetivo[15] e José Carlos Garbuglio em sua tese de livre-docência[16] distingue três planos – o do enredo ou história; o da análise dos acontecimentos; o da análise do processo narrativo. Queremos aqui acrescentar algumas considerações sobre esta divisão para abrir caminho ao problema que nos interessa: a visão crítica do narrador sobre o ato de narrar.

Assim, admitindo níveis da narrativa "B", podemos formular:

A – apresentação dos acontecimentos (pretérito).

B – representação do diálogo; subdivide-se em:

B1 – avaliação do acontecimento relatado em "A" (o passado)

B2 – avaliação da vida atual do narrador e da condição humana (o presente)

B3 – avaliação do ato de narrar (o presente em progressão)

Com o exemplo de uma passagem, podemos explicar melhor a articulação dos níveis:

A – Desistir de Diadorim,

B3 – foi o que eu falei? Digo, desdigo. Pode até ser, por meu desmazelo de contar, o senhor esteja crendo que, no arrancho do acampo, eu pouco visse Diadorim, amizade nossa padecesse de descuido ou míngua. O engano. Tudo em contra.

A – Diadorim e eu, a gente parava em som de voz a alcance dos olhos, constante um não muito longe do outro. De manhã à noite, a afeição nossa era duma cor e duma peça. Diadorim, sempre atencioso, esmarte, correto em seu bom proceder. Tão certo de si, ele repousava qualquer mau ânimo.

B3 – Por que é, então, que eu salto isso, em resumo, como não devia de, nesta conversa minha abreviã? Veja o senhor, o que é muito e mil: estou errando. Estivesse contando ao senhor, por tudo, somente o que Diadorim viveu presente em mim, o tempo em repetido igual. Trivial – assim era que eu explicava ao senhor aquela verdadeira situação de minha vida. Por que é, então, que eu deixo de lado?

B2 – Acho que o espírito da gente é cavalo que escolhe estrada: quando ruma para a tristeza e morte, vai não vendo o que é bonito e bom. Seja?

B3 – E aquele Garanço, olhe: o que eu dele disse, de bondade e amizade, não foi estrito.

B1 – Sei que, naquela vez, não senti. Só senti e achei foi em recordação,

B2 – que descobri, depois, muitos anos.

---

15. Cavalcanti M. Proença, *Trilhas do Grande Sertão*, Rio de Janeiro, Cadernos de Cultura, Ministério de Educação e Cultura, 1958.

16. Apresentada na FFLCH da USP, em 1970 e em vias de publicação pela Ática, São Paulo, com o título: *O Mundo Movente de Guimarães Rosa*. O que extraímos é da tese mimeografada, subcapítulo "O Duplo Aspecto das Coisas".

100   BARROCO E MODERNIDADE

B1 – Coitado do Garanço,
A – ele queria relatar, me falava: – "Fui almocreve, no Serém. Tive três filhos..." etc. (pp. 143-144).

A combinação destes níveis não se faz por alternância, pois não se dá a mera interrupção de um para ocorrer o outro e, é óbvio, não há um modelo de repetição (tipo A > B1 > B2 > B3 > A etc.); tampouco há coordenação[17], pois não existe pura justaposição dos níveis. Há, sim, *encaixamento*, já que a relação sintática é de subordinação (o núcleo é sempre A para B1 e B2, mas para B3 pode ser qualquer núcleo e mais de um ao mesmo tempo) e temos a inclusão de uma história dentro da outra, da mesma forma como Todorov observou para as *Mil e uma Noites*, cujos contos são encaixados no conto sobre Sherazade[18]. Podemos dizer ainda que cada vez que ocorre A se abre uma combinatória. No exemplo citado há dois tipos de combinação apenas. Quantos haveria em todo o romance? Impossível sabê-lo por cálculos matemáticos (o número de níveis combinados com A é variado). O importante é saber que o *princípio de relação* entre eles, que apontamos acima, se mantém por todo o romance.

4.1.3. *A Oralidade do Discurso de Riobaldo*

Já se observou que *GSV* não é um fluxo da consciência, pois o diálogo instaura a "objetivação das relações por meio da língua falada"[19]. Ao ser *fluxo oral*, afasta-se do irracionalismo dos estados préconscientes para ser linguagem da consciência-formulada – e cujo sentido brota da seqüência dos segmentos[20]. Essa oralidade, conquanto se expressa, de imediato, no primeiro signo tipográfico do romance, abrindo a representação da fala, vai muito além dele e consta de toda a metalinguagem de Riobaldo. Assim o seu ato de narrar é sempre referido como uma *fala*:

> Ai, arre, mas que esta minha boca não tem ordem nenhuma. (p. 19)
> Bom, ia falando:... (p. 20)
> Se eu estou falando às flautas... (p. 49)
> Eu sei que isto que estou dizendo... (p. 78)
> Agora que o senhor ouviu... (p. 86)
> Desculpa me dê o senhor, sei que estou falando... (p. 112)

17. A coordenação a que nos referimos, não custa insistir, é entre grandes unidades do relato; ainda que entre as orações prevaleça tal processo, a regra de combinação dos níveis só faz negá-la.

18. T. Todorov, "Les catégories du récit littéraire", *in Communications* n. 8, Paris, Seuil, 1966, p. 140.

19. Roberto Schwarz, "*Grande-Sertão*: a Fala", *A Sereia e o Desconfiado*, Rio de Janeiro, Civilização Brasileira, 1965, p. 75.

20. *Idem*, p. 25.

NARRAÇÃO E METALINGUAGEM EM *GRANDE SERTÃO*... 101

[...] o que eu falei foi exato? (p. 142)
[...] nesta conversa minha abreviã? (p. 143)
De tudo não falo. (p. 166)
[...] o que vim dizendo. (p. 234)
[...] o senhor vai me ouvir. (p. 237)
[...] falo para o senhor crer... (p. 261)
O senhor já que me ouviu até aqui, vá ouvindo. (p. 288)
[...] já venho – falar no assunto [...] E escute. (p. 370)
O que me mortifica de tanto falar... (p. 385)
Etc. etc.

Falar, dizer, ouvir são denotadores da oralidade do relato, como também o são os recursos típicos da linguagem falada (elipses, anacolutos, repetições etc.) e as expressões de apoio do coloquial (*aí, daí* e, sobretudo, *mire e veja*). Além de falar aparecem: *referir, contar, relatar, narrar, glosar* e até *servir narração* (p. 175) – quando Riobaldo se refere ao seu ato de locução. Predomina, porém, o termo contar. A etimologia da palavra ajuda neste caso: *contar* vem de *computare*, "computar", contar, "referir" (*conto* vem de *computum*), e posteriormente significou "relato de aventuras imaginárias"). A acepção de *contar* como *computar, calcular* se adapta ao propósito do narrador de descobrir pela narração os liames dos fatos, o por quê das coisas (narrador = medidor, avaliador).

Essa oralidade retém ainda outro problema: a fala é outorgada no *GSV* pela escritura e isto cria uma curiosa relação entre os opostos: o fechamento inerente a esta se dilui naquela. Roland Barthes nos diz:

> O que opõe a escritura à fala é que a primeira *parece* sempre simbólica, introvertida, voltada ostensivamente para uma vertente secreta da linguagem, ao passo que a segunda não passa de uma duração de signos vazios, dos quais só o movimento é significativo[21].

Grande Sertão logra, assim, neutralizar com a mobilidade da fala o endurecimento e a contra-comunicação da escritura[22].

Esta aventura lingüística é ainda uma proposta nova à tradição novelesca no Brasil, já que "fica eliminado o contraste canhestro, tão praticado pela prosa regionalista, entre o diálogo que reproduz o falar e o não-diálogo que reproduz a prática letrada do autor"[23].

---

21. R. Barthes, *O Grau Zero da Escritura,* trad. Anne Arnichand e Alvaro Lorencini, São Paulo, Cultrix, 1971, p. 31.
22. "Doravante, cada uma delas [escrituras], a trabalhada, a populista, a neutra, a falada, quer ser o ato inicial pelo qual o escritor assume ou renega sua condição burguesa. Cada uma é uma tentativa de resposta a esta problemática órfica da Forma moderna: escritores sem Literatura. [...] Cada vez que o escritor traça um complexo de palavras, é a própria existência da Literatura que se põe em questão; o que a modernidade permite ler, na pluralidade de suas escrituras, é o impasse de sua própria História" (*idem*, p. 72).
23. W. Nogueira Galvão, *As Formas do Falso. Um Estudo sobre a Ambigüidade no* Grande Sertão: Veredas, São Paulo, Perspectiva, 1972, p. 71.

102 BARROCO E MODERNIDADE

4.2. A VISÃO CRÍTICA DO NARRAR

Riobaldo aparece no romance em quatro atuações: 1) é personagem de "A", 2) é personagem de "B", 3) é narrador de "A" e 4) é crítico de seu método de narrar em "B3". Assim, enquanto o narrador faz da personagem o seu objeto, o crítico se volta, por sua vez, sobre o narrador; da direita para a esquerda, este esquema mostra a relação sujeito-objeto: personagem ← narrador ← crítico.

A quarta atuação de Riobaldo constitui sua metalinguagem. Todo sistema de significação comporta um plano de expressão (E) e um plano de conteúdo (C) e se realiza com a relação – (R) entre (E) e (C) – ERC. Sabemos que este sistema pode imbricar-se num segundo sistema em dois diferentes pontos de inserção: (E) e (C); se a inserção se faz em (E), o resultado é um sistema de conotação: (E R C) R C; se se faz com (C) o resultado é um sistema de metalinguagem: E R (E R C)[24]. No *Grande Sertão* se verifica a original coexistência dos dois sistemas duplos, onde "A", "B1" e "B2" formam o sistema de conotação e "B3" um sistema metalingüístico, que se opera sobre a linguagem do primeiro. Podemos representar a montagem dos sistemas da seguinte maneira: [(ERC)RC] [ER(ERC)].

É notável ainda que na avaliação do ato de contar sua história, Riobaldo-narrador, como um semiólogo, cria um sistema em que (C) é constituído por um sistema de significação. Ora, por estar inserido na obra e sem ser linguagem científica, se vê logo que o sistema metalingüístico se erige como um novo sistema de conotação. A análise que realizamos em seguida quer fazer desta metalinguagem uma *linguagem-objeto*, buscando-lhe os significados e a pertinência (eventualmente) com relação ao primeiro sistema. Em outras palavras queremos examinar a *poética* de Riobaldo.

4.2.1. *O Método é Desordenado*

Riobaldo manifesta, desde o começo e como primeiro passo para sua autocrítica, plena consciência da subversão que faz à cronologia dos fatos vividos: "Ai, arre, mas: que esta minha boca não tem ordem nenhuma. Estou contando fora, coisas divagadas" (p. 19), A justificação vem de imediato:

> Se eu estou falando às flautas, o senhor me corte. Meu modo é este. (p. 49)
> Sei que estou contando errado, pelos altos. Desemendo [...]. Eu estou contando assim, porque é o meu jeito de contar. [...] A lembrança da vida da gente se guarda em trechos diversos, cada um com seu signo e sentimento [...]. Contar seguido alinhavado, só mesmo sendo as coisas de rasa importância. (pp. 77-78)

24. R. Barthes, *Elementos de Semiologia*, trad. de Izidoro Blikstein, São Paulo, Cultrix/Edusp, 1971, pp. 95-96.

NARRAÇÃO E METALINGUAGEM EM *GRANDE SERTÃO...*   103

[...] sei que estou falando demais, dos lados. Resvalo. Assim é que a velhice faz. (p. 112)

Se o que conta é "dificultoso, muito entrançado" (p. 78) é impossível submeter-se à racionalidade da cronologia. O que conta "não é uma vida de sertanejo, seja se for jagunço, mas a matéria vertente" (p. 79).

O seu aprendizado de "contador" muito deve a Quelemém, o compadre, um dos que já ouviram a história e de certo modo orientou Riobaldo sobre a ordenação da matéria. Sua grande contribuição neste sentido foi designar o verdadeiro objeto dos relatos de Riobaldo: "[...] ele quer saber tudo diverso: quer não é o caso inteirado em si, mas a sobre-coisa, a outra coisa" (p. 162).

Por isso o narrador não vai em busca do passado, como um mero antecedente do presente. Vernant, ao analisar os problemas da criação poética na Grécia antiga, observa que o poeta, possuidor da ciência de Mnemosyne, quer conhecer os começos, as origens pois o passado é uma fonte do presente. Este conceito de *poiesis* se aplica a Riobaldo, pois ele busca o passado e, tal qual o poeta primitivo, sua recordação procura "não situar os acontecimentos num quadro temporal, mas atingir o fundo do ser, descobrir o original, a realidade primordial de que provém o cosmos e que permite compreender o acontecer em seu conjunto"[25].

É significativo que esses comentários sejam mais numerosos até a descrição do Encontro com Reinaldo às margens do São Francisco: é justo quando acha o começo de sua fábula que a percepção da desordem alcança seu mais alto grau. Momento da definição categórica do objeto da narração (a matéria-vertente); é a partir daí que Riobaldo-crítico deixa de comentar com insistência a ruptura da cronologia dos fatos, ainda que ocorram cortes e alterações da ordem dos acontecimentos, como, por exemplo, a proposição do enigma de Gramacedo ao tropeiro, que é contada após a menção à reação de Diadorim ante o sucedido (pp. 353-58) ou o recebimento da herança de Selorico Mendes, que é seguido da viagem a Itacambira (p. 457). De qualquer modo é evidente certa linearidade, sobretudo a partir do julgamento de Zé Bebelo. Ali o narrador empreende a correção de seu método e o atribui à atitude de "devoção" de seu interlocutor (p. 152).

A dificuldade em ordenar a matéria brota de sua própria natureza: não é a vida o que quer contar, mas o viver (o que verte). Aqui, o crítico Riobaldo estabelece interessante oposição entre o *viver* e o *contar*[26]: a racionalidade do discurso dificulta reproduzir os movimentos do viver:

25. J.-P. Vernant, "Aspects mythiques de la mémoire en Grèce", *Journal de Psychologie*, 1959, p. 7, *apud* Mircea Eliade, *Aspects du mythe*, Paris, Gallimard, 1963, p. 149.
26. Veja-se, no item 10 desta parte, outra referência à oposição ficção-vida.

104 BARROCO E MODERNIDADE

Um pudesse narrar... (p. 261)
Os ruins dias, o castigo do tempo todo ficado, em que falhamos na Coruja, conto malmente. A qualquer narração dessas depõe em falso, porque o extenso de todo sofrido se escapole da memória. (p. 304)
Só sei: eu sentinela! Só não posso dar uma descrição ao senhor, do estado que eu pensei, achei: só sei em bases. (p. 400)
E há um vero jeito de tudo se contar – uma vivença dessas? (p. 445)

Contar é sempre desvirtuar a realidade vivida, "resfriá-la", esfriá-la, fazer um "luiz-e-silva" (p. 448) da complexidade e riqueza do viver:

Mas conto menos do que foi: a meio, por em dobro não contar. [...]
Mesmo eu – que, o senhor já viu, reviro retentiva com espelho cem – dobro de lumes, e tudo, graúdo e miúdo, guardo – mesmo eu não acerto no descrever o que se passou assim, passamos, cercados guerreantes. [...] (p. 260)
Como vou contar, e o senhor sentir em meu estado? O senhor sobrenasceu lá? O senhor mordeu aquilo? O senhor conheceu Diadorim, meu senhor?!... (p. 449)

Se as dimensões do viver são diminuídas pelo contar, o recurso ao detalhe servirá para compensar tal esvaziamento pela palavra. Daí a segunda instância da metalinguagem:

4.2.2. O Método é Detalhístico

O narrador Riobaldo é pródigo em detalhes[27] – elementos acessórios à descrição dos fatos – cuja funcionalidade é atenuada ou indireta e que por vezes são essa espécie de "luxo" da narração, que Barthes atestou em certas *catálises*. No *GSV* a memória de Riobaldo chega a ser tão prodigiosa ao ponto de descrever um acontecimento, suas circunstâncias, os acessórios da situação, suas reações lhe então, etc. Sirva de exemplo aquele combate aos hermógenes, em que Riobaldo é chamado por Bebelo para escrever cartas às autoridades; ao descrever o combate, o narrador destaca um objeto no espaço da ação – o couro de boi pendurado na janela da casa e que se movia ao contato das balas (pp. 249-251). Sem querer discutir aqui as possibilidades de integração dessa unidade na estrutura do romance (de imediato há uma analogia entre a serventia do couro e o corpo do jagunço), queremos apenas destacar a função realística do detalhe no processo da narração. Roland Barthes, analisando a "significação das notações insignificantes" em Flaubert e Michelet, propõe um sentido para elas: ao serem uma subordinação às regras culturais da representação, ou seja, o "imperativo realista" da narrativa, provocam a "ilusão referencial"[28]. Desta forma,

27. Não te trata dos "casos" ou "interpolações de contos" no romance, cuja função de exemplaridade foi bem analisada por J. C. Garbuglio, *op. cit,* cap. III, 4.
28. Cf. R. Barthes, "L'effet de réeel", *in Communications* n. 11, Paris, Seuil, 1968, pp. 87-88.

NARRAÇÃO E METALINGUAGEM EM *GRANDE SERTÃO...* 105

o recurso ao detalhe serve ao narrador para o *efeito de real,* necessário para que o interlocutor confie e creia em seu relato. Tudo deve parecer verdade e o narrador se empenha nisso, recheando os fatos. Mas, o Riobaldo-crítico surge na cena para desculpar o narrador:

> E o senhor me desculpe, de estar retrasando em tantas minudências. (p. 92)
> O senhor releve o tanto dizer [...] E tudo conto, como está dito.
> Não gosto de me esquecer de coisa nenhuma. Esquecer, para mim, é quase igual a perder dinheiro. (p. 308)
> Por que tudo refiro ao senhor, de tantas passagens? (p. 431)

A minúcia deve atestar uma memória excepcional:

> Aos dez e dezes, digo, afirmo que me lembro de todos. [...] Não é por me gabar de retentiva cabedora, nome por nome, mas para alimpar o seguimento de tudo o mais que vou narrar [...] (p. 340)

ou atestar a adequação da enunciação à matéria: "Digo franco: feio o acontecido, feio o narrado" (p. 389).

Serve ainda o pormenor para prolongar o prazer da narração que faz reviver:

> Tudo isto, para o senhor, meussenhor, não faz razão, nem adianta. Mas eu estou repetindo muito miudamente, vivendo o que me faltava. Tão mixas coisas eu sei [...] E muito fatos miúdos aconteceram. (p. 401)

A busca do "efeito de real" pode ainda negligenciar o potencial da palavra e utilizar outros signos mais eficazes:

A bem, como é que vou dar, letral, os dados do lugar, definir para o senhor? Só se a uso de papel, com grande debuxo. O senhor forme uma cruz, traceje. (p. 414)

Nada pode ser omitido na descrição de uma importante batalha: "Mas primeiro, antes, teve o começo. E aí, teve o antes-do-começo" (p. 414).

4.2.3. *O Método é Digressivo*

Ocorrem freqüentemente desvios na consecução dos acontecimentos. O Riobaldo-crítico, então, aponta a falha do Riobaldo-narrador, após a digressão feita sobre Zé Bebelo: "Pois, porém, ao fim retomo, emendo o que vinha contando" (p. 61).

Outro exemplo é dado pelo discorrer sobre Nhorinhá; Riobaldo percebe o desvio dos fatos essenciais e diz: "Mas, e o que eu estava dizendo, mas mesmo pensando em Nhorinhá, por causa" (p. 395).

Passagens importantes, como a expedição de volta do Liso do Sussuarão, são interrompidas para desfiar idéias sobre Deus e o Diabo

106   BARROCO E MODERNIDADE

(pp. 47-49) . Mas o narrador bruscamente corta a digressão para dizer: "De Arassuaí, eu trouxe uma pedra de topázio" – e com isto retoma a fábula.

4.2.4. O Método é Recorrente

A enunciação, presente em progressão, permite o vai-vém de certas palavras, frases e refrões que constituem verdadeiros "motivos" da narração[29]; há também idéias, como a do demônio que vige "nos crespos do homem" e também na narrativa; ou a do pacto com ele; Riobaldo percebe a recorrência:

[...] como é que se pode contratar pacto com ele? E a idéia me retorna. (p. 33)
O senhor sabe. O que mortifica de tanto nele falar, o senhor sabe. O demo! (p. 385)

O estribilho do romance é "viver é muito perigoso". A repetição alcança tal grau de saturação que o próprio narrador se dá conta a certa altura, omitindo a segunda metade do enunciado: "Viver... o senhor já sabe: viver é etcétera..." (p. 74)

4.2.5. O Método é Memorialístico

Prescindindo da diferenciação platônica entre memória e recordação (reminiscência) e outras precisões filosóficas posteriores, usaremos o termo memória no significado mais imediato – "móvel ou faculdade psíquica de atualização da experiência vivida", e recordação "o processo psíquico que ela desencadeia", o qual, por sua vez, nada tem a ver com a *corrente de consciência* – termo crítico que se aplica estritamente a obras que exploram os níveis de consciência anteriores à palavra e que não supõem nenhuma forma de comunicação[30].

Riobaldo diz "recordo" e "alembro", ao referir-se à operação que realiza, com domínio, sobre o passado:

[...] que o senhor já viu que tenho retentiva que não falta, recordo tudo. (p. 35)
Amostro, para o senhor ver que eu me alembro. (p. 243)

Outras vezes é consciente das limitações da memória:

29. Augusto de Campos os chama de "musicais", buscando semelhanças com a tematização musical de Joyce em *Finnegans Wake*, cf. "Um Lance de 'Dês' do *Grande Sertão*", in Pedro Xisto *et alii*, *Guimarães Rosa em Três Dimensões*, São Paulo, Com. Estadual de Cultura, 1970, p. 53.

30. "[...] Los niveles de consciencia anteriores a la palabra no aparecen censurados, controlados ni ordenados logicamente". R. Humphrey, *Corriente de la conciencia en la novela moderna*, trad. Julio Rodríguez Puértolas e C. C. Rodríguez Puértolas, Santiago de Chile Universitaria, 1969, p. 13, cf. supra 1.3.

NARRAÇÃO E METALINGUAGEM EM *GRANDE SERTÃO...* 107

Contar é muito, muito dificultoso. Não pelos anos que se já passaram. Mas pela astúcia que têm certas coisas passadas – de fazer balancê, de se remexerem dos lugares. (p. 142)
O correr da vida embrulha tudo, a vida é assim: esquenta e esfria, se aperta e daí afrouxa, sossega e depois desinquieta. (p. 241)

O ato de contar permite avaliar o passado, porque a memória ajuda na tarefa de reconstrução do vivido pela perspectiva do presente. "Mas naquele tempo eu não sabia. Como é que podia saber?" (p. 229); "Mesmo o que estou contando, depois é que pude reunir relembrado e verdadeiramente entendido [...]" (p. 108). A soma das experiências vividas é que fornece o balanço: "O São Francisco partiu minha vida em duas partes" (p. 235). O velho Riobaldo também sabe que lembrar é alterar o valor dos acontecimentos e relatá-los é, antes de mais nada, *imaginá-los compreensivamente*[31]: "Agora, que mais idoso me vejo, e quanto mais remoto aquilo reside, a lembrança demuda de valor – se transforma, se compõe, em uma espécie de decorrido formoso" (p. 260).

4.2.6. *O Método é Seletivo*

Se o detalhismo da visão crítica de Riobaldo apontava para uma idéia de "realismo"[32] na apresentação dos fatos e se suas recorrências indicam a antítese disso no processo de análise (a memória prejudica a objetividade total), veremos agora que toda imagem de fidelidade ao vivido se destrói pelo princípio de *seleção* sobre a matéria. Riobaldo diz que a sua conversa é "abreviã" (p. 143) e, como um teórico da narrativa, sabe que narrar é selecionar, depurar a matéria, estruturá-la para "achar o rumozinho forte das coisas" (p. 135). É curioso observar que, à medida que vai contando, Riobaldo *aprende* a analisar o seu processo de representação, de modo que a sua "teoria" narrativa é o feliz resultado da prática narrativa. Do ponto de vista da seleção, a sua análise do método fornece um exemplo da busca de definição, do sentido do narrar. E isto se dá em duas etapas: *indagativa*, na qual a omissão de certos detalhes ou fatos se autojustifica (predomina o *para que*), ou obedece a uma atribuição subjetiva de significado:

Mas, para que contar ao senhor, no tinte, o mais que se mereceu? Basta o vulto ligeiro de tudo. (p. 44)
A lembrança da vida da gente se guarda em trechos diversos, cada um com seu signo e sentimento [...] Contar seguido, alinhavado, só mesmo sendo as coisas de rasa importância. (pp. 77-78)

31. O termo é de Jean Pouillon. (*Tiempo y novela*, trad. Irene Cousien, Buenos Aires, Paidos, 1970, pp. 37-56.)
32. A palavra vem entre aspas por estar empregada no sentido errôneo que a tradição crítica lhe atribuiu: reproduzir a realidade fielmente. Ver discussão do problema em 2.8.

108   BARROCO E MODERNIDADE

O senhor sabe, se desprocede: a ação escorregada e aflita, mas sem sustância narrável. (p. 106)
Para que referir tudo no narrar, por menos e menor? (p. 108)
De tudo não falo. Não tenciono relatar ao senhor minha vida em dobrados passos; servia para que? (p. 166)

Neste ponto já se inicia a transição para a nova etapa da análise. Riobaldo dá a resposta à sua pergunta: "Quero é armar o ponto dum fato, para depois lhe pedir um conselho" (p. 166). Volta outra vez a perguntar "para quê?" e novamente responder:

Vou reduzir o contar [...] Que isso merece que se conte? Miúdo e miúdo, caso o senhor quiser, dou descrição. Mas não anuncio valor. [...] Mas para mim, o que vale é o que está por baixo ou por cima – o que parece longe e está perto, ou o que está perto e parece longe. Conto ao senhor é o que eu sei e o senhor não sabe; mas principal quero contar é o que eu não sei se sei, e que pode ser o que o senhor saiba. (p. 175)

Ao estabelecer a finalidade do seu relato (pedir conselho ou saber o que não sabe) se organiza a segunda etapa da análise da seleção: a *explicativa* (predomina o *porque*). É o destino da narração (o diálogo com o interlocutor) que justifica agora as escolhas de passagens: "Porque não narrei nada à toa: só apontação principal, ao que crer posso. Não esperdiço palavras; macaco meu veste roupa. O senhor pense, o senhor ache. O senhor ponha enredo" (p. 234).

4.2.7. *O Método é Objetivador*

Aqui é relevante considerar a polarização entre o narrador e o ator, já apontada anteriormente. A distância entre ambos é percebida por Riobaldo, quando objetiva distinguir a personagem: "Por daí, então, careço de que o senhor escute bem essas passagens: da vida de Riobaldo, o jagunço [...]. O jagunço Riobaldo. Fui eu? Fui e não fui. Não fui! – porque não sou, não quero ser" (p. 166). Ou os personagens: "Fui o chefe Urutu-Branco – depois de ser Tatarana e de ter sido o jagunço Riobaldo. Essas coisas larguei, largaram de mim na remotidão [...]. Outra razão, outros tempos" (p. 412).

Todorov, ao analisar os problemas da visão da primeira pessoa no relato, formaliza as relações entre o sujeito e o objeto da narração da seguinte maneira:

Desde el momento en que el sujeto de la enunciación se convierte en sujeto del enunciado, ya no es el mismo sujeto quien enuncia. Hablar de sí mismo significa no ser ya el mismo "sí mismo"[33].

Riobaldo diz a mesma coisa de outra maneira: "Um sentir é o do sentente, mas outro é o do sentidor" (p. 237) – extraordinária fórmula

33. T. Todorov, "Poética", *op. cit.*, p. 125.

NARRAÇÃO E METALINGUAGEM EM *GRANDE SERTÃO...*   109

crítica e poética que resume a objetivação que o "eu" narrador (sentente) no presente opera sobre o "eu" personagem (sentidor) no passado.

Ao final de seu relato, Riobaldo tenta diluir a polarização entre os dois "eu", conduzindo o ator para junto do narrador, no nível da narrativa "B":

> Isto não é o de relatar passagens de *sua* vida, em toda admiração. Conto o que fui e vi, no levantar do dia. (p. 460; o grifo é nosso).

4.2.8. *O Método é Presentificador*

A narração em pretérito imperfeito leva à percepção de presente (ver item 4.3.2.). Aqui nos interessam os índices da percepção de presentidade pelo crítico Riobaldo. Quando diz: "Eu me lembro das coisas antes delas acontecerem" (p. 27) significa não só a percepção da desordem cronológica que realiza sobre a matéria, mas também o propósito de criar uma ilusão de presente no interlocutor (leitor). Dizer *acontecerem* é fingir um futuro que não se realizará jamais para "as coisas", mas é significar, isto sim, o futuro do ato de narrar, que instaura uma nova dimensão da realidade. O suceder dos fatos deve dar-se pelo (e para) o ato de narração; nada deve ser revelado antes da hora (como a identidade de Diadorim) ou até mesmo o tamanho de uma carta:

> Escrevi metade. Isto é: como é que podia saber que era metade, se eu não tinha ainda ela toda pronta para medir? Ah, viu? (p. 370)

Aqui, a presentificação pelo contar envolve até o narrador, que mais adiante confessa tê-la completado com a outra metade: "[...] que a carta, aquela, eu somente terminei de escrever, e remeti, quase em data dum ano muito depois..." (p. 370) No entusiasmo em descrever bem uma batalha entre jagunços, em meio ao pretérito, escapa uma forma presente: "Sou Zé Bebelo?" (p. 419), que às vezes também pode indiciar o andamento temporal do enunciado: "Atrás, o menino Guirigó, se envelhecendo... " (p. 423)

4.2.9. *O Método é Tensionador*

O narrador se sabe possuidor de uma boa história para contar e os grandes lances são cuidadosamente reservados para lograr os efeitos desejados. Todos os acontecimentos confluem para a revelação final da identidade de Diadorim, chave do relato, que realiza a distensão sobre a tensão criada a partir de elementos indiciadores da feminilidade do amigo. Se no plano da história há elementos que motivam o interesse do interlocutor, no plano do discurso também há signos específicos da contenção da matéria:

110 BARROCO E MODERNIDADE

O senhor já que ouviu até aqui, vá ouvindo. Porque está chegando hora deu ter que lhe contar as coisas muito estranhas. (pp. 288-289)

Sobre assim, aí corria no meio dos nossos um conchavo de animação, fato que ao senhor retardei: devido que mesmo um contador habilidoso não ajeita de relatar as peripécias todas de uma vez. (p. 315)

Bom contador, Riobaldo sabe controlar as eventuais impaciências do interlocutor:

Falo por palavras tortas. Conto minha vida que não entendi. O senhor é homem muito ladino, de instruída sensatez. Mas não se avexe, não queira chuva em mês de agosto. Já conto, já venho – falar no assunto que o senhor está de mim esperando. E escute. (p. 370)

Também o uso de perguntas estrategicamente colocadas entre os acontecimentos motivam o interesse do interlocutor: "O que era que eu tencionava fazer? O senhor espere" (p. 368) ou sobre o projeto de cruzar o Liso de Sussuarão, quando chefe: "Todos me entenderam? [...] Me seguissem?" (p. 382); a pergunta também é signo da constante afirmação que repassa a narrativa de que ela é um *diálogo*. Nesse sentido ela se presta sobremaneira para reativar a atenção do interlocutor, frente à ameaça de um possível descenso, após o relato de um acontecimento capital, como é o Julgamento de Zé Bebelo: "Como é que eu ia poder ter pressentimento das coisas terríveis que vieram depois, conforme o senhor vai ver, que já lhe conto?" (p. 217)

4.2.10. *O Método é Fictício*

Este é, dentro da análise do método, o ponto culminante do contraponto na trajetória (auto)crítica do narrador. Se a consciência narrativa de Riobaldo oscila entre saber-se arbitrária e inventiva (v.g. itens 4.2.1, 4.2.3, 4.2.6). Agora, a veracidade do vivido enfrenta-se com o problema de ser submetida ao ato de representação verbal. O discurso de Riobaldo aceita a submissão da realidade a ficção[34]. O discurso de Riobaldo guarda conformidade apenas com as suas próprias leis (facilmente enumeráveis) e que podem ser reduzidas a uma só: a comunicação com o interlocutor: contar para obter uma resposta. Fiel à sua norma de verossimilhança, o narrador é, contudo, consciente desse impossível narrativo: reproduzir o (seu) real: "O que eu falei foi exato? Foi, mas teria sido? Agora acho que nem não" (p. 142). A solução está em re-definir o real: "A gente vive repetido, o repetido, e,

---

34. É preciso confirmar: o conceito de realidade aqui usado se aplica ao "real" de Riobaldo-narrador ("vida", "vivença", "as coisas que formaram o passado", "vivido") – que, para nós, leitores, será sempre o que ele decide contar-nos.

NARRAÇÃO E METALINGUAGEM EM *GRANDE SERTÃO...*   111

escorregável, num mim minuto, já está empurrado noutro galho [...].
Digo: o real não está na saída, nem na chegada: ele se dispõe para a
gente é no meio da travessia" (pp. 51-52). Com isso o realismo de
Riobaldo consistiria em usar um método de prospecção do seu vivido
coerente com sua própria natureza (lembremos: a matéria é "vertente"). Autor e leitor de seu relato, Riobaldo se situa em dois pólos da
visão realista revolucionária que propõe Jakobson, em seu conhecido
exame das duas significações do termo realismo na crítica:

a) a tendência de deformar os cânones artísticos em vigência, interpre-
tada como uma aproximação à realidade.
b) a deformação dos cânones artísticos é percebida como uma aproximação à realidade[35].

Um dos casos exemplares que o narrador conta ao doutor é o dos
jagunços Davidão e Faustino, que fizeram um pacto: este, por dez contos de réis, substituiria aquele na hora da morte. Contudo a situação-
limite nunca se propôs... na vida. Riobaldo conta o caso a um "rapaz
de cidade grande, muito inteligente", que lhe adapta um "final sustante,
caprichado" (cf. p. 67). Analisando esse remate imaginário, Riobaldo
teoriza sobre a vida e a ficção: esta tem "outros movimentos, sem os erros
e volteios da vida em sua lerdeza de sarrafaçar"; "no real da vida – pros-
segue – as coisas acabam com menos formato, nem acabam" (p. 67).
Compare-se esta teorização de Riobaldo sobre a Literatura, com essa de
Antonio Candido, ao confrontar o *homo fictus* com o *homo sapiens:*

> Neste ponto tocamos numa das funções capitais da ficção, que é a de nos dar um
> conhecimento mais completo, mais coerente do que o conhecimento decepcionante e
> fragmentário que temos dos seres. Mais ainda: de poder comunicar-nos este conhecimen-
> to. De fato, dada a circunstância de ser o criador da realidade que apresenta, o romancis-
> ta, como o artista em geral, domina-a, delimita-a, mostra-a de modo coerente, e nos co-
> munica esta realidade como um tipo de conhecimento que, em conseqüência, é muito
> mais coeso e complexo (portanto mais satisfatório) do que o acontecimento fragmentário
> ou a falta de conhecimento real que nos atormenta nas relações com as pessoas[36].

Por outro lado, é significativo que Riobaldo tenha ciência sobre a
profunda natureza do ato narrativo, pois a referência ao projeto de
ficção do rapaz só faz remeter ao seu próprio projeto de contar: dar
formato e movimento à sua matéria. E para tanto a imaginação deve
aliar-se à memória: "[...] o senhor mesmo nunca viu coisa assim, só
mesmo em romance descrito" (p. 103). "O senhor tece? Entenda meu
figurado" (p. 142). A palavra fantasia define a sua narrativa: "A fantasia, minha agora, nesta conversa..." (p. 188). "O que sinto, e esforço

35. R. Jakobson, "Du réalisme artistique", *Théorie de la littérature*; Textes des
formalistes russes, Paris, Seuil, 1965, p. 102.
36. A. Candido *et alii*, "A Personagem do Romance", *A Personagem de Ficção*,
São Paulo, Perspectiva, 1968, p. 64.

112 BARROCO E MODERNIDADE

em dizer ao senhor, repondo minhas lembranças, não consigo; por tanto é que refiro tudo nestas fantasias" (p. 219). "Só estas minhas artes de dizer – as fantasias..." (p. 422).

Sobre a possível parcialidade na visão dos fatos, ele diz ainda: "Assim exato é que foi, juro ao senhor. Outros é que contam de outra maneira" (p. 331 – refere-se ao modo como assumiu a chefia do bando).

Um dos bons índices de falha de memória de Riobaldo é a pedra: é "ametista", depois "safira", até que corrige: "Isto é: a pedra era de topázio! – só no bocal da idéia é que erro e troco – o confuso assim" (p. 430). Suas vacilações, o constante perguntar, afirmar e negar, alcança estágios de máxima lucidez, ao ponto de perceber a projeção de suas dúvidas no seu interlocutor: "O sertão me produz, depois me engoliu, depois me cuspiu do quente da boca... O senhor crê minha narração?" (p. 443).

Há duas notáveis alusões ao destino dos acontecimentos vividos por Riobaldo e a jagunçada: a primeira está na fala de Riobaldo durante o Julgamento (um dos seus argumentos mais sólidos a favor da absolvição é que a vida do grupo será relato e os jagunços personagens de uma história honrosa) (cf. p. 209); a segunda é a proposta de Zé Bebelo, ao final, de irem juntos à cidade e contar os feitos no sertão. Riobaldo se nega e justifica: "Distrair gente com o meu nome..." (p. 459). Com isto, o narrador acentua a proposição inicial de um *compromisso* ineludível de quem o ouve ou lê. Riobaldo nos obriga a este novo *pacto* seu: participar de sua história, dialogar com ele; nega-se ao mero relato para o ócio e exige uma postura crítica do leitor.

A melhor expressão da consciência crítica do narrador sobre a natureza fictícia do seu ato de contar está no fecho precioso que dá a ele : uma fórmula típica dos relatos populares de imaginação:

> Aqui a estória se acabou.
> Aqui, a estória acabada.
> Aqui a estória acaba (p. 454).

Onde a palavra "história" que vinha empregando é substituída por "estória", afinal muito mais condizente com as "fantasias" de Riobaldo.

A última referência à questão da natureza de sua operação narrativa está na última página do romance. Ali Riobaldo restitui à realidade o seu quinhão, recolocando-a ao lado do inventado:

> E me cerro, aqui, mire e veja. Isto não é o de relatar passagens de sua vida, em toda admiração.
> Conto o que fui e vi, no levantar do dia. Auroras. Cerro. O senhor vê. Contei tudo. (p. 460)

Neste exemplo *fui* alude ao real, o vivido e *vi* à distorção desse real, a visão deformadora do narrador.

NARRAÇÃO E METALINGUAGEM EM *GRANDE SERTÃO...* 113

Deixamos o aspecto fictício para a análise final do método, uma vez que ele pode integrar os demais, abrindo uma solução para a ambigüidade proposta ao longo do romance, ao nível da narração: contar reproduz ou desvirtua o real (vivido)? O pêndulo oscila mais para o último lado. E, ainda que isto possa parecer óbvio para o leitor (crítico), é fruto de demorado e custoso processo de questionamento do narrador-crítico. Assim não é importante, para este trabalho, a constatação que Riobaldo não apresenta, mas representa os fatos. O importante é a constatação que Riobaldo *diz que representa*[37].

A intenção mimética, conquanto afirmada nos itens 4.2.2. e 4.2.4., entra em crise com a (des)ordenação, tensão e seleção da matéria. O verdadeiro, o real, só existe, com plenitude e exclusivamente no *GSV*, pelo presente do narrador, pelo ato de representação verbal.

4.3. OS SIGNOS DO INTERLOCUTOR

4.3.1. *Aspectos do Diálogo*

Já se disse repetidas vezes que o *GSV* é um falso diálogo, pois o doutor nada diz e toda a fala é apresentada pelo narrador. Dizer que *GSV* é um monólogo é reduzir a nada o nível da narrativa "B", é despojar de significações a fala crítica de Riobaldo, é negar o próprio sentido do seu ato de locução. Toda a fala do narrador contém a do seu interlocutor; o emprego deste termo já significa fazer do doutor hóspede um falante: que não é um mero ouvinte, calado e atento. Para nós *GSV* é, cabalmente, um *diálogo*, pois a participação do doutor aparece registrada no relato. Não importa que a escritura não lhe tenha dado um lugar espacialmente configurado, ou seja, não colocou sua fala depois de um travessão (e isso poderia ser feito, se reescrevêssemos o romance, sem alterá-lo em nada). É claro que Riobaldo fala muito mais, porém ele nunca está só, voltado para um monólogo. E ele mesmo quem diz: "[...] nesta *minha* conversa *nossa* de relato" (p. 340, grifos nossos). Nos interessará aqui mostrar como o interlocutor é registrado pelo narrador.

O primeiro passo é a *caracterização* do interlocutor. Quem é esse doutor? Desde logo, e pessoa instruída e "assisada" (p. 11), de alta opinião, que sabe muito (p. 22), em idéia firme e tem carta de doutor

---

37. Um exemplo curioso dessa metalinguagem que afirma o imaginário e instaura um novo "real" temos em *A Hora e a Vez de Augusto Matraga*: ali o narrador interrompe a narração para destruir a "ilusão realista" do leitor – "E assim se passaram pelo menos seis ou seis anos e meio, direitinho deste jeito, sem tirar nem pôr, sem mentira nenhuma, porque esta aqui é uma estória inventada, e não é um caso acontecido, não senhor". J. Guimarães Rosa, *Sagarana*, 10. ed., Rio de Janeiro, J. Olympio, 1968, p. 338.

114 BARROCO E MODERNIDADE

(p. 22); é homem "sobrevindo, sensato, fiel como papel" (p. 79), "sagaz, solerte" (p. 176); "muito ladino, de instruída sensatez" (p. 370). Não mora no sertão (p. 22), é da cidade (p. 308). É possivelmente um pesquisador do território do sertão, pois "tenciona devassar a raso este mar de territórios, para sortimento de conferir o que existe" (lembrando o alemão Alquiste ou Olquiste do conto *Recado do Morro*). Talvez tenha ouvido falar das guerras entre jagunços e queira recolher material, pois Riobaldo lhe diz que os tempos mudaram, que valentias já não existem: "Tempos foram, os costumes demudaram" e até o gado é mais educado (p. 23). Seu interesse é por "safra razoável de bizarrices" e Riobaldo lhe sugere empreender viagem mais "dilatada". Ele e Riobaldo têm um conhecido em comum: é o alemão Emilio Wusp (cf. p. 57).

O interlocutor entra no espaço da locução quando Riobaldo está atirando numa árvore no quintal de sua casa e lhe conta do nascimento de um estranho animal, ali nas redondezas, "com cara de gente, cara de cão", que é logo associado ao demônio. O doutor ri da história (p. 9). A visita se dá numa terça-feira e depois de ouvir uns "casos" de Riobaldo e uma menção a Diadorim quer ir-se embora. Mas Riobaldo o impede:

Eh, que se vai? Jajá? É que não. Hoje, não. Amanhã, não. Não consinto. (p.22)

E acaba ficando por três dias (terça, quarta, quinta de manhã) para ouvir a história de Riobaldo, o jagunço. Essa história tem um longo preâmbulo antes de ser realmente iniciada, cuja função é a de estabelecer a finalidade do relato: o interlocutor deve ouvi-lo, "pensar e repensar" e depois redizer, para ajudá-lo (cf. p. 79) . Inicialmente a resposta que exige Riobaldo é sobre a existência do demônio, mas no decorrer da narração, ele solicita o interlocutor para outras, como o por que do encontro com Diadorim (pp. 86-87), o desejo de matar o Hermógenes (p. 131) etc. A certa altura, o compromisso é muito mais amplo: "Quero é armar o ponto dum fato, para depois lhe pedir um conselho" (p. 166). "Conto ao senhor é o que eu sei e o senhor não sabe; mas principal quero contar é o que eu não sei se sei e que pode ser que o senhor saiba" (p. 175). A finalidade do contar sofre uma terceira alteração no decorrer do romance: o interlocutor começa a anotar o que ouve (p. 220); a partir daí a finalidade passa a ser a *escritura* do narrado. As referências à caderneta do doutor demonstram o empenho de ambos nessa nova meta:

A Guararavacã do Guaicuí: o senhor tome nota deste nome (p. 220).
Mesmo só o igual ao que pudesse dar o cajueiro-anão e o araticúm, que consoante o senhor escrito apontará – sobejam nesses campos. (p. 363)
O senhor escreva no caderno: sete páginas... Aqueles urucuianos não iam em cata [...] (p. 378)
Campos do Tamanduá – tão – o senhor aí escreva: vinte páginas... (p. 413)
O senhor enche uma caderneta... (p. 451)

NARRAÇÃO E METALINGUAGEM EM *GRANDE SERTÃO...* 115

A presença dessa caderneta substitui o desejo de resposta, repensar, ajuda ou conselho iniciais por um afã de obter uma elaboração ou aprimoramento do que conta através da escritura:

O senhor pense, o senhor ache. O senhor ponha enredo. (p. 234)
Conforme foi. Eu conto; o senhor me ponha ponto. (p. 401)

Também o comportamento do doutor vai modificando-se durante a narração. Se no início, ao ouvir do demo, "ri certas risadas", torna-se mais sério depois quando Riobaldo fala do pacto: "Vejo que o senhor não riu, mesmo em tendo vontade" (p. 310). Riobaldo necessita uma atitude compreensiva de seu interlocutor – e é significativo que espere por ela para dar o começo ordenado do relato, para prosseguir após a descrição do encontro com o Menino: "Agora, pelo jeito de ficar calado alto, eu vejo que o senhor me divulga" (p. 87). Da atenção inicial (p. 79) o doutor passa a uma devoção, que até obriga ao narrador a ordenar a matéria: "Agora, neste dia nosso, com o senhor mesmo – me escutando com devoção assim é que aos poucos vou indo aprendendo a contar corrigido" (p. 152). A grande conquista da narração é o entrosamento progressivo entre ambos (outro pacto?): "Viver... o senhor já sabe: viver é etcétera..." (p. 74) "O que me mortifica de tanto falar, o senhor sabe. O demo" (p. 385). Durante a conversa em que tomam café e pitam cigarro a colaboração é estreita e mútua: tanto o doutor presta atenção e dá suas respostas, quanto o narrador participa das anotações da caderneta (ver supra). Chega mesmo a orientar o traçado do lugar da batalha final contra o Hermógenes: "O senhor forme uma cruz, traceje. Que tenha os quatro braços [...]" (p. 414). Outro aspecto de comportamento do interlocutor é o cansaço, que é registrado assim por Riobaldo: "Muito falo, sei; caceteio" (p. 108). "De contar tudo o que foi, me retiro, o senhor está cansado de ouvir narração [...]" (p. 230).

Para completar o exame dos signos do interlocutor resta-nos considerar as respostas indiciadoras da "fala" do doutor, bem como as perguntas que são registradas pelo narrador. O primeiro signo de sua fala é dado pela resposta à existência do demo: "Mas, não diga que o senhor, assisado e instruído, que acredita na pessoa dele? *Não*? lhe agradeço! Sua alta opinião compõe minha valia. Já sabia esperava por ela [...]" (p. 11) Uma pergunta de Riobaldo registra uma solicitação do interlocutor: "*Adiante*? Conto" (p. 87). O narrador se deixa orientar pelo interlocutor, que propõe interrupção ou continuidade: "O senhor mais queria saber? *Não*. Eu sabia que não" (p. 176, os grifos são nossos). Riobaldo se esquece da letra da canção de Siruiz e pergunta: "O senhor se alembra da canção do Siruiz?" (p. 236). A resposta do doutor é indiciada bem depois: "Assim, aquela outra – que o senhor disse:

116   BARROCO E MODERNIDADE

canção de Siruiz [...]" (p. 412). Nem sempre, há contudo, registro das respostas do interlocutor, e a pergunta tem uma função fática apenas: "Ao que, digo ao senhor, pergunto: em sua vida é assim?" (p. 98) "O que eu falei foi exato? Foi. Mas teria sido?" (p. 142) "Por que era que eu estava procedendo à-tôa assim? Senhor, sei?" (p. 51) Motivadoras do interesse, mantenedoras do contato muitas perguntas ficam sem resposta no texto, esperando a do leitor. Como este é representado no diálogo pelo interlocutor, o narrador atribui a este uma pergunta daquele: "O senhor Pergunte: quem foi que foi que foi o Jagunço Riobaldo" (p. 236).

4.3.2. Os Tempos Verbais

Havíamos constatado em 1.1. que a percepção dos signos de narratividade dependiam do nível (A ou B) em que se colocava o leitor. Essas variações de percepção estão intimamente ligadas com o emprego dos tempos verbais: a polarização do ator pelo narrador se realiza, com plenitude pelos diferentes tempos verbais utilizados. O nível da narrativa A aparece no pretérito, sobretudo imperfeito, e o nível B aparece no presente. Ora, novas modalidades de percepção se articulam quando a leitura estabelece a mudança de A para B e vice-versa. Resumindo, há duas percepções de temporalidade do enunciado:

1. presente (narrativa "A", através do uso do imperfeito).
2. pretérito (narrativa "B"; se desfaz a ilusão de presente de "A", pela distância do narrador e ator).

O leitor, cujo sistema espaço-temporal é definido pelo grau zero, percebe o imperfeito como um presente, devido à ambigüidade daquele quanto à conclusão de um ato. Käte Hamburger, em seus criteriosos estudos sobre o pretérito épico, observa a perda da função do imperfeito na ficção. Para ela esse tempo verbal retrata situações atuais, e assim se anulam as distâncias entre a personagem, fatos e o destinatário do relato[38]. Por outro lado, só quando surge na cena o narrador representado é que o leitor se dá conta de que era vítima de uma ilusão. Paradoxalmente, quando o GSV diz passado, a percepção é de presente e quando diz presente, não este, mas o tempo anterior se patenteia como passado. Na relação personagem-leitor temos:

1. uso do pretérito – anulação da distância entre Riobaldo – personagem de "A" e do leitor;
2. uso do presente – estabelecimento da distância entre Riobaldo – personagem de "A" e o leitor.

---

38. K. Hamburger, *Die Logik der Dichtung* (1957), trad. em português como *A Lógica da Criação Literária*, São Paulo, Perspectiva, 1975.

NARRAÇÃO E METALINGUAGEM EM *GRANDE SERTÃO...* 117

A atualização conseguida pelo imperfeito é tão eficaz para a mencionada "ilusão de realidade", que ao próprio narrador lhe escapa uma frase como: "Pensei que agora podíamos merecer mais descanso" (p. 104) – onde *agora* = "naquela ocasião", havendo assim, uma alteração na referência do advérbio.

O contínuo deslocamento do leitor para presente e passado, alternadamente, resulta no baralhamento das esferas do presente e do pretérito. As dimensões temporais se confundem e seria mais correto admitir que o *GSV* permite uma percepção de atemporalidade, de fluir constante, em que os tempos verbais se submergem. O próprio Riobaldo reduz as dimensões do tempo, dizendo: "Comigo, as coisas não têm hoje e ant'ontem/amanhã: é sempre" (p. 109). No final do seu relato há uma fórmula que significa esse encontro prodigioso dos tempos:

> Aqui a estória se acabou.
> Aqui, a estória acabada.
> Aqui a estória acaba. (p. 454)

Este fecho sintetiza a condução do pretérito para o presente da narração. Com *acabou/acabada/acaba* se dissolve a polarização mantida pelo narrador: só resta de ora em diante o puro presente do ato de locução. Se neste ponto do relato se destrói a ilusão de presenteidade de "A", há uma outra que se mantém até o fim: a forma dialógica da narrativa "B", ao propor o seu aqui e agora, aproxima o leitor, cujo sistema acaba por confundir-se com o dos dialogantes.

4.3.3. *A Troca de Funções*

Grande Sertão: Veredas realiza, ao nível da narração, uma troca de funções entre os elementos da comunicação narrativa, sem paralelos talvez. O esquema básico consiste em:

N – narrador (emissor) representado = Riobaldo.
I – narratário (destinatário) representado = interlocutor – doutor.

Como nós, leitores, também somos destinatários da mensagem, resulta a primeira troca:

interlocutor = leitor (I = L)

Ora, se admitimos com Wayne C. Booth[39] a atualização no relato de um "autor implícito" – versão literária ou representação do autor real, ou um "segundo eu" do autor – veremos que, a rigor, é Riobaldo, o narrador. Mas a presença do interlocutor-doutor confunde tal identificação, uma vez que este cria no leitor a ilusão de um autor que teria

---

39. Cf. F. van Rossum-Guyon, *op.cit.*, p. 483.

118   BARROCO E MODERNIDADE

organizado em escritura a fala de Riobaldo (ver em 3.1, os dados do registro escrito do doutor). O resultante disto é o seguinte:

Narrador = Autor Implícito (N = Ai)
Interlocutor = Autor Implícito (I = Ai)

Se o leitor assume a função do interlocutor na comunicação do relato e este é uma personagem (I = P) e autor implícito, temos:

Leitor = Autor Implícito (L = Ai)
Leitor = Personagem (L = P)

Quanto ao pólo do narrador, outra conseqüência é notável: ao ser Riobaldo um crítico, no nível B3, exercendo sua metalinguagem é, por isso mesmo, um leitor do seu relato[40]. Assim:

Narrador = Leitor (N = L)

Por outro lado, ao estar representado o narrador, ele é uma personagem da narrativa B. Resumindo, temos:

N = Ai
N = P   EMISSÃO
N = L

I = Ai
I = P   RECEPÇÃO
I = L

Como o leitor assume as funções do interlocutor, temos:

L = Ai
                portanto Ai = P
L = P

A mais surpreendente ilusão oferecida pelo *GSV* provém das trocas anteriores: nós, leitores, também somos narradores dessa estória[41].

Leitor = Narrador

No nível narracional do *Grande Sertão* se anulam as distâncias, de qualquer tipo, entre os pólos da comunicação narrativa. Todos, narrador, interlocutor, leitor, podem ser todos nessa "conversa de relato".

Este extraordinário efeito estético, além de proporcionar inusitada fruição para o leitor, atualiza, em conjunção, um rol de experiências de narração que vão das origens da ficção narrativa até os experimentos radicais da ficção moderna. As tradicionais oposições – presente-passado, eu-ele, monólogo-diálogo, oralidade-escritura, realidade-imaginação, linguagem – metalinguagem, no *Grande Sertão* – resultam numa forma nova que aproveita as conquistas ficcionais de todos os tempos.

40. Também o "Compadre meu Quelemém" é um leitor do relato de Riobaldo. Todas as referências do narrador a ele o mostram como um ex-interlocutor e um crítico do (ou de um) discurso de Riobaldo.

41. De resto, fica em aberto a possibilidade de eu, leitor, como o doutor-interlocutor, reproduzirmos a história (estória) de Riobaldo, o jagunço.

5. Lezama Lima: A Imagem Possível

> *¿Quién oyó?*
> *¿Quién ha visto lo que yo?*
>
> GÓNGORA

Lezama Lima é exatamente o que pode-se chamar um "caso" dentro da literatura hispano-americana. Uns vêem com restrições e até desconfiança a linguagem tortuosa e obscura de seus versos e prosas e confinam seus escritos à categoria do aberrante ou ilegível. Outros aderem com paixão a seus textos e exaltam sua produção como a mais afortunada aventura ousada por um escritor da América Latina. Por outro lado, não são poucos os ingredientes biográficos cujos desdobramentos políticos se somam para acirrar as contradições: descendente da burguesia *criolla* cubana, Lezama jamais renegou suas origens, nem mesmo dentro das constrições criadas pelo espaço político da Revolução Cubana. Homossexual e católico, quis permanecer em Havana até sua morte, em 1976, sem adaptar-se plenamente ao projeto cultural do regime mas sem tornar-se tampouco um contra-revolucionário. Por opção própria, ou por preconceitos dos demais, permaneceu à margem da cultura oficial. Não recebeu, como Carpentier, as benesses do governo nem como Cabrera Infante, as maldições. Nunca se expôs à fúria da esquerda, como Borges com sua arriscada imprudência, ou como Octavio Paz com sua incômoda independência. Na verdade, os acontecimentos políticos não parecem tê-lo afetado, ou melhor, ressoaram nele metaforicamente, como na memorável página que dedicou a Che Guevara, onde comparou o destino do comandante com o mito incaico de Viracocha. E, afinal, quem poderá explicar ideologicamente este poeta que interpretou a Revolução Cubana como uma "era imaginária"?

120 BARROCO E MODERNIDADE

Testemunham seus comtemporâneos que o gordo e asmático Lezama fascinava seus interlocutores com sua erudição e memória assombrosas. Nunca viajava, exceto ao redor de sua biblioteca da rua Trocadero, adquirida nos sebos da *Habana Vieja*. A lenda sobre o "Etrusco de Havana" é hoje um texto bem nutrido para o futuro biógrafo.

Mas é para os críticos que Lezama se converteu num caso sério. À proverbial dificuldade para decifrar suas referências e metáforas ("sólo lo difícil es estimulante", escreveu na abertura de *La expresión americana*) agrega-se a de reconhecer a tradição poética em que se inscreve sua obra. Octavio Paz diz que com *La fijeza* (1949) abre-se a experimentação e a invenção ao término da Segunda Guerra Mundial, a vanguarda *outra*, crítica de si mesma, "en rebelión solitaria contra la academia en que se había convertido la primera vanguardia" (Paz, 1974: p. 192). Mas esse pós ou neovanguardismo de Lezama dispara em muitas direções (simbolismo, maneirismo, culteranismo, gótico, ou como muitos simplificaram: "barroco"); algumas visíveis filiações (Eliot, Claudel, Milosz, Rilke, Chesterton, Proust, Mallarmé, Martí, Rimbaud, Baudelaire, Blake, Quevedo, Góngora, os místicos espanhóis) e não poucas doutrinas referidas (São Tomás de Aquino e Pascal, Nicolás de Cusa e Vico, Confúcio e Pitágoras, Santo Agostinho e Platão, Dilthey, os heterodoxos espanhóis, os estóicos e os escolásticos...)

Mas em um ponto todos concordam: a obra de Lezama guarda uma notável fidelidade consigo mesma. Nos quarenta anos que separam *Muerte de Narciso* (1937) dos últimos poemas reunidos postumamente em *Fragmentos a su imán* (1978), nenhuma fissura se abre em seu trabalho poético, nenhuma vacilação ou abandono do projeto de exercer o absoluto da poesia, de operar o "Eros cognoscente" através da imagem. Lezama é um poeta que não "evoluiu". Mal se pode falar de etapas em sua obra. O mesmo *tempo* maravilhoso dos versos inaugurais, *Dánae teje el tiempo dorado por el Nilo*, é mantido em seus sucessivos livros de poemas (*Enemigo rumor* (1941); *Aventuras sigilosas* (1945); *La fijeza* (1949); *Dador* (1960)) com as alucinantes associações hiperbólicas de imagens, os contorcidos giros sintáticos, as luxuriantes combinações de tropos que tão bem caracterizam seu poetizar hermético. O mesmo distanciamento crítico e a aproximação voluptuosa ao banquete da cultura universal, que impulsionaram os ensaios de *Analecta del reloj* (1953), têm em *La expresión americana* (1957), *Tratados en La Habana* (1958) e *Las eras imaginarias* (1971) as extensões e desenvolvimentos conseqüentes de seus temas obsessivos. A mesma tensão erótica das palavras, a mesma barbarização da língua e do conhecimento, a mesma cubania e a mesma americanidade atravessam a fabulação de *Paradiso* (1966) e o romance complementar deste, *Oppiano Licario* (1977).

LEZAMA LIMA: A IMAGEM POSSÍVEL

A coesão e a coerência do universo poético lezamiano podem ainda ser apreendidas mais além dos traços formais, do tom e do gesto cultural que animam seus textos. Trata-se de sua concepção da imagem, sobre a qual Lezama foi teorizando paralelamente à sua poesia, para construir um "sistema poético do mundo".

As idéias nucleares desse sistema já se encontram num texto seminal, "Las imágenes posibles" (recolhido de *Analecta del reloj* e publicado em 1948 em *Orígenes*, revista que Lezama dirigiu entre 1944 e 1956 e que impulsionou o espírito da modernidade pós-vanguardista em Cuba). Mas não se deve esperar que Lezama teorize de modo claro. Nem este, nem qualquer ensaio posterior se oferece como um discurso didático. Lezama jamais escreveu como um professor mas sempre como um poeta. Suas teorias avançam por alusões oblíquas, referências subjacentes, metaforização opaca, sem a menor indulgência com o leitor. Destacamos em seguida alguns conceitos fundadores de sua poética, à guisa de um assédio inicial.

O poeta – "apesadumbrado fantasma de nadas conjecturales" – assim começa o ensaio citado –, concebe o mundo como imagem: "la imagen como un absoluto, la imagen que se sabe imagen, la imagen como la última de las historias posibles". Uma noção ancilar justifica esse *non plus ultra* do poético: o mundo – o espaço ("los recursos intocables del aire") e o tempo ("lo sucesivo") – não se dá per si ao conhecimento por ter perdido a memória da forma primordial ("una ruptura sin nemósine de lo anterior"). Superar essa ruptura, pela semelhança, é a função da poesia, que se constitui, assim, na única possibilidade de resgatar a Forma Essencial. Daí ser a imagem a única realidade e a interposição que cobre a distância entre essa Forma e a irrealidade dos objetos. O próprio corpo somente é "corpo" quando se sabe como imagem, pois "el cuerpo – diz Lezama – al tomarse a sí mismo como cuerpo, verifica tomar posesión de una imagen". Substância resistente ao tempo, "revelación encarnada", a imagem é a única testemunha de um jubiloso encontro com o "reverso" (Lezama Lima, 1953: 151-152).

"La red de imágenes forma la imagen", resume Lezama. A indiferenciação no uso do termo "imagem" (ora significa metáfora, o procedimento de assemelhar; ora a finalidade das metáforas, a de constituir a Imago) é aqui proposital. Não é difícil deduzir que Lezama alinha seus conceitos de poética pela doutrina platônica das idéias, repassada pelos discurso teológico dos filósofos cristãos medievais. A suprema meta do caminho percorrido pelas imagens é Deus, que neste ensaio está referido por metáforas (o "anterior", a "Forma", o "reverso"). A direção transcendente de toda *poiesis* (tópico que Lezama desenvolverá mais explicitamente num ensaio de 1954, "Introducción a un sistema poético", em *Tratados en La Habana*, ao falar de uma imagem habitada pela "essência una e universal") vem ainda indicada pela associação indissolúvel que Lezama estabelece entre *imagem e semelhança:* "la semejanza de una imagen y la imagen de una semejanza, unen a la semejanza con la imagen como el fuego y la franja de sus colores" (Lezama Lima, 1970: p. 151). Deste modo, a imagem contém o esboço da progressão da semelhança em busca da Forma essencial.

Nesta concepção, a metáfora jamais será um mero ornamento da linguagem, uma modalidade expressiva, um desvio da norma lingüística ou uma substituição. "Es un instrumento de conocimiento – el único posible", insiste Lezama. Sobre este ponto, cabe ressaltar a visada antiaristotélica da poética lezamiana. Se bem Aristóteles reconheceu que a metáfora não é um jogo gratuito ou um ornamento, a *Poética* estabelece também que a função cognoscitiva da metáfora é fazer ver a semelhança entre as *coisas,* de acordo com a identificação aristotélica entre o modo de ser das categorias e o modo de ser da linguagem. O engenho natural do poeta, ensinou Aristóteles, consiste em que "bem saber descobrir as metáforas, significa bem se aperceber das semelhanças" (1459a, pp. 7-8). Quando na *Retórica* associa a metáfora à mimese, fica claro que o conhecimento metafórico é o conhecimento do dinamismo do real (a representação das coisas em "ação" – 1411b, pp. 25 e ss.).

É em torno do conceito de mimese que Lezama tece objeções (implícitas sempre) quando diz:

> Pero siempre en la imitación o semejanza habrá la raíz de una progresión imposible, pues en la semejanza se sabe que ni siquiera podemos parejar dos objetos analogados. Y que su ansia de seguir, de penetrar y destruir al objeto, marcha sólo acompañada de la horrible vanidad de reproducir. (p. 155)

E à semelhança entre as coisas, Lezama opõe a semelhança à unidade primordial, sempre insistindo com vocábulos como "progressão", "marcha", "direção", "penetração", para significar o caminho a ser percorrido pela rede de metáforas. A síntese poética sobre o percurso metafórico está nesta frase fulminante: "Va la metáfora hacia la imagen con una decisión de epístola; va como la carta de Ifigenia a Orestes, que hace nacer en éste virtudes de reconocimiento" (p. 156). A referência à tragédia de Eurípides (terceiro episódio de *Ifigenia en Tauris*) condensa a função que Lezama atribui a toda metáfora: assim como a carta que Ifigênia entrega a Pélope para levar notícias a seus familiares em Argos, permite a Orestes a anagnórise (o reconhecimento da identidade da irmã, supostamente sacrificada pelo pai à deusa Artemis), leva a metáfora ao conhecimento, à posse de um segredo.

É a partir desses pressupostos teóricos que Lezama deriva o que se pode estimar como a porção mais original de sua obra ensaística: a teoria das eras imaginárias. Ele mesmo explicou, numa entrevista, as motivações que o levaram a historiar a poesia pelo possível das imagens:

LEZAMA LIMA: A IMAGEM POSSÍVEL

123

[...] fui comprendiendo que por ese juego reversible de la metáfora y la imagen, esa aparente dispersión de lecturas era una devoradora ansia de integración en la unidad, en el espejo, en el agua fluyente y detenida. Un día pensaba en grandes periodos de la historia que no habían tenido ni grandes ni poderosos poetas y que, sin embargo, eran grandes épocas para el reinado de la poesía. Me resultaba un hecho muy importante que desde Lucrecio y Virgilio hasta la aparición del Dante, no habían surgido grandes poetas en esa inmensa extensión de lo temporal, donde no aparecía ninguna contracifra del poeta como unidad expresiva. Y éstos eran los tiempos de Carlomagno, del Enchiridion o Libro mágico, las catedrales, El Santo Grial, los caballeros del Rey Arturo, las cruzadas, la leyenda dorada, San Francisco, Santa Catalina... Eso me llevó a estudiar lo que llamo las eras imaginarias o de predominio de la imagen [...] (Lezama Lima, 1968: pp. 29-30).

Essa poética da história ou história poética, na qual Lezama investiu seu voraz apetite de leituras, já se insinua também em "Las imágenes posibles" (recorde-se a definição da abertura: "[...] la imagen como la última de las historias posibles"). Em boa parte dos ensaios Lezama ocupa-se em examinar momentos em que uma determinada cultura alcançou uma síntese expressiva pela imagem. Eis aqui alguns: o mito de Prometeu da tragédia de Ésquilo, a carta de Ifigênia a Orestes em Eurípides, os reis medievais como símbolos de seu povo, a mítica identificação do faraó com o sol, os legendários reis-sacerdotes chineses que estabeleceram os princípios do método celestial, a morte do rei Gustavo Adolfo na batalha de Lutzen, os conselhos de Krishna ao príncipe Arjuna, no poema religioso hindu, o *Bhagavad Gîta* etc. A intenção não é oferecer uma série de "eras imaginárias", mas apenas sugerir fragmentos da história em que certas culturas "evaporaram" imagens como revelação encarnada do absoluto. O que Lezama propõe, contudo, é um método para a revisão da história da poesia: um jogo de associações, que ele denomina "prova hiperbólica" (Lezama Lima, 1953: 164), que consiste em emparelhar diversos instantes privilegiados pela imaginação sem submeter-se à lógica causalista, de nexos visíveis e sucessivos.

A elaboração mais explícita dessa teoria encontra-se no livro *Las eras imaginarias*, que reúne ensaios de 1958 a 1968. Neste, Lezama estabelece as condições para que surja uma era imaginária:

tienen que surgir en grandes fondos temporales, ya milenios, ya situaciones excepcionales, que se hacen arquetípicas, que se congelan, donde la imagen las puede apresar al repetir-se (Lezama Lima, 1971: p. 44).

Para identificar essas imagens que se tornaram o paradigma de uma cultura, Lezama focaliza mitos, fábulas, ritos, conceitos ou fatos expressivos que conseguiram transcender o tempo histórico: os mitos sobre a reprodução do homem, entre culturas de tempos remotos, como os idumeus, os citas e os chichimecas; os ritos da morte entre os egípcios; as fábulas sobre a obtenção do fogo, entre os etruscos; os reis

124 BARROCO E MODERNIDADE

como metáfora de seu povo, na Idade Média; a sabedoria chinesa no pensamento de Confúcio, no taoísmo e nos hexagramas do I-Ching; o culto ao sangue, entre os druidas e astecas; os conceitos de graça, caridade e ressurreição na religião católica; a Revolução Cubana com o espírito da "pobreza sobreabundante".

Seria inútil julgar esse esquema como imcompleto ou carente de um critério de historicidade. Trata-se, primeiro, de um esquema aberto, um esboço de sugestões, sem pretensão de cientificidade. Segundo: o mais interessante dessa teoria é, precisamente, a brecha que abre na concepção racionalista da história. A intenção – já insinuada em "Las imágenes posibles" – é estruturar a história como "crônica poetizável de imagens", descartando a lógica de consecução e conseqüência em favor do que Lezama denomina como o "incondicionado poético" (Lezama Lima, 1971: pp. 9-30). É essa a outra causalidade, de enlaces invisíveis, que permite suprimir o contínuo sucessivo para instalar o contraponto cultural, a ordem coral das imagens. Neste sentido, pouco importam, por exemplo, os traços diferenciais de natureza espaço-temporal que separam as culturas celta e asteca, se os sacrifícios humanos que praticavam são a metáfora de sua cosmogonia. "La historia de la poesía no puede ser otra cosa que la imagen evaporada por esas coordenadas", insiste Lezama. Por isso a história da poesia, como sucessão de eras imaginárias, não tem evolução, não possui o antes e o depois, o primitivo e o civilizado. Não se circunscreve ao "literário", aos textos escritos e muito menos aos poetas. Note-se que Lezama não indica "autores", numa perspectiva algo similar à visão "impessoal" da literatura que Shelley, Valéry ou Borges propuseram.

É necessário advertir ainda que, se a teoria das eras imaginárias se apresenta como uma série de anotações ou com um caráter excessivamente abstrato, Lezama deixou pelo menos dois exercícios fundamentais sobre como organizar essa possível história *outra* da poesia. Refiro-me, sem poder comentá-los extensamente aqui, ao "Prólogo a la poesía cubana" para a *Antología de la poesía cubana* (1965) e a teoria cultural de *La expresión americana* (1957). O primeiro faz a história da imaginação insular, de Colombo a José Martí, marcando os momentos em que a cubanidade (ou mais exatamente o sentimento de *lejanía*) expressou-se na poesia. O segundo é a empresa crítica mais original levada a cabo na América Latina. Quatro séculos de vida e arte envolvendo tanto o poderoso magnetismo do espaço físico quanto a festiva ou trágica relação com o colonizador, são resumidos em uma interpretação da cultura continental. Ao mostrar como as imagens foram constituindo a Imago dos americanos, Lezama nos mostra, a nós mesmos, como personagens de uma era imaginária.

Dissemos no início que a obra de Lezama Lima, por trás de sua linguagem obscura, é absolutamente fiel a si mesma. Qual é o vínculo, então, entre os conceitos de imagem / metáfora / semelhança com a teoria das eras imaginárias? O parentesco entre eles pode ver-se assim: do mesmo modo que a metáfora avança para a constituição de um corpo da imagem, mediante a semelhanca que resiste à causalidade lógica, também a história da poesia é uma sucessão de imagens associadas hiperbolicamente, sem nexos visíveis. O mesmo contraponto, a mesma ordem coral que desenha a progressão metafórica rege a visão poética da história. Lezama poderia ter dito: a única história possível da poesia deve ser uma metáfora do poema.

A coerência que nos oferece Lezama não se limita, apenas, à estreita relação entre os conceitos que desenvolveu. "Las imágenes posibles", como qualquer outro texto que tenha escrito, apresenta-se como um discurso poético que reflete em sua forma o próprio conteúdo da imagem que Lezama postula. Sem nexos lógicos, sem locuções causalistas, sem racionalismo didático, o ensaio torna-se o espetáculo daquilo que teoriza. É um avançar por associações, por saltos, por iluminações em busca da Forma. Lezama não explica, pois "lo máximo se entiende imcomprensiblemente", como costumava dizer repetindo San Buenaventura. Seu ensaio desenha a imagem possível de um novo discurso teórico: aquele cujo conteúdo segue unido a sua linguagem tal como "el fuego y la franja de sus colores".

Lezama somente deixará de ser um "caso" para os leitores e os críticos quando seus textos forem desfrutados como um *corpo* que encarna uma revelação. Para chegar a Lezama Lima devemos assentir, como ele mesmo o fez com Góngora, que sua luminosidade requer, primeiro, a obscuridade.

OBRAS REFERIDAS

Paz, Octavio (1974). *Los hijos del limo*. Barcelona, Seix Barral.
Lezama Lima, José (1953). *Analecta del reloj*. La Habana, Orígenes.
───────. (1957). *La expresión americana*. La Habana, Instituto Nacional de Cultura.
───────. (1970). *Tratados en La Habana*. Santiago de Chile, Orbe.
───────. (1968). "Suma de conversaciones". *Lezama Lima*, Buenos Aires, ed. A. Alvarez Bravo, Jorge Alvarez.
───────. (1971). *Las eras imaginarias*. Madrid, Fundamentos.
───────. (1975). *Poesía completa*. Barcelona, Barral.
───────. (1965). *Antología de la poesía cubana*. La Habana, Consejo nacional de Cultura, 3 tomos.

6. A Proliferação Barroca em Paradiso

> [...] *toda proliferación expresa un cuerpo dañado.*
>
> LEZAMA LIMA, *La Expresión americana*

Os conceitos de barroco, como categoria estética, são produtos da imaginação crítica do século XX. A descoberta tardia de uma "era barroca" e a reabilitação do estilo barroco das qualificações pejorativas e restritivas às quais as doutrinas racionalistas o haviam submetido, levaram, no entanto, à aplicação descomedida do termo, ao emprego gratuito, às contradições conceituais e às divergências interpretativas. Hoje, decorridos mais de setenta anos de sucessivas redefinições e reavaliações, o barroco continua vingando-se dos três séculos de esquecimento e ignorância aos quais o dogmatismo estético o havia condenado. É, sem dúvida, o conceito que mais se presta à dispersão semântica, à ambigüidade e à generalidade: quanto mais o usamos, mais se desliza sua noção; quanto mais o definimos *in abstracto*, mais inoperante se torna quando passamos à diversidade dos exemplos; quanto mais circunscrevemos o conceito, mais este nos foge das mãos. Não obstante, é necessário reconhecer que a idéia do barroco conheceu uma enorme fecundidade na história literária: serviu para a valorização de uma vasta produção poética relegada à categoria do bizarro, degenerado ou ridículo, no marco das legislações totalitárias de um presumível "bom gosto" classicista. Porém, sobretudo, a idéia do barroco, ao constituir-se em eixo de uma discussão aberta e flexível, tem favorecido a modernização da crítica. Revisaram-se os métodos e as técnicas de análise, bem como a aplicação dogmática dos valores artísticos; incorporou-se a "periferia" artística e problematizou-se o conceito de cultura. A pluralidade das definições do barroco reflete a pluralidade das

128 BARROCO E MODERNIDADE

imagens que identifica a crítica moderna, posto que pensar o barroco tem significado, para o homem moderno, pensar sobre si mesmo.

Em vez, pois, de prescrever o barroco ao museu das idéias mortas como inoperante, conforme chega a sugerir Pierre Charpentrat ao denunciar a "miragem barroca"[1], seria mais válido tomá-lo como *hipótese de trabalho*, sempre que evitássemos a aplicação mecanicista das classificações em moda (por exemplo, a esgotada antítese clássico *versus* barroco). Quiséramos tomar um conceito operatório, a proliferação dos signos, e verificar como o escritor cubano José Lezama Lima o investe em seu romance *Paradiso* (1966), para produzir ludicamente o sentido do texto e a barroquização da narrativa. Para evitar a ingenuidade de pretender identificar a poética barroca com as técnicas de proliferação, advertimos, igualmente, que só nos interessa seu *funcionamento interno no texto*. Não se trata, portanto, de considerá-las como procedimentos exclusivos da prosa barroca, senão como um de seus preferenciais. Diz Genette que se o barroco existe, ele não é uma ilha, mas sim uma encruzilhada:

> Son génie est syncrétisme, son ordre est ouverture, son propre est de n'avoir rien en propre et de pousser à leur extrême des caractères qui sont, erratiquement, de tous les lieux et de tous les temps. Ce qui nous importe en lui n'est pas ce qu'il a d'exclusif, mais ce qu'il a , justement, de typique – c'est à dire d'exemplaire[2].

> [Seu espírito é o sincretismo, sua ordem é a abertura, é-lhe próprio nada ter como próprio e de impelir ao extremo os traços que são, erraticamente, de todos os lugares e de todos os tempos. O que nos importa nele não é o que tem de exclusivo, mas o que ele tem, justamente, de típico – isto é, de exemplar.]

A proliferação, enquanto procedimento retórico de aumento da matéria verbal, constitui uma variante da *amplificatio*, ou amplificação artística do enunciado. Esta figura já aparece codificada na preceptiva medieval dos séculos XII e XIII como um ideal estilístico da *narratio*, obedecendo à tendência do maneirismo latino medieval de conceder um *status* de excelência (de *virtus dicendi*) a certas figuras que se opunham ao conceito de *brevitas* da antigüidade helênica. Formalmente, essa predileção pelo desenvolvimento da formulação lingüística – típica de todas as estéticas maneiristas, segundo sugere Curtius[3] – empenha-se no desdobramento do enunciado por meio de circunlóquios, prosopopéias, apóstrofes e perífrases. Os métodos para dilatar, aumentar, expandir o discurso vinculam-se, além disso, à transformação da retórica em uma *techné* dotada de estatuto poético: "es-

1. Pierre Charpentrat, *Le Mirage Baroque*, Paris, Minuit, 1967, p. 182.
2. Gerard Genette, *Figures II*, Paris, Seuil, 1969, p. 222.
3. Ernest R. Curtius, *Literatura Européia e Idade Média Latina,* trad. T. Cabral, Rio de Janeiro, MEC / Instituto Nacional do Livro, 1957, sobretudo pp. 292, 302, 524, 529.

A PROLIFERAÇÃO BARROCA EM *PARADISO*   129

crever bem", adornar a prosa, são modos de superar a retórica aristotélica, identificada pelo raciocínio e prova como fundamento discursivo, procurando o ideal antipragmático do estilo e composição[4].

Amplificação e proliferação coincidem enquanto dilatação ornamental no discurso, sempre que se entenda o aumento, não como uma adjunção inerte, mas sim como adjunção dotada de função estrutural. Ambas pressupõem, ainda, um centro de irradiação dos signos; porém, enquanto a amplificação sustenta a centralidade de um ponto de referência, na proliferação tende-se a multiplicá-lo e a dilui-lo pelo movimento exacerbado de afastamento do foco gerador. A expansão controlada da primeira converte-se em dispersão e fragmentação na segunda; a linguagem se contorce para desobrigar uma leitura dirigida para um fim, ou um começo, fechando-se sobre si mesma ao aumentar e estilhaçar o espaço textual. Nesta compulsão para espargir erraticamente os signos, evidencia-se o horror vacui que já encontramos na amplificação mas que na técnica proliferante atinge um grau paroxístico pela ofuscação do centro de convergência. Como em muitos quadros barrocos, a proliferação lingüística descreve uma curva elíptica ou parabólica em torno do centro de representação que acaba por descentrar, criando um sistema de radiações centrífugas[5].

Em um romance tão complexo como *Paradiso*, a infinita geração destes sistemas desorienta o analista disposto a recodificá-los logicamente e a descobrir neles, se não um princípio ordenador (uma mecânica proliferante), ao menos uma constante que subsuma as modalidades de sua prosa. A título de hipótese, consideremos quatro tipos de proliferação, segundo o nível em que se situe a matriz ou o núcleo proliferante da multiplicação da matéria discursiva.

A proliferação de tipo sintático é a que desvia o curso da narrativa pela inserção de um relato, o qual, ao estender-se desmedidamente, provoca a dispersão da fábula central. Em *Paradiso* são profusos os exemplos deste tipo de desvio da sintagmática do relato, sobretudo nos primeiros sete capítulos que narram diversas histórias protagonizadas pelos antepassados de José Cemí. No capítulo 3, a multiplicação dos nódulos narrativos serve para retroceder ao mais remoto passado familiar em Jacksonville, no ano de 1894: partindo das travessuras infantis de Rialta, a narração focaliza as vicissitudes do frustrado organista Mr. Squabs, depois os discursos altissonantes da avó Augusta

---

4. Roland Barthes, "L'anciènne rhétorique", *in Communications* n. 16, Paris, Seuil, 1970, p. 179.

5. Veja-se a análise da Gravura de Jacques Callot, "A Tentação de Santo Antônio", por Cl. G. Dubois, *Le Baroque-profondeurs de l'apparence,* Paris, Larousse, 1973, pp. 99-104. À diferença do sistema de radiações centrípetas que Dubois estabelece na linguagem pictórica barroca, nossa interpretação, atendo-se à especificidade da linguagem narrativa, demonstrará uma operação inversa em *Paradiso.*

130 BARROCO E MODERNIDADE

e os hábitos secretos do menino Andresito[6]. A momentânea interrupção deste ziguezaguear heterogêneo serve para a evocação das relações do jovem Olaya com o milionário Elpidio Michelena, em Cuba. Esta seqüência retrospectiva age como matriz proliferante de um longo conto (pp. 54-60) sobre as orgias do milionário em sua fazenda e que culmina com o assassínio da Isolda-Manatí pelo criado chinês. A inserção deste estranho relato – que contém sutis alusões à realidade histórica cubana e elementos da tradição cultural americana[7] – é justificada quando o narrador retoma o fio argumental: "Lo orgiástico había llevado al señor Michelena a la fecundidad, pero también a la ruina" (p. 60). O sentido do conto é, pois, constituir um plano metafórico para a aquisição da riqueza de Andrés Olaya e a emigração a Jacksonville.

O movimento dispersivo da proliferação narrativa cessa, pois, quando o texto recupera seu centro de convergência, ou seja, quando estabelece a relação de causalidade entre o proliferante e o proliferado.

A modalidade mais ousada de ruptura com o sistema lógico do discurso é a proliferação de tipo narracional. Consiste na multiplicação dos signos da enunciação, na combinatória de personalização e apersonalização da voz narrativa, que muitos críticos têm visto como um defeito ou uma distração de Lezama. Em *Paradiso*, o narrador surpreende-nos amiúde com a mudança, aparentemente arbitrária, dos *shifters* da pessoa responsável pela emissão do relato, dos tempos verbais e dos graus de conhecimento da matéria narrada. A terceira pessoa, onisciente, em posição verbal ulterior aos acontecimentos, predomina, mas há freqüentes interferências de uma terceira pessoa objetiva, distanciada, com um grau relativo de conhecimento, que modaliza a enunciação; outras vezes verificam-se saltos para uma primeira pessoa, em posição simultânea para a ação, que se identifica como o protagonista, havendo, ainda, a intercalação de um insólito "nosotros" que participa dos fatos narrados, como se o narrador se metamorfoseasse subitamente em personagem. Os efeitos que produz essa extrema liberdade narracional são múltiplos; porém, é suficiente assinalar um que se vincula claramente ao propósito lezamiano de romper com as estruturas deterministas do texto romanesco: a proliferação das instâncias de enunciação anula a autoridade (e a autorialidade) do romance, quer dizer, dispersa o centro de convergência do discurso ao promover a ubiqüidade da voz responsável pela enunciação do texto.

A proliferação de tipo verbal é a mais facilmente reconhecível e tem-se constituído como signo identificador dessa volúpia caribenha

6. José Lezama Lima, *Paradiso*, México, Era, 1968, pp. 44-52.
7. Cf. J. J. Arrom, "Lo tradicional cubano en el mundo novelístico de José Lezama Lima", *in Revista Iberoamericana* (Número especial Letras Cubanas), n. 92-93, julio-dic. 1975, pp. 469-492.

A PROLIFERAÇÃO BARROCA EM *PARADISO*   131

que freqüentemente a crítica tem enaltecido na prosa de Lezama. Consiste na descrição de um objeto por meio da multiplicação de significantes em torno de um significante-matriz, o qual gera um espaço textual mágico e aberto a uma infinita incorporação. Na descrição do ritual fálico de Leregas, nas aulas de Geografia, temos uma amostra de como o erotismo verbal pode homologar poeticamente o erotismo exacerbado do personagem. O lexema gerador da descrição é "órgão sexual", cujo potencial denotativo vai diminuindo à medida que se multiplicam as substituições metafóricas, isomórficas ao aumento das dimensões do referente: "colosso fálico", "tenaz círio", "atributo germinativo", "dólmen fálico", "desmesura priápica", "faro alexandrino". Se, por um lado, essa constelação de metáforas conota a irrisão e a burla, por outro, instaura a desrealização do objeto ao hiperbolizar suas dimensões: a cada uma das combinações de substantivo e adjetivo, a adjunção atributiva do sema "verticalidade" vai distanciando o foco original da matéria proliferante. O efeito que tal procedimento barroquista produz é o de um impacto ante o inominável, o indescritível. Para descrever o referente (provisoriamente designado como "órgão sexual") o narrador se obriga a produzir uma afasia, um gaguejar para dizer o indizível. A consciência de que a linguagem é intransitiva leva o narrador a recusar toda pretensão de fazer coincidir um signo com o referente. Não há sequer resíduos da convicção realista de que os signos sejam análogos adequados às coisas. Trata-se, antes, de construir a verossimilhança por um conjunto lingüístico correlato ao significado do objeto.

O quarto tipo de proliferação que aparece em *Paradiso* é a semântica, ou imagística, e que constitui, provavelmente, o apoio de sua singularidade poética e retórica. Podemos defini-la como uma produção de signos, não em torno de uma palavra, mas em torno de um efeito de sentido ou semema. Não se trata de evitar a nomeação de um significante para substitui-lo por outros[8]. A diferença consiste na inexistência do significante inicial, ou seja, o objeto focalizado não foi nomeado pela cultura.

Esta carência de semiose engendra uma corrente de signos que procuram tão-somente criar uma verossimilhança intratextual, similar à que constatamos no exemplo anterior:

La vieja Mela extendía una gorgona sobre los nódulos del tiempo. Su cabellera nonagenaria había mezclado los blancos, las cenizas, la nieve, ofreciendo una paradoja azafranada, unos amarillos que parecían dejados por la refracción de la luz sobre las hilachas. Sus noventa y cuatro años parecían bastoncillos en manos de gnomos criados por el conde de Cagliostro. [...] Se referia a una conversación mantenida treinta años atrás. [...] Allí el tiempo era una gárgola, que al hablar regalaba los dones de la inmortalidad, pero que con la boca cerrada parecía petrificar los hechos, congelar las fuentes (p. 122).

8. Veja-se a análise de Severo Sarduy, "Barroco e Neobarroco", *América latina en su Literatura*, coord. C. Fernández Moreno, México, Siglo XXI, 1972, pp. 167-184. Nossa análise retifica a postulação de Sarduy de um significante elidido.

132 BARROCO E MODERNIDADE

No extenso fragmento, do qual recortamos o essencial, não é possível identificar um significante oculto ou omitido para reluzir um elenco de substituições. Não é a velhice ou a decrepitude da bisavó que o narrador deseja registrar, senão um sentido do tempo corporizado nas falhas da memória do personagem. O núcleo proliferador é o semena do tempo eternizado pela supressão dos nexos de consecução e conseqüência entre os fatos vividos, agora baralhados na conversa fantasmática da velha Mela.

A MACROPROLIFERAÇÃO DO CAPÍTULO XII

O Capítulo XII constitui um repertório de todos os tipos de proliferação aqui mencionados. Ali são narradas quatro histórias que lançam repentinamente o leitor a uma matéria aparentemente desvinculada da linha argumental do romance. Ao nível sintagmático, essas histórias constituem uma proliferação da atividade escritural de Oppiano Licario e que preparam funcionalmente o seu encontro com Cemí; a proliferação de tipo verbal se desenvolve em volta de certos significantes das culturas oriental, helênica e romana; a proliferação narracional, em um mesmo relato, mimetiza a mobilidade do narrador que assume, quer o código da primeira pessoa, quer o da terceira. Contudo, a forma mais radical da proliferação que ali encontramos é a semântica-imagística, pois essas histórias multilplicam o significado básico do romance. Com respeito a este último aspecto, vale a pena tecer alguns comentários.

As quatro histórias, narradas em contraponto, desviam momentaneamente o relato do processo formativo de José Cemí, sustentado pelos sucessivos movimentos de incorporação de imagens à natureza do herói: primeiro é a absorção da mitologia familiar, narrada retrospectivamente nos sete primeiros capítulos; seguem-se a adolescência e a iniciação sexual e filosófica, marcadas pelo contato com Fronesis e Foción. No término do capítulo XI, as ausências dos personagens evocados já efetuaram a *ocupatio* espiritual de José Cemí, sendo, então, anunciada a conquista da sobrenatureza pela imagem definitiva (cf. p. 349). Cemí está preparado para receber a influência decisiva do poeta-nume Oppiano Licario, que culminará em seu processo de aquisição do *potens* imagístico. O mágico encontro num ônibus e, pouco depois, a citação que abre o ritual secreto de iniciação poética[9] serão narrados no capítulo XIII, cujo desfecho se reproduz no final do capítulo XIV, assinalando o limiar de um começo para a *poiesis*, encerrando, ao mesmo tempo, o texto.

9. Cf. a análise do ocultamento do ritual de iniciação de Cemí por Emir Rodríguez Monegal, "*Paradiso*, una silogística del sobresalto", *in Revista Iberoamericana* n. 92-93, jul.-dez. 1975, pp. 526-527.

A PROLIFERAÇÃO BARROCA EM *PARADISO*   133

O fluxo de informação dessa trajetória narrativa aparece cortado, inesperadamente, no capítulo XII, que ocupa assim uma função estratégica no conjunto. Nele é disposto um espaço discursivo sem nexos visíveis com o universo diegético de *Paradiso*. Os personagens não pertencem às esferas de ação do romance e as histórias resistem a uma descodificação imediata enquanto prolongamento (ou metaforização) da fábula em progresso.

As quatro histórias são narradas de modo alternado, em treze seções, seguidas de uma síntese que incorpora todos os motivos, personagens e situações, num relato único com desfecho simbólico. Neste, quando os soldados atiram os dados, forma-se o número quatro, indicando sua analogia com a estruturação quadrangular dos próprios relatos. A diversidade dos personagens, espaços e tempos não impede uma semelhança ao nível imagístico. No primeiro são narradas as façanhas bélicas do capitão de legiões romanas, Atrio Flamínio, quando invade a Grécia; no segundo são narradas as diferentes formas de percepção de um objeto no espaço (um jarro dinamarquês) que um menino jogando bola, umas vezes quebra, outras não; no terceiro é narrada a experiência noturna de um homem visitado pelo invisível e que dele se apercebe no espaço fantasmagórico de um pátio no qual os objetos se manifestam apenas por ruídos; no quarto relato narra-se a produção do estado cataléptico do crítico musical Juan Longo, que desta forma consegue superar o tempo, permanecendo entre a vida e a morte.

O elemento que atravessa essa multiforme narração é o postulado lezamiano da percepção mágica do espaço e do tempo como fundamento da vivência dos personagens. A feitiçaria, o conjunto mágico da ruptura de um objeto, o onirismo e a experiência parapsicológica constituem variações do grande tema que rege essa rapsódia que é *Paradiso*. Se considerarmos que o processo de obtenção do *potens* imagístico de Cemí se efetua não pela via do conhecimento lógico, mas sim pelo conhecimento mágico de sucessivas retenções de imagens – que constituirão a "outra natureza" do protagonista –, observaremos que os exercícios poéticos do "sacerdote" Licario anunciam a oferenda da sobrenatureza ao seu iniciando. A *poiesis* de Licario revela-se no princípio estrutural de sua narrativa: a recusa da sucessão causal que permite o acaso, o sortilégio, ligando objetos, tempos e espaços sem nexos visíveis ou lógicos.

Os textos de Licario são a explicitação poética do que o próprio Lezama denominou a *não-causalidade* ou o *incondicionado*, em seu livro de ensaios *Las eras imaginarias*[10]. Para alcançar a *terateia,* a maravilha, é necessário que o verbo poético supere a causalidade trans-

---

10. José Lezama Lima, "Preludio a las eras imaginárias", *Las Eras Imaginarias*, Madri, Fundamentos, 1971, pp. 7-30.

134 BARROCO E MODERNIDADE

parente, ocultando a relação causal para instaurar outra série de causas, a série numinosa (ou *causa noumenon*) – que é um nexo dentro do incondicionado. O capítulo XII evidencia essa colisão das séries, iluminando narracionalmente a debilitação dos nexos finalistas e temporais da narrativa. Oppiano Licario quer provocar a sobrenatureza, no ensaio citado, com seus exercícios narrativos do capítulo XII, e essa procura de labirintos incessantes se apóia precisamente na prática do método hipertélico, de descondicionamento fabular, postulando a experiência mágica com o tempo e a realidade. Os nexos invisíveis entre as coisas e entre os fatos despejam imagens que vão constituir o território substantivo da poesia. Este circuito é apreendido apenas fora do determinismo causalista que rege a suposta realidade de nossa experiência.

A analogia entre *Paradiso*, "mundo fuera del tiempo", e o capítulo XII, "negación del tiempo", foi estabelecida pelo próprio autor[11]. Bastaria acrescentar que a proliferação dos relatos, ao vincular-se semanticamente ao significado básico do romance (a busca da *poiesis*), cumpre uma função metadiegética[12]. Os exercícios poéticos de Licario, ainda evitando toda continuidade espaço-temporal com a diégese que os envolve, são uma metáfora, uma miniatura desta, que a cita e a espelha na redundância de seus procedimentos de proliferação e na similaridade de sua estrutura narrativa. Deste modo, a fragmentação e a multiplicação de ações e personagens, ao dispersar e elidir o centro proliferante, acaba, paradoxalmente, recuperando sua força de gravidade. Isto significa que o fenômeno de descentração, provocado pelo movimento centrífugo dos signos em proliferação, converte-se na mais plena forma para indicar o centro gerador.

11. *Idem*, "Confluencias", p. 182.
12. Cf. G. Genette, *Figures III*, Paris, Seuil, pp. 242-243.

Parte III. O Barroco e as Origens da Modernidade

1. O Barroco e a Utopia da Evangelização (Vieira e o Sermão da Sexagésima)

¿Cuándo no dice bien aun cuando no dice bien?
SOR JUANA INÉS DE LA CRUZ, sobre o Padre Vieira.

No quadro dos saberes político, jurídico e teológico mobilizado para colonizar/ocidentalizar o Novo Mundo, a evangelização constituiu um dos desafios maiores para o pensamento e a ação nos dois primeiros séculos da experiência colonial. No campo teórico, multiplicaram-se os debates sobre a natureza do índio, sobre a perduração do direito natural ante o direito divino, ou sobre a supremacia deste sobre aquele, derivando-se deles inúmeras controvérsias quanto ao uso da persuasão e da "suave moción de la voluntad" (como queria Las Casas), ou da sua alternativa de usar a força coercitiva das armas[1]. No campo das questões práticas, aos sucessivos enfrentamentos entre o poder político-econômico que queria explorar os corpos dos índios – e o poder espiritual – que queria salvar suas almas –, juntaram-se os incontáveis problemas de converter, batizar, organizar comunidades, curatos, missões, escolas, num afã cristianizador cuja dificuldade começava, desde logo, na necessidade de buscar nas línguas aborígenes palavras ou símbolos que traduzissem os complicados mistérios da fé cristã.

"Hubo una pedagogía, una estética y hasta un sistema económico de la evangelización", anota Mariano Picón Salas, para referir-se à tarefa criativa dos primeiros missionários, franciscanos e dominicanos, que não poupavam o recurso a toda sorte de meios para instruir o gen-

---

1. Cf. J. M. Gallegos Rocafull, *El pensamiento mexicano en los siglos XVI y XVII*, México, UNAM, 1974, pp. 58-59.

138 BARROCO E MODERNIDADE

tio na doutrina[2]. Diante dos múltiplos dispositivos mobilizados na ação evangelizadora, pode-se reconhecer com alguns analistas desse projeto fundacional da colonização, que a profunda motivação que animava a obra missionária do primeiro século era a possibilidade de continuar, diretamente, a obra apostólica. A esperança de que das novas comunidades cristãs emanaria uma renovação da Igreja Romana – um verdadeiro Renascimento cristão – encontrava na simplicidade e a naturalidade da vida indígena um estímulo para restituir o cristianismo primitivo[3]. Os numerosos experimentos utópicos – desde os mais racionalizantes como os inspirados diretamente em Thomas More, como nos mais místicos, inspirados nas profecias de Joaquim de Fiore sobre o começo de uma era monástica do Espírito Santo – buscaram concretizar, por meio da gesta missional, o que Enrique Dussell chama de uma autêntica "cristandade das Índias"[4]. Se esta cristandade correspondeu ou não ao que vamos chamando de utopia da evangelização, é tema que extrapola os objetivos desta exposição[5]. É evidência, porém, do enorme esforço para realizá-la, a multidão de textos – dicionários, gramáticas, catecismos, confessionários, sermonários – em línguas indígenas, destinados a superar os obstáculos que se opunham ao entendimento da mensagem cristã.

Se o século XVI assistiu à criação do projeto utópico e ao afiançamento do reto espírito evangélico pelas vozes e ações de muitos religiosos, além da organização das *doctrinas*, povoações e paróquias, o século seguinte experimenta os conflitos entre a igreja missionária e a civilização colonizadora, na qual teria papel relevante a Companhia de Jesus. Criada a *Propaganda Fide* (1622) para ir limitando os poderes do Patronato espanhol e português, entendiam os soldados de Inácio de Loyola que "a direção suprema das missões devia corresponder ao Papa e não aos reis"[6]. Com essa disposição política empreendem os jesuítas, no século em que floresceriam as reduções e o barroco, uma luta sem trégua contra os interesses criados na colonização e uma retomada da utopia da evangelização no continente americano.

2. Mariano Picón Salas, *De la Conquista a la Independencia*, [1944], México, Fondo de Cultura Económica, 1969, p. 85.

3. Cf. Richard Konetzke, *América Latina. La época colonial*, 6. ed., México, Siglo XXI, 1977, pp. 247-248.

4. Enrique Dussell, *Historia de la Iglesia en América Latina*, 3. ed., Barcelona, Nova Terra, 1974, pp. 93 e ss.

5. Das derivações para o chamado "catolicismo popular", a "religião mista" ou os fenômenos da acumulação eclética do cristianismo com o paganismo autóctone, ocupam-se os autores citados e, mais recentemente, com novo enfoque, Serge Gruzinski em *La colonisation de l'imaginaire. Societés indigènes et occidentalisation dans le Mexique espagnol XVe- XVIII siécle*, Paris, Gallimard, 1988.

6. Cf. E. Dussell, *op. cit.*, pp. 107-109.

O BARROCO E A UTOPIA DA EVANGELIZAÇÃO...

É nessa singular confluência da retomada da utopia da evangelização e do florescimento do gosto barroco nas artes discursivas e visuais que o padre Vieira pronuncia o seu célebre Sermão da Sexagésima. Peça crucial da trajetória política e literária de Vieira, distinguido por ele mesmo como "prólogo" para a sua sermonística, o SS oferece para nosso melhor conhecimento daquela confluência de línguas e culturas, propiciada pelo encontro de dois mundos, um documento de alto teor ideológico em que o projeto utópico do jesuitismo aparece figurado em um combate estético e teológico.

À primeira vista, parecem ser escassas as indicações que permitam tomar o SS como peça discursiva destinada a (re)construir a utopia da evangelização no novo mundo. As circunstâncias mais notórias de sua elocução remetem ao contexto ético, político e estético europeu e, mais precisamente, ibérico. Vieira o pronunciou na Capela Real de Lisboa em 1655, o alvo das críticas do jesuíta ao "pregar culto" e aos "estilos modernos" são os dominicanos em geral e, mais particularmente, a Frei Domingos de São Tomás – o pregador que desfrutava de "paço" no reino com os seus sermões "gongóricos"[7]. Os vícios da predicação atacados por Vieira já constavam, abundantemente, nos livros da época (artes retóricas, instruções de pregadores, sermonários etc.) e os preceitos nele dispostos derivam da reforma da pregação iniciada no século XVI. Peça de militância jesuítica, o SS advoga, como quer Margarida Vieira Mendes, por uma "pregação contra-reformada, apostólica e frutuosa e por um pregador verdadeiramente religioso e exemplar, convicto da força do magistério da palavra divina"[8].

A amplitude deste objetivo da ética sacerdotal não exclui, porém, que a motivação mais consistente de Vieira adviesse de sua experiência no trópico brasileiro (inclusive para desmoralizar os dominicanos) e que a instrumentação política dos problemas europeus da predicação fosse direcionada para afiançar prerrogativas para a Companhia nos serviços religiosos da Colônia.

Deve-se recordar, em primeiro lugar, um dado biográfico nada desprezível quanto às circunstâncias da elocução do SS. Vieira havia regressado ao Maranhão em 1653, depois de onze anos na corte portuguesa, França e Holanda (1641-1652), onde reencontrara a catequese profundamente conturbada pela ganância e crueldade dos colonos com os indígenas; naquele ano, partira para a missão ao Norte do Brasil (Rio Curupá, Pará e Tocantins), onde padecera as dificuldades e "mar-

---

7. Cf. Hernâni Cidade, *Padre António Vieira,* Lisboa, Arcádia, s.d., pp. 116-117.

8. Margarida Vieira Mendes, *A Oratória Barroca de Vieira,* Lisboa, Caminho, 1989, p. 173. Refutando a tese de A. Pinto de Castro (*Retórica e Teorização Literária em Portugal,* 1973) de que o SS fundamenta um "método português" de pregar ou um programa teórico específico, a Autora documenta a presença dos tópicos do SS nos tratados coetâneos ou da tradição retórica sobre o tema.

140 BARROCO E MODERNIDADE

tírios" que ele refere no exórdio do SS. O seu retorno a Portugal em 1654 visava sobretudo pleitear pela autonomia das missões ante as autoridades civis, o que permitiria aos evangelizadores jesuítas coibir os abusos contra os índios. A "arte de pregar" que ele brada no púlpito da Capela Real formula-se no circuito de sua atividade missional que incluem as suas gestões na corte que, de resto, seriam vitoriosas[9]. O SS precede, e até mesmo "prepara", o seu retorno ao Maranhão no mesmo ano de 1655, onde iria enfrentar muitas reações e fraudes, mas que abriria uma etapa fecunda em que por seis anos o "Payassú" (Padre Grande) atuaria na disseminação de múltiplos núcleos de catequese pelo Norte e Nordeste do Brasil.

Esses fatos estão consignados no exórdio do SS, cujo mote *Exiit qui seminat, seminare*, tirado de Matheus XII-3, permite a Vieira chamar a atenção para si próprio como exemplo de semeador que sai para semear – que tem "passos" em vez de "paço" –, como ele já fizera no Maranhão e Norte do Brasil[10]. Ali mesmo, explica a que veio ao reino: "[...] a buscar alguns instrumentos com que limpar a terra das pedras e espinhos [...]", reforçando, assim, que esse "tornar à casa" não implica desistência da evangelização, ao contrário assemelha-se ao de um raio ("Ir e voltar como raio, não é tornar, é ir por diante"). Não menos coincidente com a renovação do projeto evangélico é a convergência que opera Vieira entre a parábola do semeador e a sua malograda missão no Maranhão como motivo para a renovação do ímpeto catequista: "[...] trigo mirrado, trigo afogado, trigo comido e trigo pisado [...] Tudo isto padeceram os semeadores evangélicos da missão do Maranhão de doze anos a esta parte" (25). É, igualmente, notável a expectativa pessoal de realizar uma colheita frutuosa no outono da vida. Vieira tinha 47 anos quando pregou o SS e antevia a possibilidade de compensar as perdas da "sementeira" na quarta e última parte de sua vida:

> Já que se perderam as três partes da vida, já que uma parte da idade a levaram os espinhos, já que outra parte a levaram as pedras, já que outra parte a levaram os caminhos, e tantos caminhos, esta quarta e última parte, este último quartel da vida, por que se perderá também? Por que não dará fruto? (p. 26)

9. Vieira consegue, com suas diligências na corte (diploma régio de 9 de abril de 1655), a suspensão dos resgates ou cativeiros; a proibição de guerra ofensiva aos silvícolas sem ordem régia; o governo dos índios pelos seus "principais", sob a superintendência de párocos; indicação pelos missionários do comandante das entradas; criação da junta das missões na metrópole, presidida por um jesuíta (o bispo do Japão, amigo de Vieira). Cf. Hernani Cidade, *op. cit.*, pp. 120-121.

10. Antonio Vieira, (org. A. A. Soares Amora), "Sermão da Sexagésima", *Sermões. Problemas Sociais e Políticos do Brasil* São Paulo, Cultrix, 1975, p. 23. As demais citações do SS remeterão a essa edição, com indicação das páginas no texto e entre parênteses.

O BARROCO E A UTOPIA DA EVANGELIZAÇÃO... 141

Assim, ao propor-se a tratar no SS de "uma matéria de grande peso e importância", Vieira subordina a "arte de pregar" nele exposta à sua experiência eclesial-evangélica – e, extensivamente à dos soldados da *ecclesia militans* de Ignacio de Loyola, cujo projeto requeria provar a sua eficácia ante outros métodos de pregação[11]. A questão que Vieira tinha à frente era como persuadir o seu auditório (português, e com o rei e a corte na primeira fila) que o seu projeto evangelizador seria o mais eficaz para consolidar a grandeza da expansão ultramarina. Que melhor estratégia poderia escolher o hábil pregador senão simular um combate entre a verdade e a impostura? Que melhor recurso senão atacar um tipo de pregação barroquista a que estava se familiarizando o seu auditório?

Uma análise da estrutura argumental do SS pode ajudar a reconhecer os giros discursivos dessa estratégia em que o barroquismo figura como causa dos males da pregação e um fator de "modernidade" dos sermões, permitindo a Vieira erigir as regras do bom sermão com que idealizava uma utopia evangelizadora para o Brasil.

1.1. ESTRUTURA ARGUMENTAL DO SERMÃO DA SEXAGÉSIMA

Não é difícil reduzir a célebre peça de Vieira ao modelo convencional do sermão praticado na época[12]. O extenso exórdio começa com a *captatio benevolentiae* do auditor, invocando mediante a parábola do semeador em Matheus (*Ecce exiit qui seminat, seminare*), as dificuldades do semear e os tipos de criaturas [cap. I]; logo, coloca uma proposição geral: por que o sermão está em crise? [cap. II] e uma classificação dos elementos do discurso sermonal e seus atributos (Deus com a sua graça, o pregador com a sua doutrina e o auditor com o seu entendimento), que desemboca na apresentação da tese a ser debatida: a crise do sermão deve-se à falta do pregador [cap. III]. A narração con-

---

11. A primeira missão jesuítica em toda a América foi enviada ao Brasil em 1549; em 1566 chega à Florida e ao Peru; em 1572 no México de onde se estenderá pelo continente (Nova Granada, Venezuela e Paraguai). Cf. E. Dussell, *op.cit.*, pp. 110-111.

12. Segundo a divisão proposta, por exemplo, por Breteville em *L'éloquence de la chaire et du barreau* (Paris, Thierri, 1689, 2 vols.), o sermão admite: um exórdio com a proposição do assunto que deve predispor o ouvinte a ser favorável à tese a ser debatida, e a apresentação dos aspectos que serão examinados; uma narração / confirmação que constitui a exposição central dos fatos ou do material a ser provado, seguida dos arrazoados que confirmam a tese, e das refutações ou argumentos adversos; uma peroração, às vezes precedida de uma recapitulação, na qual o pregador extrai as conseqüências práticas do que foi demonstrado e liga o desenvolvimento ao objetivo final que se impôs.

142 BARROCO E MODERNIDADE

centra-se nos capítulos IV a VIII, com as suas provas e refutações; nela Vieira analisa as "circunstâncias" do pregador: a pessoa (*qui seminat*), o estilo (*seminare*), a matéria (*semen*), o saber (*suum*), a voz (*clamabat*) e a crise desses valores . A parte final contém uma recapitulação [cap. IX] que retoma sempre a mesma parábola para afirmar a sua mensagem conclusiva – *Semen est Verbum Dei*, explicada mediante a oposição entre a palavra de Deus e as palavras de Deus. Uma peroração [cap. X] arremata o discurso, advertindo aos auditores que pregar não é agradar, mas desenganá-los do Mundo.

Essa redução aos elementos essenciais da argumentação permite apontar que a estratégia geral de Vieira consiste em retardar ao máximo a introdução do ponto central de sua tese: a decadência do sermão devido ao barroquismo[13]. De fato, Vieira disfarça o seu objeto quando apresenta o tema evangélico – uma espécie de "cavalo de Tróia" neutro – que o auditório não pode rejeitar. Todo o cap. I ocupa-se da parábola do semeador; o cap. II não oferece senão um aspecto parcial do assunto (por que já não há conversões?), enquanto o cap. III apresenta um exame dos princípios do sermão. Somente no cap. IV é que Vieira propõe que a falta é do pregador, mas relançando ainda o suspense até o cap. V quando o pregador, de passagem numa digressão, sugere que são os "estilos modernos", que se pretendem como "pregar culto", a verdadeira causa do fracasso dos sermões na atualidade. Portanto, somente no final do cap. V, justo no meio de um sermão que tem dez capítulos, pode o auditor reconhecer que esse sermão, para erigir o modelo do bom sermão, monta um quadro sutil e progressivo do mau sermão. Ou, inversamente, para atacar o mau sermão, monta um quadro das regras do bom sermão.

Uma síntese dessa argumentação reversível e dissimuladora nos mostra que o pregador conduz o auditor a aceitar as cláusulas A (*Exiit qui seminat, seminare*, ou seja, a parábola do semeador) e B (as regras do bom sermão), para em seguida levá-lo a aceitar C (o caos do sermão "moderno" ou barroquista) e, a partir de C, levá-lo a aceitar D (*Semen est Verbum Dei*), ou seja: o bom sermão está para Deus, assim como o mau sermão está para o Diabo.

---

13. Vieira, como provavelmente ninguém em seu tempo, jamais usou a palavra "barroco" ou "barroquismo" para referir-se ao mau gosto de certas rugosidades formais e de pensamento, que o século XIX estabeleceria pela analogia seja com aquela pérola irregular ou com o silogismo imperfeito que se conheciam desde a Idade Média. No SS o seu alvo principal é o cultismo (o "pregar culto"), mas não só este: as suas críticas se estendem a outros aspectos da pregação da época ("estilos modernos"), que bem se parecem ao populismo estético de uma cultura de massas, conforme veremos mais adiante. Como o próprio Vieira pratica uma modalidade muito audível do barroco (a agudeza conceptista), preferimos falar de sermão "barroquista" – para caracterizar o alvo de seus ataques, pois este termo recorta os excessos da retórica barroca, bem como a sua popularização.

O BARROCO E A UTOPIA DA EVANGELIZAÇÃO... 143

1.2. OS ACOPLAMENTOS NOCIONAIS ANTITÉTICOS

No bojo do SS – precisamente a narração que apresenta provas e refutações como numa argumentação jurídica – é que se pode comprovar a estruturação pelo jogo de acoplamentos nocionais antitéticos com os quais Vieira, recorrendo ao *topos* aristotélico dos contrários, trata de restituir o sermão à sua função evangelizadora, opondo-o ao mau sermão barroquista. Cada "circunstância" do pregador é examinada sistematicamente de modo a contrastar o bom ao mau modelo. Assim, na circunstância da pessoa do pregador (*qui seminat*), os pregadores santos, os varões apostólicos e exemplares, que atuam com palavras e obras, e cujas vozes são "formadas com a mão", opõem-se aos homens comuns, aos pregadores que têm nome, que atuam com palavras e pensamentos e cujas vozes são pronunciadas com a boca. Na circunstância do estilo de pregar (*seminare*), o estilo fácil e natural, a "arte sem arte" do bom sermão que cai (na terra), que traz as "coisas bem conduzidas e em seu lugar", numa disposição natural, desafetada, ordenada e com palavras distintas e claras opõe-se ao estilo empeçado, dificultoso, afetado – uma "arte com arte" – violento e tirânico que "arrasta, estira, despedaça, torce as Escrituras"; o "estilo moderno" deste "pregar culto" tem o assunto "mal trazido", com palavras escabrosas e dissonantes – um "xadrez de palavras" – que , em vez de cair na terra, levanta no ar; em vez de ser "alto" é "negro boçal e muito cerrado". A circunstância da matéria (*semen*) opõe a perfeita árvore de um só assunto, uma só direção, um só tronco do bom sermão, às "muitas matérias", à "mata brava" e à "confusão verde" que dispara para múltiplas direções. Na circunstância da ciência (*semen suum*) revela que o bom pregador prega com saber próprio que "sai da cabeça", enquanto o pregador barroquista prega o alheio que lhe "sai da boca". Finalmente, a circunstância da voz (*clamabat*) contrasta o pregar bradando para "assombrar e fazer tremer o Mundo" com o "pregar conversando". Em suma, se o bom sermão persuade, o mau sermão só agrada o ouvinte.

Alguns pares simples de oposições sintetizam estes acoplamentos, em cada um dos níveis em que Vieira os examina:

VER *vs* OUVIR (pessoa); NATUREZA *vs* ARTIFÍCIO (estilo); ORDEM *vs* CAOS (matéria); CABEÇA *vs* BOCA (saber) e RAZÃO *vs* PRAZER (voz).

As alegorias – especialmente as que recortam as partes do corpo (olhos/ouvidos; mão/boca; cabeça/boca) – prestam-se a constituir o paradigma opositivo da racionalidade/sensorialidade, com que Vieira condena o populismo estético do barroco, para erigir a sua utopia – racionalista/humanista da evangelização. Se no sermão populista predomina o artificialismo, a multiplicidade, a obscuridade, a confusão, a

144 BARROCO E MODERNIDADE

desordem e a sensorialidade, no sermão utópico prevalecem a naturalidade, a unidade, a claridade, a harmonia, a ordem e a incisividade.

A utopia da evangelização não se afiança com este quadro por uma remissão ao futuro, mediante a proposta de alguma inovação do método da predicação. Antes, Vieira elabora o projeto utópico pela remissão ao passado. Os acoplamentos nocionais antitéticos são estabelecidos não apenas para opor o bom ao mau sermão, mas também para opor "outrora" a "hoje". Vieira compara o tempo presente ao outrora dos Patriarcas e dos Santos Padres radiante de verdade, para rejeitar a atualidade. Mas não apresenta uma "visão crepuscular" com uma voz que profetiza o fim, num pessimismo contemplativo[14]. Ao contrário, o sermonista crê que ainda é possível reverter o estado atual das coisas. Semanticamente, ele passa de uma FALTA a uma RESTITUIÇÃO, mesmo se constata que há decadência ou atesta um sentimento de nostalgia:

> Lêde as histórias eclesiásticas, e achá-las-eis todas cheias de admiráveis efeitos da pregação da palavra de Deus. Tantos pecadores convertidos, tanta mudança de vida, tanta reafirmação de costumes [...] e hoje? – Nada disto. Nunca na Igreja de Deus houve tantas pregações, nem tantos pregadores como hoje. Pois se tanto se semeia a palavra de Deus, como é tão pouco o fruto? não há um homem que em um sermão entre em si e se resolva, não há moço que se arrependa, não há um velho que se desengane. Que é isto? (pp. 27-28)

Mas, mesmo constatando em suas imprecações finais contra a decadência da pregação, que são "miseráveis os nossos tempos, pois neles se veio a cumprir a profecia de São Paulo": *Erit tempus, cum sanam doctrinam non sustinebunt!* (45), Vieira orienta a sua peroração para restituir a "doutrina sã" de antigamente, mediante a imposição da cura para a salvação das almas, instando os auditores a tomar o remédio, mesmo que não lhes agrade. Há, pois, uma inversão dos valores nos tempos atuais, mas esta é reversível. Ao final, Vieira, mais do que esperar um eco à sua palavra, mostra-se satisfeito de ter falado e faz um retorno a si mesmo: "Veja o Céu que ainda tem na Terra quem se põe de sua parte. Saiba o Inferno que ainda há na terra quem lhe faça guerra com a palavra de Deus etc." (p. 49)

1.3. VERDADE *VS* IMPOSTURA NO COMBATE ESTÉTICO E TEOLÓGICO

O SS circunscreve, pois, um "escândalo essencial" que não aparece na argumentação senão na cláusula C (conforme a síntese do item

---

14. A visão crepuscular é o "núcleo irradiante" do panfleto, no qual o panfletista se apresenta como uma voz *après le déluge* que profetiza o fim (cf. Marc Angenot, *op. cit.*, p. 99).

O BARROCO E A UTOPIA DA EVANGELIZAÇÃO... 145

1), quando ataca em cheio os artifícios barroquistas do sermão moderno. Através de uma série de sintomas e paradoxos que Vieira dissemina nas etapas A e B (o fracasso dos sermões da atualidade devido aos maus pregadores, as regras do bom sermão que são freqüentemente pervertidas por pregadores famosos etc.), mostra quais são os valores em crise mostrando-se em posição de exterioridade a eles. A dialética da argumentação avança, assim, pela demonstração das causas do escândalo através do exame da forma da expressão (pessoa, estilo, matéria, saber e voz) dos sermões barroquistas, mas não se revela a natureza do escândalo senão na cláusula C, isto é, na síntese da argumentação, quando Vieira reúne os sintomas dispersos para denunciar que os sermões barroquistas são falsos testemunhos da palavra divina.

Semioticamente podemos dizer, com termos de Hjelmslev, que o "escândalo essencial" consiste na ausência de correlação entre a forma da expressão (os signos obscuros) do sermão barroquista e a substância da expressão (a palavra de Deus). E, complementarmente, a forma do conteúdo (a desordem) não exprime a substância do conteúdo (Deus). Se Deus é clareza, ordem, harmonia, o sermão moderno é obscuridade, desordem, confusão; há portanto um "ruído" nestas palavras que não exprimem o "verdadeiro sentido": elas são o sentido "alheio e torcido", são "armas do Diabo" e "tentação". A linguagem moderna do sermão barroquista é a negação da sentença bíblica *Semen est Verbum Dei*, que Vieira enfatiza nesse *semen* – tão próximo de *semeion* (signo) – para restituir a semelhança do discurso com o objeto significado.

Recorde-se que na metáfora mais memorável do SS, Vieira denuncia justamente a não correspondência do discurso barroquista com (as obras de) Deus, que *deve* ser o objeto transcendente significado pelas palavras:

> Não fez Deus o Céu em xadrez de estrelas, como os pregadores fazem o sermão em xadrez de palavras. Se de uma parte está branco, da outra há de estar negro; se de uma parte está dia, da outra há de estar noite; se de uma parte dizem luz, da outra hão de dizer sombra; se de uma parte dizem desceu da outra hão de dizer subiu. Basta que não havemos de ver num sermão duas palavras em paz? Todas hão de estar sempre em fronteira com o seu contrário? Aprendamos do Céu o estilo da disposição, e também o das palavras. Como hão de ser as palavras? – Como as estrelas. As estrelas são muito distintas e muito claras. Assim há de ser o estilo da pregação – muito distinto e muito claro. (p. 35)

A célebre passagem em que Vieira ataca o uso excessivo de certos recursos retóricos, como a simetria e a oposição que ele próprio usa, porém com elegância, em seu "discurso engenhoso"[15], expressa bem a

---

15. Conforme Antonio J. Saraiva, quem explica o fato contraditório de Vieira censurar nos outros pregadores o que ele próprio pratica no SS, pela diferença nos fins da agudeza conceitista: para Gracián, esta só visava a produzir o Belo, enquanto Vieira quer investi-la na persuasão do ouvinte (*O Discurso Engenhoso. Estudos sobre Vieira e Outros Autores Barrocos*, São Paulo, Perspectiva, 1980, pp. 120-122).

146 BARROCO E MODERNIDADE

tática que atravessa o SS para restituir uma ordem do discurso sermonal afinada com a grande ordem cósmica. Mais notável ainda pelos seus disparos dialéticos, é que Vieira inspirou a sua metáfora do "xadrez de estrelas" numa passagem em que Critilo e Andrenio, personagens de *El Criticón* (1651) de Baltasar Gracián – o teórico maior da retórica barroca em *Agudeza y arte de ingenio* (1647) – lamentam que o "soberano Artífice" não tenha disposto a já "artesonada bóveda del mundo" com "orden y concierto, de modo que entretejiesen vistosos lazos y formaran primorosas labores". As estrelas, como as palavras para o Autor da *Agudeza,* poderiam estar dispostas na forma "ya de un artificioso recamado, ya de un vistoso jardín, ya de un precioso joyel, repartidas con arte y correspondencia"[16].

Logo, o escândalo que Vieira denuncia com sua tática de atacar o barroquismo vulgar para defender implicitamente a prática da grande arte conceptista é propriamente o da mudança epistemológica que Foucault identificou na passagem do século XVI para o XVII, quando na linguagem a diferença toma o lugar da semelhança:

> No início do século XVII, nesse período que, justificada ou injustificadamente, se denominou barroco, o pensamento deixa de se mover no elemento da semelhança. A similitude já não é a forma do saber, mas antes a ocasião do erro, o perigo a que nos expomos quando não examinamos o local mal iluminado onde se estabelecem as confusões[17].

Os artifícios verbais do "xadrez de palavras" que o sermão barroquista exibe são essas "quimeras da similitude", ilusões e fantasias que já não conseguem decalcar a lógica divina. Se esta se expressa igualmente na natureza criada (num Céu que não é um "xadrez de estrelas") e na revelação dogmática das Escrituras (em sua essência, a verdade racional e a revelada são idênticas), a crise do sermão é o sintoma da crise religiosa da época barroca.

1.4. CONVENCER OU PERSUADIR?

A predicação é o anúncio do evangelho aos não-crentes e o ensino da fé aos fiéis. Entre as suas variadas modalidades (homília, epístola, catequese, conferência etc.), ao sermão reserva-se não somente o ensino dos deveres às ovelhas, mas sobretudo esse elemento próprio de todo discurso argumentativo: pôr em ação "um conjunto de técnicas

16. A indicação dessa fonte – que permite uma releitura do SS como provável "comentário" polêmico da *Agudeza y arte de ingenio,* de Gracián – é de João Carlos Teixeira Gomes em *Gregório de Matos, o Boca de Brasa. Um Estudo de Plágio e Criação Intertextual,* Petrópolis, Vozes, 1985, pp. 225-226.
17. Michel Foucault, *As Palavras e as Coisas. Uma Arqueologia das Ciências Humanas,* Lisboa, Portugália, 1967, p. 77.

O BARROCO E A UTOPIA DA EVANGELIZAÇÃO... 147

discursivas para provocar ou aumentar a adesão dos espíritos às teses que se apresentam ao seu assentimento"[18]. Vieira estabelece os seus objetivos quando diz: "Uma coisa é expor e outra é pregar, uma ensinar e outra persuadir" (p. 38). Utilizando várias vezes o verbo "arrazoar" e o substantivo "razão" para referir o processo argumentativo do sermão, Vieira acentua a sua força ilocucionária cujo fim consiste em fazer o alocutário tomar consciência de uma tese e levá-lo a modificar-se. Mas, a quem se dirige de fato? Aparentemente, dirige-se aos "bons corações" os que "frutificam", contando com a capacidade de entendimento do seu auditor e, mais especificamente, com os seus olhos (cf. cap. II). Mas essa figura, que corresponde ao leitor de boa fé do discurso polêmico, é na verdade um *ersatz* do adversário[19]. E quem é visado não é outro senão o pregador barroquista – espécie de árbitro hipotético ou *expert* – e cuja persuasão o levará à derrota. A imagem do adversário – jamais nomeado diretamente no SS – é descrita pelas "circunstâncias" do mau pregador que o mostram como a encarnação do falso, dos pseudovalores, opostos aos valores autênticos. Personagem de um mundo antagonista, "mundo ao revés" e privado de legitimidade, Vieira o submete a uma radiografia da mistificação e do escândalo, denun-ciando a impostura e a usurpação do púlpito. Note-se que no final (na recapitulação), ele condena moralmente o adversário, ao apresentá-lo como um louco ou um *clown*: "há pregadores que vêm ao púlpito como comediantes" (p. 45). Com o populismo estético desses pregadores, o púlpito virou teatro e as pregações se converteram em "fingimento" (p. 46). No ápice da ironia e ridicularização desses pregadores, Vieira imagina um deles subindo ao púlpito "vestido e amortalhado em hábito de penitência", visando a provocar a reverência e a expectação do auditório. Mas, em vez de fulminar os corações com o raio de sua palavra,

vemos sair da boca daquele homem, assim naqueles trajos,uma voz muito afetada e muito polida, e logo começa com muito desgarro a quê? – A motivar desvelos, a acreditar empenhos, a requintar finezas, a lisonjear precipícios, a brilhar auroras, a derreter cristais, a desmaiar jasmins, a toucar primaveras, e outras mil indignidades destas (p. 46).

Aqui, o contraste entre o que se vê e o que se ouve é utilizado para mostrar o efeito *kitsch* do sermão cultista e mesmo que não se nomeie o adversário, Vieira sugere a sua imagem, inclusive com uns pontos suspensivos: "[...] vestir como religioso e falar, como... não o quero dizer por reverência do lugar" (p. 46). Orientado pela lógica discursiva da argumentação, o auditor pode completar facilmente os pontos

18. Chaim Perelman, *Le champ de l'argumentation,* Bruxelas, Presses de L'université de Bruxelles, 1963, p. 13.

19. Cf. Marc Angenot, *op. cit,* p. 147.

148 BARROCO E MODERNIDADE

suspensivos com a palavra "maricas" ou o equivalente, no século XVII, a este termo. Com o sema feminidade, a imagem do adversário completa-se, novamente pelo acoplamento nocional antitético, opondo-se ao sema da virilidade (os "varões apostólicos") do pregador autêntico. De resto, a vertiginosa rotação lexical em torno a *semen* (semear, semeadura, semeador, sementeira, semente, além dos vocábulos latinos *seminat, seminare* etc.) semiotiza profusamente, em masculino, o predicado exigido para o decoro dos pregadores[20].

Se a argumentação é a arte de encadear logicamente as proposições para um fim persuasivo, a persuasão é o efeito produzido pela argumentação no adversário (mudança de atitude, comportamento), diante de uma questão posta em julgamento. E como para persuadir o enunciador requer uma estratégia gradual para que o opinável (e não o evidente, que dispensa arrazoados) transite do duvidoso ao necessário, a argumentação deve conduzir à iluminação e o enunciador deve provar – o que supõe negar a evidência *a priori*.

Vieira não pretende convencer o adversário – o que seria meramente racional – mas persuadir e converter, o que implica o recurso a movimentos passionais e afetivos, dos quais sobrecarrega-se o SS, sempre que a demonstração se acompanha de elementos de indignação, de profecia, de denegação, de obsecração ou de derrisão. Na recapitulação, os movimentos discursivos da persuasão explicitam-se nos da conversão, em busca de um *salto mortale* que o sermonista não hesita em provocar com a figura do Diabo, a *ultima ratio praedicatorum*, que impõe ao auditor o medo às conseqüências:

> Esse é o mal. Pregam palavras de Deus, mas não pregam a palavra de Deus [...].
> As palavras de Deus pregadas no sentido que nós queremos, não são palavras de Deus, antes podem ser palavras do demônio (p. 43).

CONCLUSÃO

Vieira parece ter concebido o discurso argumental do SS dentro do modo agônico, como um drama de três personagens: a verdade (Deus), o pregador (intermediário de Deus e veículo de sua verdade) e

20. Essa identificação do Sentido com o masculino teve uma notável resposta feminina com a *Carta Atenagórica* (1690), da Fênix Mexicana Sor Juana Inés de la Cruz, cuja emulação do Fênix Lusitano é lida com notável inteligência crítica por Haroldo de Campos, como um "torneio teológico retórico-engenhoso", contra o "paradigma varonil da parenética do tempo, enquanto mulher e escritora, num ambiente hostil à ilustração feminina". Essa leitura haroldiana refina-se ainda mais com a sugestão para a desconstrução verbal do Padre Vieira que vem no título do seu trabalho: "Vieira\Venera\Vênus". L. C. U. Junqueira Filho (coord), *Perturbador Mundo Novo. História, Psicanálise e Sociedade Contemporânea 1492 / 1900 / 1992*, São Paulo, Escuta, 1994, p. 251.

O BARROCO E A UTOPIA DA EVANGELIZAÇÃO...   149

o adversário (o Diabo). O elemento polêmico desse sermão está no enfrentamento entre o herói (Deus) e o impostor (o Diabo), que a argumentação movimenta no jogo das isotopias contrárias dos atributos do bom e do mau sermão. Isto é, o combate teológico investe-se no combate estético, o qual cifra-se ainda no combate ideológico das ordens religiosas rivais – dominicanos e jesuítas. Sobre esta rivalidade, não apenas no contexto europeu, mas no brasileiro, é bastante eloqüente o informe que Vieira faz sobre os índios do Maranhão, no mesmo ano em que pronunciou o SS, onde apontava que o fato de os "pregadores [jesuítas e dominicanos] falarem por diferentes linguagens, se seguem grandes inquietações e erros naquelas partes"[21]. Que Vieira visse os jesuítas como os mais habilitados por sua linguagem, consigna-se também em sua "Carta a El-rei D. João IV", de 1654, onde recomenda para tomar a seu cargo os índios uma

religião [ordem] de mui qualificada e segura virtude, de grande desinteresse, de grande zelo da salvação das almas, e letras mui bem fundadas, com que saiba o que obra e o que ensina [...][22].

Como no discurso sermonal o teológico recai na lógica do provável e do opinável, submetendo-se à destra argumentação de Vieira, a legibilidade / audibilidade do sermão da SS se extrai do caráter doxológico dos seus pressupostos. Isto é, se os julgamentos de Vieira sobre o sermão barroquista como "sermão diabólico", que se mostra pernicioso à salvação das ovelhas, são audíveis e legíveis é porque a opinabilidade de sua argumentação diz respeito à relatividade histórica dos seus pressupostos.

Ora, os pressupostos que se podem ler sob os enunciados condenatórios do sermão barroquista reportam-se à ideologia jesuítica, pós-tridentina. Quando ele acusa os pregadores de "acarretar, arrastar, estirar, torcer ou despedaçar as Escrituras" (34); ou quando insiste no sentido literal da "palavra de Deus" ou o "verdadeiro testemunho" oposto às "palavras de Deus ou "falso testemunho", o ideologema que ali subjaz é o da fidelidade às Escrituras, um dos focos mais importantes dados pela Igreja católica para disciplinar a pregação à época da contra-reforma. Por então, a pregação já contaminada pela Escolástica, multiplicava as disquisições em torno ao texto sagrado com sutilezas e bizantinismos, recorrendo também ao gosto popular de fábulas caprichosas, bem como aos ornatos e floreios que os cultistas puseram de moda[23].

21. Cf. A.Vieira, *Escritos Instrumentais sobre os Índios* (intr. J. C. Sebe Bom Meihy), São Paulo, EDUC, 1992, p. 6.
22. A. Peixoto e C. Alves (org.), *Vieira Brasileiro*, Lisboa, Livraria Aillaud e Bertrand, 1921, p. 308.
23. Cf. Félix Herrero Salgado, *Aportación bibliográfica a la oratoria sagrada española,* Madri, Consejo Superior de Investigaciones Científicas, 1971, pp. 5-15.

150 BARROCO E MODERNIDADE

O mesmo vale para os enunciados que reforçam a idéia da pregação como ação ("vozes formadas com a mão", "palavras e obras"), onde se reconhece o ideologema da *ecclesia militans* de Ignácio de Loyola. O racionalismo humanista de Vieira é ainda mais sensível em seu combate à sensorialidade e o prazer dos "ouvidos", se recordamos que *Os Exercícios Espirituais* recomendavam para cada dia da semana uma forma de mortificação da carne.

Praedicare non est delectare: esta frase expressa bem a mensagem que Vieira martela para os seus auditores, ao repetir em sua peroração a necessidade da *secus viam* – a via direta, sem desvios. A sua condenação do barroquismo é de ordem moral e econômica: ele condena a gratuidade, o gasto, a prodigalidade, para exaltar a eficácia, a medida, a causalidade interessada. As propostas de Vieira para restituir o sermão à sua função evangelizadora – *praedicare est movere* – parecem coincidir com a grande utopia de restituir o cristianismo primitivo na América. Mas talvez seja mais correto vincular a idéia de uma pregação apostólica em que a verdade divina correspondesse a um discurso claro e distinto, à utopia política do Quinto Império, que acabou por levar Vieira aos cárceres da Inquisição. O Quinto Império, anunciado pelos Profetas, tinha o sentido de resgatar o Império Romano incompleto de Constantino (que sucedeu o Assírio, o Persa e o Grego). Fora uma utopia anteriormente espanhola e muito acalentada durante o reinado de Carlos V, antes de que Vieira a tornasse a sua obsessão maior. Imaginava-a irradiada desde Lisboa para uma cristianização total do mundo, como obra especial da Onipotência e Providência divinas[24]. A "arte de pregar" que o SS postula, e tendo os jesuítas como os seus aplicadores mais habilitados, parece visar a pregação universal do Evangelho. Uma utopia evangelizadora, dobra de uma utopia política, da qual tanto os índios como os colonos do Brasil seriam destinatários privilegiados. Mas da qual não poderiam encarregar-se os diabólicos pregadores barroquistas.

---

24. Cf. H. Cidade, *op. cit.*, p. 123.

2. Barroco e Descanonização: as Soledades ante o Cânone Literário

Para Bill Readings
in memoriam

Em 1662, um mestiço que falava latim e quechua publicou em Lima o que se pode chamar de o primeiro texto de crítica literária da América. Era um folheto de 47 páginas, intitulado *Apologético en favor de Don Luis de Góngora*, no qual Juan de Espinosa Medrano (1632-1688), conhecido como Doutor Lunarejo pelas pintas de seu rosto, defendia com ardor o poeta espanhol das censuras do historiador – e mau poeta – português Manuel de Faria e Sousa. Este, um devoto do Camões épico-renascentista, não podia entender a novidade da poética gongorina, cuja "luxúria da engenhosidade", dizia Faria, extrapolava os limites do efeito verossímil, da mesura, da funcionalidade, da conveniência. Para contestar esse juízo prescritivo que não podia assimilar as "transgressões" (cf. Faria) gongorinas à naturalidade clássica, Espinosa Medrano analisava as agudezas de metáforas obscuras, explicava a função de muita sintaxe retorcida e, argumentando com graça, picardia e muita erudição, justificava os excessivos "atavios formais" como necessários à "conformidad de dicciones con el asunto" (Espinosa Medrano, 1662: 80). O "assunto" nesta defesa da homologia da forma da expressão com a forma do conteúdo – como diríamos hoje – era mais a produção do prazer do que obediência ao decoro ou à endoxa, núcleo da poética clássica que com o barroco começou a declinar.

A resposta americana ao "sicofanta" Faria e Sousa não pôde servir como instrumento na polêmica que se travara na península em torno a Góngora, já morto então; nem se prestava a promover ou difundir o gongorismo nos Andes, pois lá como nos demais vice-reinados hispânicos, os gongoristas eram uma legião. Além disso, para que

152 BARROCO E MODERNIDADE

reivindicar o "divino cordobés" nas colônias espanholas, se neste contexto literário contava-se já com nada menos que Sor Juana Inés de la Cruz, Don Carlos de Sigüenza y Góngora e Hernando Domínguez Camargo?

Não era inútil nem casual, porém, o exercício crítico do Doutor Lunarejo. A sua defesa apaixonada da metáfora rara com suas analogias peregrinas revela um comportamento cultural de forte matiz americano, ao acentuar certa proclividade para a engenhosidade, um gosto primigênio pelo refinamento verbal, pela agudeza bem artificial. Com a sua argumentação que contraria a exigência da "maravilha verossímil" na conceituosidade, conforme Aristóteles, Espinosa Medrano nos proporciona um documento singular, onde surpreendemos juntamente com a importância dada ao artifício pelo nascente imaginário *criollo*, a valorização da esquisitez para o poeta pintar os objetos "como se le antoja" [como lhe dá na cabeça] conforme exige em sua precoce defesa da liberdade individual do artista. E talvez mais: o reclamo pela ampliação do modo de percepção e da sensibilidade pelos jogos da linguagem poética dentro do que se pode chamar, sem anacronismo, de busca de legitimação do *efeito estético* da poesia barroca ante a inércia e o conservadorismo da poética clássica. O fato de que Espinosa Medrano estimava os abusos de Góngora como exercício da "alma poética" individual, e até mesmo autônoma, ante outras práticas discursivas (como a oratória, a filosofia ou a história), nos coloca ante a evidência de que foi essa concepção da obra literária – própria ou impropriamente chamada de barroca pela posteridade – que a libertou da relação mimética para produzir beleza. Beleza gratuita, sem efeito verossímil, sem persuasão nem catarse; beleza que Gracián, em seu *Agudeza y arte de ingenio* (1648) – o tratado de retórica que não por acaso tem em Góngora o seu manancial de exemplos –, procura revelar no *concepto* distanciado da mimese aristotélica, postulando uma faculdade do intelecto em função do ornato, uma "lógica estética" (Tagliabue, 1955: pp. 37 e 42). A ruína da retórica aristotélica fez do engenho poético, para bem ou para mal, uma faculdade estética, que a era moderna herda para converter, ao seu modo, na identidade do "literário".

*

Vista hoje, com a distância de quase cinco séculos, a batalha em torno a Góngora, que produziu o tardio, mas não menos eficiente e revelador *Apologético* do Doutor Lunarejo, pode ser avaliada como um laborioso processo de revisão do cânone da poesia ocidental. Se não, que outro sentido teria aquele debate acirrado que começou em 1613 e durou 50 anos, envolvendo dois bandos em litígio, a favor e contra a "nova poesia" das *Soledades*? Mais relevante e atual se torna

BARROCO E DESCANONIZAÇÃO: AS *SOLEDADES*... 153

aquela remota batalha do século XVII para a questão canônica, se recordarmos que as suas projeções alcançam o século XX, quando os simbolistas iniciam o que Sanchez Robayna (1983: 61-89) chamou de "leitura sincrônica" de Góngora e que se completaria com a geração de 27. Mas já em seu próprio momento, essa polêmica foi um claro divisor de águas para a poesia, tendo envolvido a massa crítica responsável pela opinião e, por conseguinte, pelo cânone a ser instituído ou preservado em matéria literária. Nele terçaram eruditos tão prestigiosos como Pedro de Valencia ou Francisco Fernández de Cordoba; homens de letras tão doutos como Tamayo de Vargas, Jáuregui, Pedro Díaz de Ribas; poetas tão magníficos como o Conde de Villamediana, Lope de Vega e Quevedo. Mais do que uma intensa polêmica doméstica da crítica espanhola, as censuras, os comentários, as apologias que alimentaram a controvérsia integram um arquivo substancioso, onde se documenta o que poderíamos ver hoje como o primeiro processo moderno de descanonização.

Sabemos que a questão do cânone (no sentido originário, em grego, significa vara de medir; e depois: princípio, lei, regra, critério) deriva do impacto que o pós-modernismo produziu nos departamentos de literatura, a partir da crítica política do movimento feminista às estruturas falogocêntricas; sabemos também que seu sentido secundário – um corpo de escritos ou de textos de criação reconhecidos como representativos – supõe a exigência de revisão do currículo, com o desafio ao modelo de periodização histórica, bem como à noção de texto como objeto que se sucede numa progressão histórica contínua (Readings, 1996: 329). Se o pós-modernismo nos obriga a revisar o modo como compreendemos a literatura como objeto histórico (quando faz a crítica ao modelo de historicidade literária), a descanonização pode tomar-se, em sentido amplo, como um desafio a todas as convenções de autoridade, como um trabalho de desmistificação do conhecimento, que requer a revisão do currículo e a desconstrução generalizada das linguagens do poder (Hassan, 1987: 169). Ou, dito na terminologia lyotardiana, descanonizar supõe a deslegitimação das metanarrativas. Por isso, não me parece impróprio, apesar de certamente anacrônico, localizar no século XVII – momento que é o começo da modernidade – um processo de descanonização mediante pautas conceituais produzidas com a crítica/crise da modernidade. Procurarei mostrar, no entanto, como a deslegitimação de um "mastercode" poético – no caso, a do cânone da poesia clássica ante o impacto do barroco gongorino –, correspondeu a um processo de desafio ao modelo de historicidade vigente na intersecção da literatura clássica / moderna.

Para detectar quais são os elementos que geraram a desconstrução gongorina vamos localizar não diretamente no texto gongorino os fatores da subversão (tarefa que notáveis críticos já realizaram no século

154 BARROCO E MODERNIDADE

XX), mas nos textos produzidos pelos polemistas coetâneos de Góngora. Em vez do texto poético, os paratextos da controvérsia, que possam revelar o que entrou em crise quando ele publicou (ou ameaçou publicar) as *Soledades* e o *Polifemo*. Conto com a compilação realizada por Martinez Arancon (1978), que apresenta uma seleção de textos dos dois bandos contrincantes. Conto ainda com o recente estudo de Roses Lozano (1994), de quem aproveito muitíssimo o excelente aparato filológico aos textos da polêmica para examinar o que identifico como "questão canonológica" em torno às inovações gongorinas.

Não resta dúvida que o ponto principal de fixação dos polemistas – onde estes percebem uma ameaça à concepção poética hegemônica, é a *oscuridad*, termo que a língua espanhola açambarcou justamente a partir de sua semiotização com essa polêmica. Pode-se dizer que, na verdade, esta versa sobre os fatos lingüísticos e retóricos que obstaculizam a intelecção do conteúdo da *Soledad Primera*, nos quais os primeiros leitores identificam três níveis de dificuldade: a) filológico: hipérbatos, anacolutos, latinismos, neologismos (por exemplo, a palavra *errante*, já no primeiro verso – "Pasos de un peregrino son errante" – era desconhecido no século XVII; era uma dessas "voces peregrinas", tão reprovadas pelos detratores das *Soledades*); b) as alusões em perífrases (mitológicas, históricas etc.), cujo emprego sistemático causava espanto e abominação. Exemplo: os 137 versos sobre os descobrimentos dos espanhóis na América sem nomear os fatos, os lugares e os personagens. c) conceitual: este terceiro tipo de dificuldade – a verdadeira dificuldade das *Soledades* – foi magistralmente definida por Baltasar Gracián: "es un acto del entendimiento que exprime la correspondencia que se halla entre los objetos" (Gracián, 1648: p. 55). Góngora esmerou-se em produzir tais associações inesperadas, especialmente as que exibiam aquela "artificiosa conexión de los objetos" que a contraposição e a dissonância suscitam. Um exemplo: "nevada envidia sus nevadas plumas" – verso que alude aos cisnes que se banham no mar e cuja brancura excede à das ninfas; para o leitor do XVII a inveja era negra, jamais nevada; o concepto, de improporção e dissonância, é agudo tanto pelo deslocamento paradigmático que provoca no "modelo de realidade", como por sua tematização na sonoridade do verso.

Observa Robert Jammes (in Roses Lozano: xiii) que, na verdade, este tipo de dificuldade foi posta de lado pelos detratores, já que reconhecê-la os obrigaria a admitir a "profundidade" das *Soledades*; preferiram ficar com o argumento do "vazio" de conteúdo e por isso omitiam essa dificuldade (ao cabo, a verdadeira, a que permanece).

De modo geral, os argumentos dos detratores suscitam questões relevantes para o câmbio na noção de poesia, mediante a tomada de consciência da diferença entre obscuridade / dificuldade, poesia / prosa. Para um erudito do século XVII, os critérios para medir a exitosa

BARROCO E DESCANONIZAÇÃO: AS *SOLEDADES...* 155

ou falida execução de uma obra emanava, indefectivelmente, de quatro autoridades: Aristóteles, Cícero, Quintiliano e Horácio. Sobre essa
questão, o capítulo XXII da *Poética* prescreve:

> Qualidade essencial da elocução é a clareza sem baixeza. Claríssima, mais baixa,
> é a linguagem constituída por vocábulos correntes, como as composições de Cleofonte
> e Estênelo. Pelo contrário, é elevada a poesia que usa de vocábulos peregrinos e se
> afasta da linguagem vulgar. Por vocábulos "peregrinos" entendo as palavras estrangei-
> ras, metafóricas, alongadas [opõe-se a abreviamento] e, em geral, todas as que não
> sejam de uso corrente.
> Mas a linguagem composta apenas de palavras desse gênero, será enigma ou bar-
> barismo; enigmático, se o for só de metáforas, bárbara, se exclusivamente de vocábulos
> estrangeiros [Aristóteles, *Poética*, 1458a: pp. 93-94].

Mais adiante, dictamina:

> Grande importância tem, pois, o uso discreto de cada uma das mencionadas espé-
> cies de nomes, de nomes duplos e de palavras estrangeiras; maior, todavia, é a do
> emprego das metáforas, porque tal se não aprende nos demais, e revela portanto o
> engenho natural do poeta; com efeito, bem saber descobrir as metáforas, significa bem
> se aperceber das semelhanças (*idem*, 1459a: p. 95).

Como a poesia gongorina era enigmática e bárbara – em seu excesso de palavras peregrinas e na elaboração de metáforas com analogias imprevisíveis – fugia à norma aristotélica para desespero de leitores como Cascales, reconhecido teórico em poéticas e retóricas que
chegou a exclamar "!Oh diabólico poema!", ao anotar a "confusión y
desorden" que impediam a compreensão dos pensamentos.

Mas, até que ponto podiam os preceptistas contemporâneos de
Góngora aceitar certas práticas de dificultação, dentro da norma? Juan
de Jáuregui, um dos censores das Soledades, nos dá em uma de suas
obras uma síntese bem acabada dos limites com que a obscuridade era
tolerada dentro do cânone da poesia clássica:

> Hay, pues, en los autores dos suertes de oscuridad diversísimas: la una consiste en
> las palabras, esto es, en el orden y modo de la locución, y en el estilo del lenguaje solo;
> la otra en las sentencias, esto es, en la materia y argumento mismo, y en los conceptos
> y pensamientos de él. Esta segunda oscuridad, o bien la llamemos dificultad, es la más
> veces loable, porque la grandeza de las materias trae consigo el no ser vulgares y
> manifiestas, sino escondidas y difíciles: este nombre les pertenece mejor que el de
> oscuras. Mas la otra que sólo resulta de las palabras, es y será eternamente abominable
> por mil razones. La principal, porque quien sabe guiar su locución a mayor claridad o
> perspicuidad, ese sin duda consigue el único fin para que las palabras fueron inventa-
> das. (Juan de Jáuregui, *Discurso Poético*, 1624, *apud* Roses Lozano: p. 97)

Ou seja: Jáuregui exigia a adequação entre *res-verba*, proclaman-
do a necessidade da clareza ou da dificuldade conforme a grandeza da
matéria. O problema da obscuridade já tivera, porém, com Pinciano

156 BARROCO E MODERNIDADE

uma taxonomia que nos dá bem essa medida do que era admitido para a arte poética e em que limites de invenção se podia operar:

ay tres maneras de escuridad, las dos son artificiosas y virtuosas, y la tercera, mala y ruda. La primera de las artificiosas es quando vn poeta, de industria, no quiere ser entendido de todos, y esto lo suele hazer por guardar el indiuiduo [...] La otra escuridad artificiosa es causada de la mucha lección y erudición, en la cual no tiene culpa el poeta, sino el lector, que, por ser falto dellas, dexa de entender el poema [...] La tercera escuridad es mala y viciosa, que nunca buen poeta vsó, la cual nace por falta de ingenio de inuención o de elocución, digo, porque trae conceptos intrincados y difíciles, o dispone, o por mejor dezir, confunde los vocablos de manera que no se dexa entender la oración. Otra manera ay de escuridad muy artificiosa, mas ésta no es propia de la poesía, porque es común también a los libros sagrados y como alma de la letra, la cual es dicha alegórica o sentido alegórico. (Alonso Lopez Pinciano, *Philosophia antigua poetica*, 1596, cit. Roses Lozano: pp. 76-77.)

O cerne dessa polêmica radica menos, porém, na acusação estrita de vício de obscuridade, do que na liberdade com que Góngora usa esse recurso nobre da alta poesia para assuntos menores, isto é, em seu desenfado em dificultar e elaborar excessivamente com adornos um assunto banal como a vida pastoril. A esse propósito, é claríssima a moléstia de Jáuregui ante o desperdício do engenho com trivialidades:

Bien podríamos no hablar de la oscuridad confusa y ciega de todas las *Soledades*, suponiéndola como cosa creída y vista de todos y tan conocida del que más defiende a V.m. Pero caso es digno de ponderación que apenas hay período que nos descubra enteramente el intento de su autor. Aun si allí se trataran pensamientos exquisitos y sentencias profundas, sería tolerable que de ellas resultase la oscuridad; pero que diciendo puras frioneras, y hablando de gallos y gallinas, y de pan y mançanas, con otras semejantes raterías, sea tanta la maraña y la dureza del decir [...] (Jáuregui, *Antídoto*, *apud* Roses Lozano: p. 88).

É evidente que Góngora havia avançado uma fronteira de gênero: usava uma linguagem heróica para assunto banal; afetava uma linguagem elevada para falar de cabras e pastores. Abusava da sintaxe e léxico complicados para tratar de tema bucólico-cortesão, de modo a idealizar coisas humildes e provocar o que Beverley (1987: 85) chamou de "anomalia temática". Ao dar tratamento épico a matéria não épica, de sorte a proceder a uma falsificação idealizadora da vida campestre, Góngora operava uma heterodoxia. Essa transgressão gongorina, vincada nessa anomalia – que, na verdade parte de uma hibridação que misturava o ordinário com o sublime –, constitui o cerne da revolução gongorina, segundo os mais atinados estudiosos de Góngora. Estes divergem, contudo, ao interpretarem a inserção desse projeto no contexto literário/social espanhol dos seiscentos. Berverley, por exemplo, vê nisto um aristocratismo, no qual a dificultação do poema remetia à "calidad estamental" da obra gongorina. Ou seja as *Soledades* refletiriam uma consciência aguda da poesia como atividade artesanal, e não

BARROCO E DESCANONIZAÇÃO: AS *SOLEDADES*... 157

como representação, na qual o aristocratismo de exercer uma forma poética muito elaborada, inacessível ao vulgo, faz do gongorismo um elemento do cânone literário, e até mais: "um estilo apropriado à estrutura de poder do império espanhol do século XVII" (Beverley, 1987: pp. 89-93).

Que havia um problema no modo de representação nas *Soledades* não resta dúvida, mas que isto reflita estruturas de poder político-social parece um sonho de simetria marxista. As *Soledades* foram, sim, impugnadas por abuso de licenças, e claramente, a moléstia desses leitores historicistas reporta-se à percepção da desvinculação entre as palavras e as coisas e dessa incômoda hibridação que apontei acima. Classicamente, beleza/clareza/pureza na elocução eram valores ineludíveis; a relação escolástica *verba/res* exigia que as palavras e seus significados se correspondessem. A quebra da regra da compatibilidade estilo/gênero, ao afetar em cheio a prescrição do decoro – uma das noções mais firmes do repertório clássico –, trazia em seu bojo a ruptura epistêmica, que à época foi até diagnosticada, sintomaticamente, como um formalismo ateu (lembremos também que Góngora foi acusado de judeu converso):

> [...] porque allí [nos versos de Góngora] no hay cuidado si la oración va recta o corcobada, si se entiende o dexa de entender, si las palabras son humildes o soberbias, vulgares o latinas, griegas o mahometanas. En fin, !maldita sea de Dios la ley a que Vm. se sujetó en el progreso de estas sus *Soledades*! (Jáuregui, *Antídoto*, *apud* Roses Lozano: p. 90)

Já os apologistas defenderam o direito do poeta a usar tais recursos, e até mesmo ao hermetismo e ao elitismo como prerrogativa de sua atividade de criação. E, como vimos aqui com o *Apologético* americano do Doutor Lunarejo, a idéia de uma poesia nova, que transformava os gêneros, promovia o extravagante, a rareza, e mesmo o prazer do deciframento, fundava-se na discrepância entre a matéria e a dicção, entre as coisas e as palavras. Roto o cânone aristotélico, a troca de *imitatio/docere* por *inventio/delectare* abriu caminho para a associação da dificuldade com o prazer ("La verdad, – preconiza Gracián – cuanto más dificultosa, es más agradable y el conocimiento que cuesta es más estimado"; tomo I: p. 99) e, logo, a novidade como valor estético. Ao detectarem as transgressões gongorinas e o seu radicalismo descanonizador, os seus defensores esgrimiram ao mesmo tempo a idéia de "linguagem poética", em termos protomodernos, com a consciência da emergência do câmbio histórico e da sua necessidade.

BIBLIOGRAFIA

BEVERLEY, John (1987). "Barroco de Estado: Góngora y el gongorismo". *Del Lazarillo al Sandinismo: estudios sobre la función de la literatura española e hispanoamericana*. Mineapólis, The Prisma Institute.

158 BARROCO E MODERNIDADE

Espinisa Medrano, Juan de (1662). *Apologético en favor de Don Luis de Góngora.* Biblioteca de Cultura Peruana. Paris, 1938, 57-202.

Gracian, Baltasar (1648). *Agudeza y arte de ingenio.* Ed., introd e notas de E. Correa Calderón. Madrid, Castalia, 1969, 2 vols.

Hassan, Ihab (1987). "Pluralism in Postmodern Perspective". *The Postmodern Turn. Essays in Postmodern Theory and Culture.* Ohio State Univ Press.

Martinez Arancon, Ana (1978). *La batalla en torno a Góngora* (selección de textos). Barcelona, Bosch.

Readings, Bill (1996). "Difficult Times: Manifesto for a Postmodern Literary History". *Language and Literature Today. Proceedings of the XIX Triennial Congress of the International Federation for Modern languages and Literatures.* Brasília, Univ de Brasília, vol. I, 329-334.

Roses Lozano, Joaquín (1994). *Una poética de la oscuridad. La recepción crítica de las Soledades en el siglo XVII.* com prefácio de Robert Jammes. Madrid, Tamesis.

Tagliabue, Guido Morpurgo (1955). "Aristotelismo e Barocco". *Anatomia del Barocco.* Palermo, Aesthetica, 1987.

Fontes

Os ensaios deste livro foram anteriormente publicados nos seguintes lugares ou apresentados nos seguintes eventos:

"O Barroco no Ocaso da Modernidade"

em *Cadernos do Mestrado/Literatura*, Universidade do Rio de Janeiro, 1994, pp. 7-27; com o título "Neobarroco na Era do Pós-Modernismo", *Folha de S. Paulo*, caderno Mais!, 7.2.1993, pp. 5-6; a primeira parte foi lida no XXVI Congresso do Instituto Internacional de Literatura Ibero-americana na cidade do México, em agosto de 1988; outra parte foi lida no III Congresso Internacional da ABRALIC (Associação Brasileira de Literatura Comparada), em Niterói, em 11.8.1992.

"A Literatura Neobarroca ante a Crise do Moderno"

em *Criterios* (Havana), n. 32, jul.-dez. 1994; com o título "La literatura neobarroca ante la postmodernidad", *Face*. Revista de Semiótica e Comunicação, PUC-São Paulo, maio 1994, pp. 119-133 [número especial sobre o Barroco]; apresentado como conferência plenária no XIX Congresso da International Federation for Modern Languages and Literatures, na secção "The Literatures of Latin America", em agosto de 1993.

"As Metamorfoses de Don Juan"

em espanhol, em *Syntaxis* (Tenerife), n. 11, 1986, pp. 43-58.

"Sarduy, Lautréamont e o Barroco Austral"

"Colóquio Internacional sobre la obra de Severo Sarduy" (Havana, 10-14 de julho de 1995), organizado por Desiderio Navarro, Jorge Fornet e Irlemar Chiampi, na Casa de las Américas; publicado em *Postdata* (San Juan de Puerto Rico), n. 10-11, 1995, pp. 7-11.

"Barroquismo e Afasia em Alejo Carpentier"

em espanhol, na *Revista de Estudios Hispánicos*, Puerto Rico, Facultad de Humanidades/Recinto de Río Piedras, año X, 1983, pp. 29-42.

160 BARROCO E MODERNIDADE

"Aspectos do Enunciado Narrativo Neobarroco"

com o título "De la amplificación en la narrativa neobarroca hispano-americana", nos *Anales del XVII Congreso del Instituto Internacional de Literatura Iberoamericana*, tomo I ("El barroco en América"). Madrid, Cultura Hispánica, 1978, pp. 387-97; foi lido em março de 1975 no mesmo congresso.

"Narração e Metalinguagem em *Grande Sertão: Veredas*"

em *Língua e Literatura*. São Paulo/Faculdade de Filosofia, Letras e Ciências Humanas/USP, n. 2, 1973, pp. 63-91.

"Lezama Lima: a Imagem Possível"

em espanhol, na *Revista de la Universidad*. México/UNAM, maio 1982, pp. 29-31.

"A Proliferação Barroca em *Paradiso*"

em espanhol, em Justo Ulloa (org.) José Lezama Lima: Textos Críticos. Miami, Universal, 1978, pp. 82-90; foi lido no XXX Kentucky Foreign Language Conference, Lexington, na secção "Homenaje a Lezama Lima", em março de 1977.

"O Barroco e a Utopia da Evangelização (Vieira e o Sermão da Sexagésima)"

Uma primeira versão foi lida com o título "La rhétorique de la prédication baroque", para o Seminário Inter-universitário do CIADEST (Centre Interuniversitaire du Discours et de Sociocritique des Textes), em Montréal, 24.10.1991; a versão final foi lida no Congresso Internacional "América 92/Raízes e Trajetórias – Utopias do Novo Mundo", na Universidade Federal do Rio de Janeiro, na secção "O Barroco e o Novo Mundo", em 28.8.1992.

"Barroco e Descanonização: as *Soledades* ante o Cânone Literário"

inédito; foi apresentado em 1º de agosto de 1996 em mesa-redonda para o V Congresso Internacional ABRALIC (Associação Brasileira de Literatura Comparada), realizado na UFRJ entre 30 de julho e 2 de agosto de 1996.

LITERATURA NA PERSPECTIVA

A Poética de Maiakóvski
  Boris Schnaiderman (D039)
Etc... Etc... (Um Livro 100% Brasileiro)
  Blaise Cendrars (D110)
A Poética do Silêncio
  Modesto Carone (D151)
Uma Literatura nos Trópicos
  Silviano Santiago (D155)
Poesia e Música
  Antônio Manuel e outros (D195)
A Voragem do Olhar
  Regina Lúcia Pontieri (D214)
Guimarães Rosa: As Paragens Mágicas
  Irene Gilberto Simões (D216)
Borges & Guimarães
  Vera Mascarenhas de Campos (D218)
A Linguagem Liberada
  Kathrin Holzermayr Rosenfield (D221)
Tutaméia: Engenho e Arte
  Vera Novis (D223)
O Poético: Magia e Iluminação
  Álvaro Cardoso Gomes (D228)

História da Literatura e do Teatro Alemães
  Anatol Rosenfeld (D255)
Letras Germânicas
  Anatol Rosenfeld (D257)
Letras e Leituras
  Anatol Rosenfeld (D260)
O Grau Zero do Escreviver
  José Lino Grünewald (D285)
Literatura e Música
  Solange Ribeiro de Oliveira (D286)
América Latina em sua Literatura
  Unesco (E052)
Vanguarda e Cosmopolitismo
  Jorge Schwartz (E082)
Poética em Ação
  Roman Jakobson (E092)
Que é Literatura Comparada
  Brunel, Pichois, Rousseau (E115)
Imigrantes Judeus / Escritores Brasileiros
  Regina Igel (E156)

Barroco e Modernidade
    Irlemar Chiampi (E158)
Escritos Psicanalíticos sobre Literatura e Arte
    George Groddeck (E166)
Entre Passos e Rastros
    Berta Waldman (E191)
Franz Kafka: Um Judaísmo na Ponte do Impossível
    Enrique Mandelbaum (E193)
A Sombra de Ulisses
    Piero Boitani (E203)
Samuel Beckett: Escritor Plural
    Célia Berrettini (E204)
A Literatura da República Democrática Alemã
    Ruth Röhl e Bernhard J. Scharwz (E236)
Dialéticas da Transgressão
    Wladimir Krysinski (E242)
Proust: A Violência Sutil do Riso
    Leda Tenório da Motta (E245)
Poder, Sexo e Letras na República Velha
    Sérgio Miceli (EL04)
Relações Literárias e Culturais entre Rússia e Brasil
    Leonid Shur (EL32)
O Romance Experimental e o Naturalismo no Teatro
    Émile Zola (EL35)

Leão Tolstói
    Máximo Górki (EL39)
Panaroma do Finnegans Wake
    Augusto e Haroldo de Campos (S01)
Ka
    Velimir Khlébnikov (S05)
Dostoiévski: Prosa Poesia
    Boris Schnaiderman (S08)
Deus e o Diabo no Fausto de Goethe
    Haroldo de Campos (S09)
Olho-de-Corvo
    Yi Sáng (Yun Jung Im – Org.) (S26)
Re Visão de Sousandrade
    Augusto e Haroldo de Campos (S34)
Textos Críticos
    Augusto Meyer e João Alexandre Barbosa (org.) (T004)
Ensaios
    Thomas Mann (T007)
Caminhos do Decadentismo Francês
    Fulvia M. L. Morett (org.) (T009)
Büchner: Na Pena e na Cena
    J. Guinsburg e Ingrid Dormien Koudela (orgs.) (T017)
Aventuras de uma Língua Errante
    J. Guinsburg (PERS)
Termos de Comparação
    Zulmira Ribeiro Tavares (LSC)

COLEÇÃO ESTUDOS
(Últimos Lançamentos)

251. *Os Símbolos do Centro*, Raïssa Cavalcanti
252. *Teatro em Foco*, Sábato Magaldi
253. *Autopoiesis. Semiótica. Escritura*, Eduardo de Oliveira Elias
254. *A do Ator entre os Séculos XVI e XVIII*, Ana Portich
255. *Violência ou Diálogo?*, Sverre Varvin e Vamik D. Volkan
256. *O Teatro no Século XVIII*, Renata S. Junqueira e Maria Gloria C. Mazzi
257. *Poética do Traduzir*, Henri Meschonnic
258. *A Gargalhada de Ulisses*, Cleise Furtado Mendes
259. *A Dramaturgia da Memória no Teatro-Dança*, Lícia Maria Morais Sánchez
260. *A Cena em Ensaios*, Béatrice Picon-Vallin
261. *Introdução às Linguagens Totalitárias*, Jean-Pierre Faye
262. *O Teatro da Morte*, Tadeusz Kantor
263. *A Escritura Política no Texto Teatral*, Hans-Thies Lehmann (prelo)
264. *Os Processos de Criação na Escritura, na Arte e na Psicanálise*, Philippe Willemart
265. *Dramaturgias da Autonomia*, Ana Lúcia Marques Camargo Ferraz
266. *Música Serva D'Alma: Claudio Monteverdi – Ad voce Umanissima*, Ibaney Chasin
267. *Na Cena do dr. Dapertutto*, Maria Thais Lima Santos (prelo)
268. *A Cinética do Invisível*, Matteo Bonfitto
269. *História e Literatura*, Francisco Iglésias
270. *A Politização dos Direitos Humanos*, Benoni Belli
271. *A Escritura e a Diferença*, Jacques Derrida
273. *Outro Dia: Intervenções, Entrevistas, Outros Tempos*, Ruy Fausto
274. *A Descoberta da Europa pelo Islã*, Bernard Lewis
275. *Luigi Pirandello: Um Teatro para Marta Abba*, Martha Ribeiro
276. *Tempos de Casa-Grande*, Silvia Cortez Silva
277. *Teatralidades Contemporâneas*, Sílvia Fernandes
278. *Conversas sobre a Formação do Ator*, Jacques Lassalle e Jean-Loup Rivière
279. *A Encenação Contemporânea*, Patrice Pavis
280. *O Idioma Pedra de João Cabral*, Solange Rebuzzi
281. *Monstrutivismo: Reta e Curva das Vanguardas*, Lucio Agra
282. *Manoel de Oliveira: Uma Presença*, Renata Soares Junqueira (org.)

Impresso nas oficinas da
Orgrafic Gráfica e Editora
em outubro de 2010